Kohlhammer

Die Autoren

Dr. med. Dipl.-Psych. Franz Wienand hat ein Studium der Psychologie und der Medizin in Würzburg absolviert. Nach der Facharztausbildung zum Kinder- und Jugendpsychiater bei Prof. Remschmidt an der Universität Marburg leitete Franz Wienand die Abteilung für Kinder- und Jugendpsychiatrie und -psychotherapie (KJPP) an der Landesklinik Calw-Hirsau. Seit 1992 ist er in eigener Praxis in Böblingen niedergelassen.

Wienand ist Psychoanalytiker sowie Dozent und Supervisor an diversen Instituten. Er publiziert über KIP mit Kindern und Jugendlichen, projektive Diagnostik und Qualitätsaspekte in der KJPP.

Dipl.-Psych. Waltraut Bauer-Neustädter hat nach einem Lehramtsstudium (Anglistik, Sport und Sportwissenschaften) das Studium der Psychologie in Heidelberg absolviert. Nach intensiven Lehrjahren in der stationären und teilstationären Kinder- und Jugendpsychiatrie arbeitet sie seit 1993 in eigener Praxis sowie als Dozentin und Supervisorin.

Weiterbildung zur Psychodramatherapeutin, Gruppenpsychotherapeutin und KIP-Therapeutin. Seit 2001 Mitarbeit beim Auf- und Ausbau des Saarländischen Instituts für Tiefenpsychologisch fundierte Psychotherapie (SITP).

Franz Wienand/
Waltraut Bauer-Neustädter

Katathym Imaginative Psychotherapie mit Kindern, Jugendlichen und jungen Erwachsenen

Grundlagen und Praxis

Verlag W. Kohlhammer

Widmung

Allen Psychotherapeutinnen und -therapeuten, die sich immer wieder der Herausforderung stellen, sich Kindern, Jugendlichen und Heranwachsenden samt ihren Familien anzunehmen und ihnen mit Kompetenz, Kreativität und Phantasie als gute und entwicklungsfördernde Begleiter zur Verfügung zu stehen!

Dieses Werk einschließlich aller seiner Teile ist urheberrechtlich geschützt. Jede Verwendung außerhalb der engen Grenzen des Urheberrechts ist ohne Zustimmung des Verlags unzulässig und strafbar. Das gilt insbesondere für Vervielfältigungen, Übersetzungen, Mikroverfilmungen und für die Einspeicherung und Verarbeitung in elektronischen Systemen.

Die Wiedergabe von Warenbezeichnungen, Handelsnamen und sonstigen Kennzeichen in diesem Buch berechtigt nicht zu der Annahme, dass diese von jedermann frei benutzt werden dürfen. Vielmehr kann es sich auch dann um eingetragene Warenzeichen oder sonstige geschützte Kennzeichen handeln, wenn sie nicht eigens als solche gekennzeichnet sind.

Es konnten nicht alle Rechtsinhaber von Abbildungen ermittelt werden. Sollte dem Verlag gegenüber der Nachweis der Rechtsinhaberschaft geführt werden, wird das branchenübliche Honorar nachträglich gezahlt.

Dieses Werk enthält Hinweise/Links zu externen Websites Dritter, auf deren Inhalt der Verlag keinen Einfluss hat und die der Haftung der jeweiligen Seitenanbieter oder -betreiber unterliegen. Zum Zeitpunkt der Verlinkung wurden die externen Websites auf mögliche Rechtsverstöße überprüft und dabei keine Rechtsverletzung festgestellt. Ohne konkrete Hinweise auf eine solche Rechtsverletzung ist eine permanente inhaltliche Kontrolle der verlinkten Seiten nicht zumutbar. Sollten jedoch Rechtsverletzungen bekannt werden, werden die betroffenen externen Links soweit möglich unverzüglich entfernt.

1. Auflage 2022

Alle Rechte vorbehalten
© W. Kohlhammer GmbH, Stuttgart
Gesamtherstellung: W. Kohlhammer GmbH, Stuttgart

Print:
ISBN 978-3-17-034230-9

E-Book-Formate:
pdf: ISBN 978-3-17-034231-6
epub: ISBN 978-3-17-034232-3

Inhalt

Vorwort 9

Teil I Einführung in die Katathym Imaginative Psychotherapie

1 Von den experimentellen Anfängen zur Katathym Imaginativen Psychotherapie (KIP) 15

2 **Wie geht und wirkt die KIP?** 21
   2.1   Wie geht die KIP? 21
   2.2   Wie wirkt die KIP? 24
   2.3   Wirksamkeitsstudien KIP 29

3 **Imagination, Kreativität und Unbewusstes** 31
   3.1   Imagination 33
   3.2   Unbewusstes 35
   3.3   Kreativität 35
   3.4   Symbol und Symbolisierung 37
   3.5   Symbolbildung und Emotionen 37
   3.6   Neurobiologische Grundlagen der KIP 37

Teil II Katathym Imaginative Psychotherapie mit Kindern (FW)

4 Entwicklungspsychologische Voraussetzungen im Kindesalter 45
   4.1   Die Entwicklung der Symbolfunktion nach Piaget 46

	4.2	Die Mentalisierungstheorie	47
	4.3	Das Stufenmodell der psychosozialen Entwicklung von Erik H. Erikson	49
	4.4	Zur Entwicklung von Geschlechtsunterschieden	51
	4.5	Risikofaktoren und protektive Bedingungen der Entwicklung	53
	4.6	Voraussetzungen für die Behandlung mit KIP im Kindesalter	53
5	**Grundlagen der KIP im Kindesalter**		57
	5.1	Indikation und Kontraindikation für KIP mit Kindern	57
	5.2	Ziele und Effekte der KIP im Kindesalter	59
	5.3	Die therapeutische Grundhaltung	59
	5.4	Übertragung und Gegenübertragung	60
	5.5	Therapeutische Interventionen	61
	5.6	Die Bedeutung der Motive	62
6	**Behandlungstechnik im Kindesalter**		69
	6.1	Vorbereitung und Einleitung einer KIP mit Kindern:	69
	6.2	Therapieplanung und Behandlungsstrategie	70
	6.3	Motivwahl und Interventionen	80
	6.4	Durchführung/Setting der KIP mit Kindern	82
7	**Einbeziehung der Bezugspersonen in die KIP mit Kindern**		91
	7.1	Therapiebegleitende Elterngespräche in der KIP	91
	7.2	Imaginative Arbeit an den Bindungsrepräsentationen der Eltern	92
	7.3	Die gemeinsame Imagination von Mutter/Vater und Kind	98
	7.4	Familienimaginationen	101
8	**Ausgewählte Fallbeispiele aus der KIP mit Kindern**		105
	8.1	Angststörung	105

8.2	Krisenintervention	109
8.3	Anpassungsreaktion nach Trennung der Eltern	112
8.4	Geschwisterrivalität	116
8.5	Trauer und Depression nach Zwillingsverlust	119

Teil III Katathym Imaginative Psychotherapie mit Jugendlichen und Heranwachsenden (WBN)

9 Entwicklungspsychologische Besonderheiten von Pubertät und Adoleszenz: Entwicklungsaufgaben, Belastungen, Konflikte 127

10 KIP im Jugendalter **135**
10.1	Therapeutische Herausforderungen	135
10.2	Voraussetzungen, Indikationen und Kontraindikationen	136
10.3	Vorbereitung und Hinführung zur KIP	138
10.4	Grundhaltung	141
10.5	Übertragung und Gegenübertragung	142
10.6	Motive und Motivwahl	143
10.7	Interventionsstrategien und -techniken	147
10.8	Begleitung im Verlauf	148
10.9	Vorbereitung des Abschieds	149

11 Einige Techniken für die KIP im Jugendalter **152**
11.1	Assoziatives Vorgehen	152
11.2	Fortsetzungsmotive	154
11.3	Rollen- und Perspektivübernahme	158
11.4	Induzierter Dialog	160
11.5	Die Arbeit mit dem gemalten Bild	161

12 Störungsbezogene Aspekte der Behandlung mit der KIP **165**
12.1	Angst	165
12.2	Depression	173
12.3	Zwang	177

	12.4	Essstörungen	183

12.4 Essstörungen 183
12.5 Spätadoleszente Entwicklungsprobleme:
     Narzissmus – Identität – Autonomie 189

Teil IV Und der Therapeut? – Imagination in Selbsterfahrung und Supervision

13 **Lernen durch Selbsterfahrung** 197
   13.1 Spezielle Selbsterfahrung für Kinder- und
        Jugendlichenpsychotherapeuten 197
   13.2 Die Arbeit mit der »Abgestuften Altersregression« 199

14 **Supervision in und mit der KIP** 206
   14.1 Die dialogische Begleitung und ihre Folgen 207
   14.2 Anwendungen katathymer Imaginationen in der
        Supervision 207

15 **Fort- und Weiterbildung in KIP** 210
   15.1 Kompakt-Curriculum KIP 210
   15.2 Aufbaukurs KIP-KJ 211

Literatur 212

Stichwortverzeichnis 223

Vorwort

Die Katathym Imaginative Psychotherapie (KIP) ist eine im Rahmen der Psychotherapie-Richtlinien anerkannte spezielle Behandlungsmethode der tiefenpsychologisch fundierten Psychotherapie, die gefühlsgetragene (katathyme) Imaginationen systematisch als therapeutische Parameter einsetzt. Die Entwicklung und Begründung der zunächst Katathymes Bilderleben (KB) genannten Methode geht zurück auf Hanscarl Leuner, der ab den 1950er Jahren die Wirkung therapeutisch induzierter Tagträume in einem experimentellen Setting untersuchte. Der dialogisch begleitete Tagtraum ist das zentrale Element, in dem sich unbewusste Konflikte, Bedürfnisse, Motive, Ressourcen und Übertragungsaspekte in symbolischer Form zeigen und therapeutisch beeinflusst werden können. Das Durcharbeiten findet in der KIP in der Abfolge von Vorgespräch, Tagtraum, Nachgespräch, medialer Gestaltung (zumeist in Form von Malen) und Bildbesprechung statt. Auf ihrer psychodynamischen Grundlage ist sie zutiefst integrativ und ermöglicht die Einbettung und partielle Integration von Elementen anderer Ansätze (u. a. aus der Systemischen Therapie, der Hypnotherapie, dem Psychodrama, der Verhaltenstherapie oder auch aus körpertherapeutischen Methoden). Die KIP hat einen immanent kreativen und entwicklungsorientierten Charakter und eignet sich für junge Menschen ab dem Grundschulalter.

Auch wenn die jungen Patienten in der Therapie ihren geschützten Entwicklungsraum haben und über die katathymen Imaginationen ihren eigenen Spielraum erweitern und ausdifferenzieren und Konflikte bearbeiten können, so sind diese Behandlungen nie losgelöst vom Kontext zu sehen. Dies sind zum einen die konkreten familiären Lebensbedingungen und Beziehungsstrukturen, zum anderen die gesellschaftlichen und sozialen Bedingungen und Entwicklungen.

Das Buch wurde aus den unterschiedlichen und sich ergänzenden Perspektiven einer weiblichen Therapeutin (Psychologische Psychotherapeutin und Kinder- und Jugendlichenpsychotherapeutin) und eines männlichen Therapeuten (Facharzt für Kinder- und Jugendpsychiatrie und Psychoanalytiker) und vor dem je individuellen Hintergrund unserer Kindheit und Jugend geschrieben. Es trägt eine sehr persönliche Handschrift und spiegelt unsere Erfahrungen, die wir in den Jahrzehnten unserer Tätigkeit in der Praxis, der Weiterbildung und des Austauschs mit Kolleginnen und Kollegen sammeln konnten.

In weiten Teilen des Buches verwenden wir wegen der besseren Lesbarkeit das generische Maskulinum. In Teil II (Katathym Imaginative Psychotherapie mit Kindern) und Teil III (Katathym Imaginative Psychotherapie mit Jugendlichen und Heranwachsenden) weichen wir teilweise von diesem Prinzip ab: Bei der Darstellung von Fallvignetten mit der Wiedergabe von Dialogen und der Einschätzung der Übertragungs-Gegenübertragungs-Dynamik berichten wir von unseren persönlichen Erfahrungen, verwenden die Ich-Form und meinen mit »dem Therapeuten« Franz Wienand (FW) und »der Therapeutin« Waltraut Bauer-Neustädter (WBN). Die jeweilige Autorenschaft ist durch die entsprechenden Initialen zu Beginn der jeweiligen Buchteile gekennzeichnet.

Wir danken den Herausgebern, Arne Burchartz, Hans Hopf und Christiane Lutz, und dem Kohlhammer Verlag für die Möglichkeit, die KIP vorstellen zu können. Unser besonderer Dank gebührt Günther Horn, der die KIP mit Kindern und Jugendlichen auf kreative Weise entwickelt, international verbreitet und gelehrt hat, den Weiterbildungskandidatinnen und -kandidaten in unseren Seminaren sowie all unseren Dozentenkolleginnen und -kollegen, von denen wir lernen durften und weiter lernen. Unsere größten Lehrmeister sind die jungen Patientinnen und Patienten mitsamt ihren Eltern, deren Entwicklung wir eine Wegstrecke weit begleiten durften. Jeder einzelne von ihnen hat dazu beigetragen, unseren Erfahrungsschatz zu erweitern und zu bereichern und hat uns damit ermöglicht, dieses Buch zu schreiben. Herzlichen Dank dafür! Last but not least bedanken wir uns insbesondere bei denjenigen Kindern, Jugendlichen und ihren Familien sowie bei den jungen Erwachsenen, die uns erlaubt haben, in anonymisierter Form Ausschnitte aus ihren Behandlungen einschließlich der gemalten

Bilder wiederzugeben. Gerade diese authentischen Dokumente sind es, die die Methode und unser therapeutisches Handeln anschaulich und lebendig machen. Vielleicht lassen auch Sie sich von der Methode und ihren vielfältigen und kreativen Möglichkeiten begeistern.

Im letzten Teil des Buches erfahren Sie, wie katathyme Imaginationen in der Aus- und Weiterbildung von Psychotherapeuten, speziell Kinder- und Jugendlichenpsychotherapeuten eingesetzt werden. Die Kombination von Wissensvermittlung, Üben und Selbsterfahrung schult den Therapeuten in einem fortlaufenden Prozess. Sich flexibel in unterschiedliche Lebens- und Entwicklungsalter und dem damit verbundenen Erleben einfühlen zu können und das therapeutische Handeln darauf abzustimmen, ist für den Kinder- und Jugendlichenpsychotherapeuten unerlässlich und eine immer wieder spannende Erfahrung. Selbsterfahrung und Supervision unter Einbeziehung katathym imaginativer Techniken sind erlebnisintensiv, machen Freude, erweitern das methodenspezifische Handlungsrepertoire und stärken die Identität als KIP-Therapeut.

Calw-Saarbrücken, im November 2020
Franz Wienand und Waltraut Bauer-Neustädter

Teil I Einführung in die Katathym Imaginative Psychotherapie

1 Von den experimentellen Anfängen zur Katathym Imaginativen Psychotherapie (KIP)

Hanscarl Leuner, der 2019 seinen 100. Geburtstag gefeiert hätte, veröffentlichte in den 50er Jahren des letzten Jahrhunderts als junger Arzt erste Arbeiten zum Experimentellen Katathymen Bilderleben (Leuner, 1954; 1955) und begründete damit die heutige Katathym Imaginative Psychotherapie (KIP). Im Kommentar zu den Psychotherapie-Richtlinien (Faber & Haarstrick, 2018) wird die KIP unter ihrer früheren Bezeichnung KB (Katathymes Bilderleben nach Leuner) als spezielle Methode der Tiefenpsychologisch fundierten Psychotherapie aufgeführt.

Schon früh galt Leuners besonderes Interesse der »Macht der Symbole« sowie der Symbolinterpretation. Er selbst hatte sich während seiner Weiterbildung einer Jung'schen Analyse unterzogen und so die Methode der Aktiven Imagination kennengelernt. Fasziniert von der Bildproduktion und dem Bilderleben wollte er als Arzt und Psychotherapeut das Geschehen bei seinen Patienten gerne unmittelbar mitverfolgen. Er wollte bei der Entstehung des Bilderlebens dabei sein und entwickelte so das Modell der begleiteten Imagination und des dialogischen Prinzips. Als Wissenschaftler lag es ihm am Herzen nachzuweisen, dass die Methode zu wiederholbaren Ergebnissen führt: Ein standardisierter experimenteller Traum diente dazu, das katathyme Panorama seiner Probanden zu beobachten und zu erforschen. So wurde ein methodisch-didaktisches System zur Vermittlung erarbeitet, dessen Grundzüge noch heute Gültigkeit haben.

Außerdem sollten die in der Psychotherapie verwendeten hypothetischen Symbolinterpretationen über empirische Studien genauer erfasst und damit wissenschaftlich untersucht werden. Leuner griff dabei auf Erfahrungen verschiedener Autoren zurück (Bildstreifendenken bei Kretschmer, 1922; katharsische Bilder bei Tuczek, 1928; Bilder in Tiefenentspannung bei Frederking,1948), die alle feststellten, »daß im abgeblendeten Bewusstsein des Hypnoids (oder des autogenen Trainings) optische Phänomene von Wahrnehmungscharakter auftreten, die wie die Traumbilder katathymen Ausdruckscharakter tragen« (Leuner, 1954, S. 201). »*Katathym*«, *der Seele gemäß*, weist darauf hin, dass diese Bilder oder Bildproduktionen Ausdruck eines innerseelischen Geschehens sind und dass sie individuelle Aspekte des Erlebens und/oder der inneren Verfassung abbilden. »Die sich [...] im leichten Hypnoid konstellierenden Bilder spiegeln in ihrem Ausdrucksgehalt die jeweilige individuelle affektive Konstellation gerade in jenem Bereich des Unbewußten wider, das durch die Bildprovokation in relativ spezifischer Weise angeregt wurde.« (Leuner, 1954, S. 201). »*Seele, d. h. Emotionalität*« so die Kurzformel (Leuner, 1980).

Bei der Untersuchung des in wiederholten Sitzungen experimentell erzeugten Bildmaterials kristallisierten sich von Anfang an zwei Typen/Kategorien von Bildern heraus: Diejenigen, die sich leicht entfalteten und sich spontan oder durch suggestiven Einfluss in der dialogischen Begleitung leicht veränderten und weiterentwickelten und diejenigen, die sich als starr und festgefahren erwiesen und als *fixierte Bilder* bezeichnet wurden. Für Leuner waren unter diagnostischen Gesichtspunkten insbesondere letztere von Interesse, da er sie als Ausdruck »besonders fest verhafteter Affektkonstellationen – der individuellen Komplexe« (Leuner, 1954, S. 202) verstand.

Der Entwicklung des Experimentellen katathymen Bilderlebens (EKB) als klinischem Verfahren lag folgendes Konstrukt zugrunde:

- Wenn nun mit Hilfe der Bildprovokation affektive Bereiche der Persönlichkeit zur Symboldarstellung veranlasst werden konnten, dann war auch zu erwarten, dass bei typischen Motivvorstellungen immer wieder die gleichen affektiven Sphären angesprochen werden. So erweist sich die *Wiese* z. B. als symbolischer Ausdruck der eigenen Gestimmtheit, aber auch des Bodens, auf dem man steht. Der *Bach*, das fließende Wasser, wird verstanden als symbolischer Ausdruck der Entwicklungsdynamik und des Lebensflusses.

- In einem weiteren Schritt wurde davon ausgegangen, dass diese wiederholbaren Symboldarstellungen durch psychische Einwirkung, insbesondere in Folge therapeutischer Interventionen, veränderbar sind. Die Analyse eines Symbols, d. h. dessen Dechiffrierung, stellt einen folgerichtigen therapeutischen Eingriff dar, der zur Veränderung bzw. Wandlung des Symbols führt.

In einer ersten Auswertung seiner Ergebnisse konstatiert Leuner (1955, S. 246), dass »die Längsschnittbeobachtung der Psychotherapie im Bilderleben [...] bei richtigem Vorgehen einen *prozeßhaften Verlauf* erkennen« lässt, in dem den auftauchenden Symbolen eine replizierbare, tiefenpsychologisch verstehbare Bedeutung zugeschrieben werden kann.

Nach Leuners 20 Jahre währender Entwicklungsarbeit wurde aus der klinisch-experimentellen Arbeit mit Imaginationen das damals noch »Katathymes Bilderleben« oder Symboldrama genannte Verfahren entwickelt, welches sich in der Idee, symbolische Inhalte der Imaginationen als Ausdruck individueller Problematiken zu verstehen, der Psychoanalyse verpflichtet fühlt. Antriebsgeschehen, Abwehrvorgänge, neurotische Fehlhaltungen, Übertragungs-Gegenübertragungs-Geschehen werden beachtet. Leuner selbst ordnete das Verfahren zwischen pragmatisch-hypnoiden Methoden und der Psychoanalyse ein, da es einerseits primärprozesshafte Prozesse aktiviere, es andererseits aber unbewusste Prozesse nicht immer bewusst aufdeckend benutze. Hinzu kommt die Möglichkeit, in der KIP gezielt auf Konflikte zu fokussieren. Hier spielen u. a. die »fixierten Bilder«, die sich als starre, relativ unbeeinflussbare Stereotype zeigen und als Äquivalent der neurotischen Abwehr- und Charakterhaltungen verstanden werden, eine wichtige Rolle. Für den therapeutischen Prozess und den Nachweis einer (Aus-)Wirkung entscheidend sind die *Wandlungsphänomene*. Dies kann durch wiederholte Übung, die unmittelbare Interpretation und Deutung einer Szene oder den Vollzug von Leistungen (Wirksamkeitserfahrung), z. B. den Aufstieg auf einen Berg, die Überquerung eines Flusses usw. passieren: Details des zuvor stereotypen Bildes verändern sich. Wandlungsphänomene treten aber auch als »synchrone Wandlung« im Verlauf des therapeutischen Prozesses auf. Bilder, Landschaften verändern sich, ohne dass sie als solche gezielt angesprochen worden wären. Letztlich wurde auch die »Operation am Symbol« schon früh als wichtiges therapeutisches Instrument erkannt. Aus dieser Arbeit entwickelten sich auch die diagnostischen und therapeutischen Instrumente. Dazu gehörten zunächst zehn Standardmotive (später erweitert auf zwölf Motive), die als wichtige Kristallisationspunkte typischer, konfliktbesetzter Bereiche dienen. Im technischen Bereich unterschied Leuner zudem drei übergeordnete Prinzipien – das übende Vorgehen, das assoziative Vorgehen und das regieführende Symboldrama – und entwickelte eine ganze Reihe von Interventionstechniken. Es zeichnete sich inzwischen ab, dass differentielle Indikationen in Abhängigkeit von der Problematik für das Vorgehen notwendig sind. So erwies sich z. B. der nicht interpretierende Ansatz bei chronisch verfestigten Problematiken als nicht ausreichend, die Notwendigkeit des Durcharbeitens musste anerkannt werden.

Inzwischen ist die KIP eine ausgereifte psychodynamische Therapiemethode, die sich unter dem Einfluss aktueller Strömungen und Erkenntnisse immer weiterentwickelt (Kottje-Birnbacher, 2010; Biel, 2018). Eine umfassende Diagnostik mit der Operationalisierten Psychodynamischen Diagnostik (Arbeitskreis OPD-2, 2014) ermöglicht die Unterscheidung in konfliktbedingte und strukturbezogene Störungen (Rudolf, 2013). Entsprechend der diagnostischen Trias von Konflikt, Struktur und Trauma (Ullmann et al., 2017) und den damit verbundenen Krankheits- und Störungsbildern haben sich unterschiedliche Techniken für die katathym imaginative Arbeit mit den jeweiligen Patienten herausgebildet. In zahlreichen Anwendungsfeldern hat sich die KIP als erfolgreiche Behandlungsmethode erwiesen, wie dies u. a. die ausführlichen Übersichten im Handbuch von Ullmann und Wilke (2012) belegen.

Der erste internationale wissenschaftliche Kongress fand 1978 in Göttingen statt, 2018 der inzwischen 14. Internationale Kongress in Köln. Schon früh ahnte Leuner, dass dieser internationale Austausch sich als »ein glückliches Stimulans für die Bearbeitung und Diskussion neuer Ergebnisse« (Leuner & Lang, 1982, S. 7) erweisen sollte.

Ebenso wichtig war und ist es, die Wirksamkeit der KIP zu untersuchen. Einzelfallstudien der KIP als Kurzzeittherapie waren richtungsweisend (Kulessa & Jung, 1980; Wächter & Pudel, 1980; Wächter, 1982) und bewirkten spätestens seit der Jahrtausendwende eine Fortführung der notwendigen Forschung (Salvisberg, Stigler & Maxeiner, 2000). Stigler und Pokorny (2000; 2012) entwickelten detaillierte Forschungsansätze zur Untersuchung der Wirkungsweise der KIP. Zentral war dabei die Frage, was macht KIP und was ist daran spezifisch? In bisher drei naturalistischen Studien wurde die Wirksamkeit der Katathym Imaginativen Psychotherapie (KIP) nachgewiesen (▶ Kap. 2.3).

Im Rahmen dieses Buches über die Katathym Imaginative Psychotherapie mit Kindern und Jugendlichen ist es besonders bedeutsam, dass Leuner selbst in unterschiedlichen Bereichen auch mit Kindern und Jugendlichen gearbeitet hat und diese Erfahrungen einen wichtigen Einfluss auf die Entwicklung seiner Methode hatten. Von den Kindern habe er viel für die Psychiatrie der Erwachsenen gelernt (AGKB, 2019, S. 11). Ein erstes Buch über das Katathyme Bilderleben mit Kindern und Jugendlichen wurde 1978 veröffentlicht (Leuner, Horn & Klessmann, 1997; 4., aktual. Aufl.). Zentral für die Entwicklung der Katathym Imaginativen Psychotherapie mit Kindern und Jugendlichen ist sicherlich Günther Horn, dessen umfassende Erfahrungen in ein weiteres Buch zur KIP mit Kindern und Jugendlichen einflossen (Horn, Sannwald & Wienand, 2006).

Eine systematische Untersuchung zur Wirksamkeit und Nachhaltigkeit Katathym Imaginativer Psychotherapie (KIP) bei Jugendlichen wurde erstmals in Österreich durchgeführt (Fiala-Baumann & Bänninger-Huber, 2016; 2018). Dabei wurde u. a. ein spezifisches Motiv (Blume) zu verschiedenen Messzeitpunkten vorgegeben und inhaltsanalytisch untersucht. Ebenfalls erfasst wurden die Beziehungen zu den Müttern und Vätern, sowie deren Sicht auf die Problematik und die Beziehung. Verbesserungen konnten sowohl im Hinblick auf die Symptombelastung als auch bei den Beziehungsgestaltungen nachgewiesen werden.

Zusammenfassung

Dargestellt wird die Entwicklung der Katathym Imaginativen Psychotherapie (KIP) seit ihren Anfängen in den 50er Jahren des letzten Jahrhunderts. Ausgehend von klinisch-experimentellen Arbeiten mit katathymen Imaginationen entwickelte Hanscarl Leuner mit dem Katathymen Bilderleben eine spezielle Methode der Tiefenpsychologisch fundierten Psychotherapie. Neben den diagnostischen und therapeutischen Instrumenten wurde auch ein methodisch-didaktisches System zur Vermittlung erarbeitet, dessen Grundzüge noch heute Gültigkeit haben.

Inzwischen ist die KIP eine ausgereifte psychodynamische Therapiemethode, die sich unter dem Einfluss aktueller Strömungen und Erkenntnisse immer weiterentwickelt. Ihre Wirksamkeit wurde wiederholt nachgewiesen. Leuners Erfahrungen in der Arbeit mit Kindern und Jugendlichen hatten einen wichtigen Einfluss auf die Entwicklung der Methode.

Literatur zur vertiefenden Lektüre

Leuner, H. (1980). Grundlinien des Katathymen Bilderlebens (KB) aus neuerer Sicht. In H. Leuner (Hrsg.), Katathymes Bilderleben. Ergebnisse in Theorie und Praxis (S. 10–55). Bern: Hans Huber.

Leuner, H., Horn, G. & Klessmann, E. (1997). Katathymes Bilderleben mit Kindern und Jugendlichen (4., aktual. Aufl.). München: Ernst Reinhardt.

Weiterführende Fragen

- Wie genau wirkt die KIP, unabhängig von den allgemeinen Wirkfaktoren psychodynamisch psychotherapeutischer Interventionen?
- Welcher Zusammenhang besteht zur therapeutischen Beziehung?

2 Wie geht und wirkt die KIP?

> »Wörter sind der Pinsel, mit dem man Bilder in den Kopf eines Anderen malt«
> Daniel Stern (1998)

2.1 Wie geht die KIP?

Die KIP nutzt den systematischen Einsatz von katathymen Imaginationen im therapeutischen Prozess. Imaginationen wechseln sich mit Gesprächssequenzen ab, die dem Bearbeiten und Verstehen der symbolischen Darstellungen dienen (Kottje-Birnbacher, 2010).

Zum Einstieg und zum ersten Kennenlernen der Methode schlägt der Therapeut dem Patienten eine *Vorstellungsübung*, einen *Tagtraum* oder auch ein *Phantasiespiel* vor, welches mit einer Entspannungsintervention eingeleitet wird. Bei Kindern und Jugendlichen richten sich der Sprachgebrauch und die seitens des Therapeuten eingeführten Bilder nach dem jeweiligen Entwicklungsstand und dem Verständnis, worauf in den nachfolgenden Kapiteln noch spezifisch eingegangen wird. In der Regel bittet man den Patienten, die Augen zu schließen, in sich hineinzuhorchen, sich auf den Atem zu konzentrieren und sich zu entspannen. Art und Umfang der Entspannungseinleitung können je nach persönlichem Stil des Therapeuten und in Abhängigkeit von der jeweils spezifischen Situation variieren. Der Therapeut bittet den Patienten dann sich z. B. (irgend)eine *Blume* (oder einen *Baum*) vorzustellen, diese zu betrachten und zu beschreiben. Zur Beruhigung und Entlastung folgt der Hinweis, dass auch jeder andere Inhalt recht ist.

Der Therapeut nimmt alles, was berichtet wird, empathisch mitschwingend auf, kommentiert dies wohlwollend und unterstützend, während er versucht, sich eine Vorstellung von der Imagination des Patienten zu machen. Mit Fragen und Anregungen unterstützt der Therapeut die weitere Ausdifferenzierung der vorgestellten Szene, wodurch die Wahrnehmung nochmals fokussiert wird und sich die anfangs leichte Entspannung weiter vertieft. Am Ende der Vorstellungsübung leitet der Therapeut ein aktives Zurücknehmen der Entspannung an. Oftmals wird der Patient die Imaginationsübung in entspanntem Zustand und mit einem Gefühl der Zufriedenheit, vielleicht auch der Verwunderung und des Berührtseins beenden. Wenn ein Patient nicht so gut »ins Bild hineinkommt« oder sich keine bildhafte Vorstellung entwickelt, der innere Bildschirm sozusagen schwarz bleibt, müssen die Voraussetzungen nochmal überprüft werden. In der Nachschwingphase geht es um das aktuelle Gefühl und das, was dem Patienten spontan zu dem Imaginierten einfällt. Der Therapeut wird seine eigenen Ideen zunächst zurückhalten.

Während man Kinder und teilweise auch Jugendliche im Anschluss an die Imagination bittet, zu der imaginierten Szene direkt ein Bild zu malen oder zu zeichnen, lässt man dies ältere Jugendliche oder erwachsene Patienten in der Regel zu Hause tun. Alternativ kann der Tagtrauminhalt aber auch in einem Text verarbeitet werden. Das gemalte Bild wird gemeinsam mit den Kindern und Jugendlichen betrachtet und in seinen Einzelheiten gewürdigt. Je jünger die Kinder sind, desto mehr bleibt die Bildbesprechung auf der symbolischen Ebene. Bei Jugendlichen ist es eher möglich, gemeinsam herauszuarbeiten und zu verstehen, welche Verbindungen zwischen dem in der Imagination Erlebten und dem Patienten bestehen, was es über ihn selbst, seine aktuelle Befindlichkeit, seine Konflikte, seine Wünsche, seine Ängste … aussagt. Die Bildbesprechung, der sog. Bilderdialog (Ullmann et al., 2017; Ullmann, 2017) kann von unterschiedlicher Dauer und Intensität sein und wird im Idealfall zu einer Motivvorgabe für einen späteren, weiteren Tagtraum führen. Die gemalten Bilder werden vom Therapeuten aufbewahrt, sodass jederzeit im Verlauf des therapeutischen Prozesses nochmals darauf zugegriffen werden kann.

»Was Tagträumer und Therapeut da als Szenerie oder Drama vor Augen haben, hat vielschichtige Qualitäten: bildhafte, affektive, sinnliche, körperbezogene und nicht zuletzt symbolische« (Ullmann, 2017, S. 30). Das Tagtraumgeschehen ist immer eine gemeinsame Produktion, die davon abhängt, wie der Therapeut interveniert und wie diese Interventionen vom Patienten aufgenommen werden. Der Therapeut muss also präsent sein, spielerisch mitwirken, gleichzeitig in seiner professionellen Rolle bleiben. Im optimalen Fall fühlt der Patient sich gut begleitet und unterstützt, gefordert, aber nicht überfordert. Der Therapeut hat dann die Qualitäten eines guten Begleiters.

Die Motivvorgabe ist ein wichtiges methodisches Instrument des Therapeuten. Während es sich empfiehlt, zu Behandlungsbeginn zunächst mit den sog. Standardmotiven der Grundstufe (*Wiese, Bach, Berg, Haus* und *Waldrand*) zu arbeiten, ist im weiteren Verlauf die Motivvorgabe wesentlich von der klinischen Situation, den aktuell im Vordergrund stehenden Themen und der Übertragungs-Gegenübertragungs-Dynamik geprägt. Gleichzeitig orientieren sich die Motivvorgaben an den symbolischen Qualitäten, die sie beinhalten. Während einige Motive von ihrem Bedeutungsgehalt betrachtet eher eng angelegt sind, bieten andere eine sehr offene und weite Projektionsfläche. Geben wir z. B. als erstes Motiv nach dem sog. Initialen Tagtraum (Ullmann, 2012c) eine *Wiese* vor, dann können sich in der vorgestellten Szenerie die aktuelle Gestimmtheit, der Boden, auf dem jemand steht, sein generelles Lebensgefühl oder vielleicht sogar erste Konfliktbereiche abbilden. Jede imaginierte Wiese ist anders und gestattet einen ersten Einblick in die Innenwelt des Patienten. Während die eine grenzenlos zu sein scheint, ist eine andere vielleicht von Zäunen umgeben. Neben dem kurz und exakt gemähten Rasen gibt es üppige Blumenwiesen mit vielen Insekten und Kleintieren, einem Bach und vielleicht noch einem schattenspendenden Baum. Geben wir andererseits das Motiv *Berg* vor, werden sich in irgendeiner Form die Leistungsthematik, der Leistungsanspruch, das Über-Ich sowie oder ein mit dem Vater assoziiertes Thema zeigen. Unzählige überhohe, extrem spitze und kaum oder gar nicht zu bewältigende Bergimaginationen bei Menschen mit einem hohen Leistungsanspruch zeugen davon. Unserer Erfahrung nach finden sich diese Bilder gehäuft bei Spätadoleszenten und jungen Erwachsenen, denen die Anforderungen des Erwachsenenlebens zu hoch und nicht bewältigbar erscheinen.

Für die drei Störungsmuster innerhalb der psychodynamischen Psychotherapie – konfliktbedingte Störungen, ich-strukturelle Störungen und traumatisch bedingte Störungen – gibt es unterschiedliche Behandlungsstrategien mit der KIP:

- Bei konfliktbedingten Störungen arbeiten wir mit der auf Einsicht ausgerichteten expliziten Technik der KIP.
- Bei ich-strukturellen Störungen geht es über die implizite Technik der KIP darum, Nachreifung zu ermöglichen und wohltuende Erfahrungen zu sammeln.
- Bei traumatisch bedingten Störungen zielt eine gestuft aktive Technik darauf ab, zunächst mit Schutz und Sicherheit vermittelnden und gewährleistenden Techniken, über die Konfrontation mit den traumatischen Inhalten eine Integration anzustreben. (Ullmann, 2017, S. 40).

2.2 Wie wirkt die KIP?

Hinweise auf die heilsame Wirkung innerer Bilder finden wir ganz allgemein in Religion, Literatur, Kunst und Psychotherapie, die naturwissenschaftliche Basis dazu liefern Erkenntnisse der Neurowissenschaften (z. B. Hüther, 2015; Bauer, 2002).

Als Medizinstudent arbeitete Leuner während des Krieges in einer Kaserne. In der Rückschau wertete er diese Arbeit, verbunden mit der Möglichkeit, viel zu lesen und sich mit der Tiefenpsychologie zu beschäftigen, als seine wirklichen Lehrjahre (AGKB, 2019). Als Ergebnis der oben beschriebenen experimentellen Untersuchungen (▶ Kap. 1) und zahlreicher Patientenbehandlungen formulierte Leuner (1985) drei spezifische Wirkfaktoren der KIP, die bis heute den therapeutischen Schwerpunkt bilden:

- *Konfliktdarstellung und Bearbeitung auf der Bildebene:* In der Imagination werden die abgewehrten und unbewusst wirksamen Konflikte aktualisiert und dadurch einer Bearbeitung zugänglich gemacht. Der Therapeut nutzt ein breites Repertoire an therapeutischen Interventionen bis hin zur Symbolkonfrontation, um den Patienten zu unterstützen (sog. »erste Dimension« der KIP). Sein wichtigstes Instrument ist das Motiv. »Durch die Motivvorgabe angeregt und durch die therapeutische Situation ausgelöst, vollzieht sich aufgrund einer autonomen psychischen Dynamik eine Fokussierung konflikthafter Prozesse in Form plastisch erlebter Symbolisierungen mit hoher affektiver Intensität und immer wieder bestätigter Evidenz. Symbolisch verhüllt und/oder symbolhaft selbstenthüllend treten die in der therapeutischen Dyade wiederbelebten Beziehungswünsche, die Abwehrmechanismen, aber auch die Ich-Stärken und Regulationsfähigkeiten ›vor Augen‹« (Bahrke & Nohr, 2005, S. 8).
- *Ressourcenaktivierung, insbesondere Ich-Stärkung und narzisstische Restitution durch die »Befriedigung archaischer Bedürfnisse«:* Die Imagination konfliktfreier Szenen ermöglicht ein »Auftanken«, eine Regression im Dienste des Ichs und eine narzisstische Restitution. (sog. »zweite Dimension« der KIP). Eine entlastende Wirkung kann hier schon allein das Entspannen in Gegenwart des Therapeuten entfalten. Im Therapieprozess kommt es in den Imaginationen »zur *Aktivierung verinnerlichter guter Objektbeziehungen* oder zum erstmaligen *Aufbau guter innerer Objekte*. Auf diese Weise wird dann vor allem die *Übertragungs-Gegenübertragungsbeziehung* in die Ressourcenmobilisierung und Ressourcenbeschaffung mit einbezogen. Es kommt zu Erfahrungen von Gehalten-Sein, zum Erleben von Sicherheit und zu einer Stärkung des Selbstgefühls im Umgang mit positiven, verlässlichen und zugewandten Symbolgestalten« (Dieter, 2015, S. 64f.).
- *Entfaltung der Kreativität*: Im imaginativen Raum kann aggressiven und expansiven Impulsen probehandelnd begegnet werden, eigenständige Problemlösungen können gesucht und gefunden werden (Kottje-Birnbacher, 2001) (sog. »dritte Dimension« der KIP).

»Was macht gerade die Imagination zu einem besonders wirksamen Instrument in einem psychodynamischen Gesamtkonzept?« Dieser Frage ging Die-

ter (2015, S. 61ff.) auf den Grund und arbeitete eine Reihe von Aspekten heraus, die sich in ihrer Wirksamkeit ergänzen und teilweise gegenseitig verstärken:

- die psychophysiologische Entspannung, die mit der Intensität der erlebten inneren Bilder intensiver wird;
- »das Miterleben und Mitspielen bei einem als enorm verbindlich erlebten und selbst erschaffenen inneren Schauspiel«, das märchenhaften Charakter annehmen und Lösungen und neue Wege aufzeigen kann;
- die Begegnung mit dem individuellen und kollektiven Symbol, »mit einer vielfach determinierten Schöpfung des eigenen kreativen Unbewussten«, die bisher unzugängliches Wissen verfügbar werden lässt, sodass die Heilkraft der symbolischen Darstellung sich entfalten kann (Jung, 1949);
- die auch beim Umgang mit Imaginationen hilfreich erlebte Beziehung zu einem Therapeuten, die das symbolisch Erlebte durch die Einbettung in eine bedeutsame Objektbeziehung (Übertragungs-Gegenübertragungs-Konstellation) »wirklich« werden lässt;
- die »Anregung und Einübung neuer Erfahrungen vor dem Hintergrund eines neuen Musters von Beziehung« wie z. B. von Fürstenau (1990) für die Behandlung schwerer Persönlichkeitsstörungen beschrieben.

Einen besonderen Stellenwert schreibt Dieter dem *Prinzip der Nachträglichkeit* zu. Was ist damit gemeint? »Unter dem Einfluss von Übertragung und Gegenübertragung wird Vergangenes in der Gegenwart neu ›inszeniert‹. Früher erlebte konflikthafte und traumatische Erfahrungen können mit Hilfe von Imaginationen im ›Hier und Jetzt‹ zu einem besseren Ausgang geführt werden« (Dieter, 2015, S. 62). In der KIP mit Kindern und Jugendlichen kommt nicht der heute Erwachsene auf der imaginativen Ebene dem Kind zu Hilfe, sondern es geht hier eher um idealisierte Elternrepräsentanzen in unterschiedlicher symbolischer Ausgestaltung. Als hilfreiche Wesen können z. B. *Tiere, Feen, Zauberer, Märchengestalten, Helden, Königinnen* und *Könige, weise Männer* und *Frauen* imaginiert werden, die so in Erscheinung treten, wie das Kind es gebraucht hätte und noch braucht. Mit dem richtigen Begleiter an der Seite können Konflikte gelöst, Entwicklungshemmnisse überwunden, gute innere Objekte wiederbelebt oder neu aufgebaut und so Defizite im Sinne einer nachholenden Entwicklung aufgefüllt werden.

Für die *implizite Behandlungstechnik* ist das intersubjektive Verständnis des Behandlungsprozesses von besonderer Bedeutung. Die symbolische Darstellung der inneren Welt in der Imagination erfolgt immer in einem Beziehungskontext. Der Therapeut wird berührt und involviert, auf der bewussten wie auf der unbewussten Ebene. Er begleitet die Imagination des Patienten immer auch mit eigenen Imaginationen. Die Dynamik von Übertragung und Gegenübertragung und die Kommunikation der beiden Unbewussten zeigt sich besonders eindrücklich, wenn der Patient etwas imaginiert und mitteilt, an das der Therapeut gerade gedacht hat. Die Übertragungs-Gegenübertragungs-Dynamik »bildet den Rahmen für die hilfreiche Beziehung in der KIP. Der Therapeut begleitet, stellt eine ›haltende Umgebung‹ zur Verfügung, interveniert. Auf diesem Hintergrund gelingt es dem Patienten im günstigsten Fall, neue Erfahrungen mit inneren und äußeren Objektbeziehungen zu machen, auf der imaginativen Ebene neue Verhaltensoptionen zu erproben und symbolisches Erleben als Ressource zu nutzen« (Dieter, 2015, S. 63). Entscheidend sind die Reinszenierung des Vergangenen in der Gegenwart, die sog. »Szene« sowie die Konzentration auf das »Hier und Jetzt« der Übertragungsbeziehung.

Wie aber funktioniert das genau? Eine Antwort darauf findet man in dem Titel eines von Salvisberg, Stigler und Maxeiner (2000) herausgegebenen Buches: »Erfahrung träumend zur Sprache bringen«. Frühe Erfahrungen, die weder bewusst noch sprachlich fassbar sind, aber dennoch als Schemata das Denken, Fühlen und Verhalten wirksam beeinflussen, können genauso wie verdrängte Erfahrungen über sinnliches Erleben und Bilder in Sprache überführt werden. Stigler und Pokorny (2000) untersuchten in einer Einzelfallstudie anhand von Therapieprotokollen mit und ohne Imagination, welche Art von Vokabular in den verschiedenen Sequenzen benutzt wird. Den untersuchten Hypothesen lag das von Mergenthaler und Bucci (1999) postulierte 3-Phasen-Modell der therapeutischen Verständigung zugrunde: Emotionales und implizites Erleben muss aktiviert, bildlich oder narrativ übersetzt und schließlich reflektiert werden. In der Studie konnte bestätigt werden, dass in den KIP-Sitzungen mehr Primärprozess-Vokabular, mehr Emotions-Vokabular und mehr auf referentielle Aktivität hinweisendes Vokabular enthalten war als in den Sitzungen ohne Imagination (Stigler & Pokorny, 2000). Demnach entspricht die KIP dem von Mergenthaler und Bucci (1999) postulierten Modell der therapeutischen Verständigung: »Es werden emotionale und prozedurale Schemata aktiviert, diese gelangen über bildliche Szenarien zum Ausdruck und durch deren narrative Einfassung zur Mitteilung, bevor sie Gegenstand gemeinsamer Reflektion werden« (Stigler & Pokorny, 2000, S. 99). Kurz: Es geht vom inneren Erleben über das Bild zum Wort. So betont auch Ullmann (2012b) die Verbindung von Vorstellungen, Emotionen und körperlichen Vorgängen als wesentliches Wirkelement von Psychotherapie.

»In der KIP hat sich ein tiefenpsychologisches Konzept etabliert, das in der affekt- und primärprozessnahen Imagination auf regressivem Erlebnisniveau Möglichkeiten der emotionalen und kognitiven Nachreifung eröffnet. Das methodische Vorgehen stellt einen mnestischen Prozess besonderer Art dar, der im Hier und Jetzt des dialogisch begleiteten Tagtraums an frühen Beziehungserfahrungen anknüpft, Anlass zum Aufbau von neuen Gedächtnisinhalten gibt und zu strukturellen Veränderungen führt« (Ullmann, 2012b, S. 70).

Unter neurobiologischen Aspekten ist insbesondere die Neuroplastizität des Gehirns hervorzuheben. Damit ist »die Fähigkeit eines Nervensystems, sich an die Anforderungen der jeweiligen Umgebung anzupassen« (Ullmann, 2012b, S. 73) gemeint. Das Festhalten von Lernergebnissen und die Anpassung an neue Verhältnisse vollzieht sich auf der Ebene des Nervengewebes, und dies »ist die Basis für ein erfahrungsbasiertes Beurteilen und Bewältigen von Situationen, zusammen mit dem Einprägen der zugehörigen Erfolgs- und Misserfolgsgeschichte« (ebd., S. 73). Das Gehirn ist also kein fertiges Produkt, das zwangsläufig immer gleich funktioniert, sondern es ist glücklicherweise in der Lage, Anpassungsleistungen zu vollbringen, sodass Psychotherapie »unter neurobiologischen Gesichtspunkten als ein Prozess des Lernens, Übens und Umdenkens betrachtet werden [kann]« (ebd., S. 73). »Prägende Erfahrungen« sind damit auch jenseits der frühen Kindheit möglich.

Mit der besonderen Art der Imaginationen in der KIP werden unterschiedliche Gedächtnissysteme angesprochen, neben dem expliziten oder deklarativen, an die Sprache gebundenen Gedächtnis, haben wir auch Zugang zum impliziten oder nichtdeklarativen Gedächtnis. Dem »impliziten Wissen«, einschließlich des »Bewegungswissens«, des »Ähnlichkeitswissens« und des »Wiedererkennungswissens«, können wir in der katathymen Imagination mit sprachlichen Mitteln begegnen und so zur Episodenaktivierung beitragen.

2.3   Wirksamkeitsstudien KIP

Für die KIP bzw. das Katathyme Bilderleben (KB) liegen aktuell drei naturalistische Wirksamkeitsstudien vor. In einer 2003 veröffentlichen Studie (v. Wietersheim, Wilke & Röser) wurden große Effekte für die Verbesserung von depressiver Verstimmung und Lebenszufriedenheit nachgewiesen. Sachsse, Imruck und Bahrke (2016) konnten sehr große Effekte für die Verbesserung von Symptombelastung und interpersonellen Problemen nachweisen. In einer österreichischen Stichprobe konnten klinisch signifikante Veränderungen bei 37,7 % der Untersuchten festgestellt werden (Sell, Möller & Taubner, 2017).

Inzwischen richtet sich das Forschungsinteresse darauf, Therapieprozesse im Detail zu untersuchen und herauszufinden, wann genau der Einsatz von katathymen Imaginationen sinnvoll und wirkungsvoll ist. Ein aktuelles Forschungsprojekt zu dieser Thematik wird von der Universität Kassel durchgeführt (»Zentrale Einsatzkriterien und Wirksamkeit der KIP im Rahmen tiefenpsychologisch fundierter Psychotherapie«).

Zusammenfassung

In der KIP wechseln sich im Therapieprozess Imaginationen mit Gesprächssequenzen von unterschiedlicher Dauer ab. Letztere dienen dem Bearbeiten und Verstehen des symbolischen Materials. Hervorgehoben werden die besondere Qualität der dialogisch begleiteten Imaginationen, die Mitwirkung des Therapeuten, die Motivvorgabe als wichtiges methodisches Instrument, die unterschiedlichen Behandlungsstrategien in Abhängigkeit von den Störungsmustern sowie die verschiedenen Wirkdimensionen. Die spezifische Wirksamkeit von Imaginationen im Rahmen eines psychodynamischen Gesamtkonzepts wird sowohl theoretisch erörtert als auch anhand spezifischer Untersuchungen belegt. Letztlich werden noch neurobiologische Aspekte erörtert, die das Potential der Methode bestätigen.

In einem aktuellen Forschungsprojekt wird der Therapieprozess im Detail untersucht, um herauszufinden, wann genau der Einsatz von katathymen Imaginationen sinnvoll und wirkungsvoll ist.

Literatur zur vertiefenden Lektüre

Dieter, W. (2015). Phantasie und Imagination. Ein Beitrag zu einer Theorie der Imagination. *Imagination*, 1, 50–72.
Stigler, M., Pokorny, D. (2000). Vom inneren Erleben über das Bild zum Wort. In Salvisberg, H., Stigler, M., Maxeiner, V. (Hrsg.). *Erfahrung träumend zur Sprache bringen* (S. 85–99). Bern: Hans Huber.
Ullmann, H., Friedrichs-Dachale, A., Bauer-Neustädter, W. & Linke-Stillger, U. (2017). *Katathym Imaginative Psychotherapie (KIP)*. Stuttgart: Kohlhammer.
Ullmann, H. & Wilke, E. (Hrsg.) (2012): *Handbuch Katathym Imaginative Psychotherapie*. Bern: Hans Huber.

Weiterführende Fragen

- Welche Vorgehensweisen der KIP werden unterschieden?
- Wodurch wirkt die KIP?
- Wie wirkt sich die therapeutische Beziehung auf die Imagination aus?

3 Imagination, Kreativität und Unbewusstes

Bitte nehmen Sie eine entspannte Haltung ein und lassen Sie sich auf ein Phantasiespiel ein:

> *Stellen Sie sich bitte eine Blume vor. Lassen Sie sich dabei Zeit, bis Sie Ihre Blume deutlich vor Augen haben. Achten Sie auf die Umgebung, in der sich Ihre Blume befindet, in einer Vase oder im Freien. Richten Sie Ihre Aufmerksamkeit auf Ihre Sinneswahrnehmungen: Wie ist die Atmosphäre, das Wetter, geht Wind, was können Sie hören, was können Sie riechen? Wie erleben Sie die Szene emotional?*
>
> *Konzentrieren Sie sich nun auf Ihre Blume und betrachten Sie sie aufmerksam aus der Nähe. Wenn Sie mögen, berühren Sie sie vorsichtig an ihren verschiedenen Teilen. Welche Gefühle löst sie in Ihnen aus? Welche Assoziationen und Erinnerungen kommen Ihnen dazu?*
>
> *Verspüren Sie den Impuls, etwas für Ihre Blume zu tun? Braucht sie Wasser oder Schutz? Geben Sie Ihrer Blume das, was sie braucht und was ihr guttut.*
>
> *Gehen Sie dann in Ihrer Vorstellung etwas zurück, betrachten Sie Ihre Blume mit etwas Abstand und konzentrieren sich noch einmal auf das Gefühl, das Sie jetzt erleben. Dann verabschieden Sie sich von Ihrer Blume und kommen allmählich aus der Imagination wieder heraus.*

Das war vermutlich eine innere Vorstellung oder eine Visualisierung, ein »Vor-Augen-Stellen«. Möglicherweise haben Sie aber auch gerade eine katathyme Imagination erlebt, das zentrale Element der KIP. Das spüren Sie, wenn eine andere Blume vor Ihrem inneren Auge auftaucht als die, an die Sie zunächst dachten, wenn Sie ein intensives und vielleicht überraschendes Gefühl bei ihrem Anblick erleben und wenn Ihr Bild Sie anrührt oder sogar tief bewegt.

Wenn Sie nicht so zufrieden waren mit dem Verlauf Ihrer Imagination, so könnte das daran gelegen haben, dass Sie alleine waren und nicht begleitet wurden. Katathyme Imaginationen sind, zumindest in der Anfangsphase einer KIP, auf eine Halt und Sicherheit gebende Beziehung angewiesen. KIP ist ein dialogisches Verfahren: In einer leichten Trance (vergleichbar derjenigen im Autogenen Training), induziert durch Entspannungsanleitungen, schlägt der Therapeut dem Patienten vor, er möge sich ein Motiv, etwa einen *Baum*, eine *Wiese* oder einen *Berg* vorstellen und berichten, was er erlebt und wie es ihm dabei geht. Der Therapeut begleitet den Tagtraum vor dem Hintergrund seiner Behandlungsstrategie, Gegenübertragungseinfälle und Assoziationen mit Hinweisen, Fragen, Kommentaren und Anregungen, die der Patient aufgreifen und in den imaginativen Prozess integrieren kann. So entsteht und entwickelt sich zwischen beiden Partnern ein dialogischer, intermediärer Raum, ein Spielraum, in dem die rationale Kontrolle gelockert ist und unbewusste Haltungen, Bedürfnisse, Konflikte und Ressourcen symbolisch zum Ausdruck kommen. Je nach klinischer Situation fokussiert der Therapeut dabei mehr auf Klärung und Einsicht, auf Ermutigung und Stabilisierung, auf Konfrontation und/oder auf die kreative Entwicklung neuer Lösungen und das Finden neuer Wege.

So zeigen sich etwa bei der Motivvorgabe *Berg* in einem extrem steilen und vereisten Viertausender die starken Leistungserwartungen, die ein Kind für sich selbst übernommen hat, in Verbindung mit der Tendenz, Herausforderungen zu vermeiden. Möglicherweise sind an dieser Konstellation die Erwartungen der zugleich verwöhnenden Eltern maßgeblich beteiligt. Der Therapeut kann nun dem Kind auf der Symbolebene helfen, den Berg in Etappen und langsam anzugehen, dabei für eine gute Ausrüstung, vielleicht auch eine wohlwollende Begleitung sorgen und zu Pausen anregen. So kann sich das Kind im Laufe der Behandlung schrittweise aus seinem Dilemma befreien. Prozessbegleitend wird der Therapeut mit den Eltern an ihren überzogenen Erwartungen arbeiten.

Damit sind die zentralen und miteinander eng verbundenen Elemente genannt, die den Kern der Katathym Imaginativen Psychotherapie ausmachen: Imagination, Kreativität, Spielraum, Dialog, Symbol und das Unbewusste.

3.1 Imagination

Im Gegensatz zur Visualisierung, die auf die optische Dimension beschränkt ist, und gedanklichen Vorstellungen, die der bewussten Kontrolle unterliegen, stellen Imaginationen »*die Umsetzung von Erlebnisinhalten in psychische Vorstellungen von sinnlicher und real anmutender Qualität*« dar. »Diese Definition schließt körperliche Empfindungen, Gefühle, Beziehungen und ganze Szenen ein. Imaginationen können sich auf Erinnerungen aus der Vergangenheit beziehen, auf Projektionen in die Zukunft und auf die aktuelle Gegenwart [...] Voll entwickelte Imaginationen (zeichnen sich) dadurch aus, dass sie a) *mehrere Sinnesqualitäten* umfassen, b) *farbig, plastisch und dreidimensional* erscheinen, c) sich in einer *räumlichen und zeitlichen Dimension* entfalten und d) als *bedeutsame Realität* erlebt werden, die e) als eine innere und vorgestellte gleichwohl grundsätzlich *von der äußeren Realität abgrenzbar* bleibt.« (Ullmann, 2012a, S. 23f., Hervorh. im Org.). Der Imaginierende ist dabei wach und zeitlich und räumlich voll orientiert. Die inneren Bilder und Bildfolgen haben einen eigengesetzlichen Ablauf und unterliegen der willentlichen Beeinflussung nur sehr bedingt. Leuner (1985, S. 42) konstatiert: »Der Tagtraum operiert ... auf zwei Bewußtseinsebenen gleichzeitig... Der eine Teil des Ichs operiert auf der Ebene des Bildbewußtseins, der andere auf der des Realbewußtseins.«

Die Fähigkeit, sich etwas vorzustellen, ist grundsätzlich jedem Menschen zugänglich, wie unsere Nachtträume zeigen. Dabei gibt es Unterschiede zwischen Menschen mit ausgeprägter Einbildungskraft, hoher künstlerischer oder visueller Begabung und mehr sachlich und rational orientierten Personen. Entsprechend gibt es Zwischenstufen zwischen bloßen Vorstellungen und voll entwickelten Imaginationen. Kindern etwa ab dem Vorschulalter, die dem magischen Denken noch näherstehen, fällt es im Allgemeinen leicht, Imaginationen ganzheitlich zu erleben. In der Latenz schränkt die Neigung zum rationalen Denken und zur Gefühlsabwehr vor allem bei Jungen die Bereitschaft zum Imaginieren nicht selten ein. Bei Jugendlichen spielen die sich festigende Persönlichkeitsstruktur und die Übertragungsbeziehung eine Rolle, vor allem zu Beginn der Therapie. Misstrauische und auf ihre Autonomie bedachte Jugendliche tun sich ebenso schwer mit der Versenkung in ihr Innenleben im Beisein eines anderen wie zwanghafte oder schizoide junge Menschen. Wer sich aber auf die KIP einlässt, wird mit zunehmender Übung und Vertrautheit immer lebendigere und differenziertere Imaginationen mit zunehmender emotionaler Berührtheit erleben.

Der Begriff *Vorstellungskraft* verweist auf die Verbindung von mentalen Vorstellungen mit körperlichen Vorgängen, die in der KIP in beide Richtungen genutzt wird: Imaginationen beeinflussen physische und physiologische Prozesse wie Entspannung und Erregung, was etwa Sportler im mentalen Training nutzen, und sie werden andererseits durch die Fokussierung der Aufmerksamkeit auf die Körperwahrnehmung (Muskeltonus, Atmung, Herzschlag) gefördert, vertieft und gelenkt.

Mit der Anregung, sich etwas vorzustellen, wird im Patienten ein spielerischer, kreativer, gleichsam poetischer Prozess (von gr. ποίησις (poiesis), »das Handeln, Machen, das Verfertigen, das Dichten«, nach Liddell, H.G., Scott R., Jones, H.S., 1940) in Gang gesetzt, begleitet von einer Wendung nach innen und der Aktivierung der Vorstellungskraft oder Phantasie. Phantasie [von gr. φαίνειν (phainein) »sichtbar machen, in Erscheinung treten lassen«, (n. Liddell et al., 1940) ist laut Duden die »Fähigkeit, Gedächtnisinhalte zu neuen Vorstellungen zu verknüpfen«. Diese Definition verweist auf die neurobiologische Basis der Vorstellungskraft: Schon ohne therapeutische Einflussnahme ist »unser Gehirn [...] unablässig neuronal aktiv und baut dabei geistige Inhalte auf, die im Zustand der Abschirmung äußerer Reize und einer damit einhergehenden Innenorientierung zu sensorischen Wahrnehmungen führen. [...] Unter Bedingungen regressiverer Art reichert sich das innere Erleben um weitere Qualitäten an« (Ullmann, 2012a, S. 21).

3.2 Unbewusstes

In einem durch Entspannung und positive therapeutische Beziehung induzierten leichten Trancezustand wird der Zugang zu unbewussten Inhalten und primärprozesshaften Vorgängen erleichtert. Die bewusste Kontrolle lässt nach, der Patient überlässt sich seinen aufsteigenden inneren Bildern. Die Aufmerksamkeit des Protagonisten verschiebt sich mehr oder weniger vom Wachbewusstsein (*Sekundärprozess*) zum *Primärprozess*, wodurch die zugehörigen Prozesse wie Verschiebung, Verdichtung, assoziatives Verknüpfen und Symbolisierung aktiviert werden.

Im Ineinandergreifen von Sekundär- und Primärprozess werden die bildhaften Vorstellungen des Probanden sowohl von seiner aktuellen psychischen und körperlichen Verfassung als auch von den durch die therapeutische Beziehung, die Motivvorgabe und die Begleitung durch den Therapeuten aktivierten Inhalten des deklarativen episodischen Gedächtnisses beeinflusst.

Die KIP verbindet Material des Primärprozesses mit Repräsentationen von Inhalten im Sekundärprozess und eröffnet so einen Raum für den kreativen Umgang mit beidem (Uhrová, 2015, S. 271).

3.3 Kreativität

Hanscarl Leuner bezeichnete die Entfaltung von Kreativität und kreative Problemlösung als die dritte Dimension des Katathymen Bilderlebens (neben der Bearbeitung unbewussten Konfliktmaterials und der Befriedigung archaischer Bedürfnisse) und stellte fest: »Die Fähigkeit des Menschen zu imaginieren impliziert die Eigenschaft kreativer Produktion« (Leuner, 1985, S. 282). Damit findet er sich im Einklang mit D. W. Winnicott (2012, S. 78ff.), für den Kreativität zum »Lebendigsein« und »zur Grundeinstellung des Individuums gegenüber der äußeren

Realität« gehört. Kreativität in diesem allgemeinen Sinne hat eine enge Beziehung zum *Spiel* des Kindes. Der Spielbereich stellt einen intermediären Raum dar zwischen innerer Realität und der äußeren Welt. In der KIP »spielt« der Patient im Medium der Imagination mit Fragmenten, die seinem episodischen Gedächtnis, seinen Ängsten, Wünschen und Bedürfnissen, seinen Motiven und Konflikten und nicht zuletzt seiner Übertragungsbeziehung entstammen.

Der kreative Prozess der KIP erfolgt (nach Leuner, 1985, S. 285ff.) in verschiedenen Ebenen oder Phasen, die sich nur unscharf voneinander trennen lassen:

- Die erste Ebene ist die der passgenauen *Umsetzung* eines (mehr oder weniger unbewussten) Gefühls oder Konflikts *in eine symbolische Darstellung:* So imaginiert ein Jugendlicher vor dem Abitur zum Motiv *Waldrand* einen mit Gold gepflasterten Weg, der an einem dunklen, abweisenden Wald endet und ins Unbekannte abbiegt. Der goldene Weg einer behüteten Kindheit endet jäh, die Zukunft ist ungewiss und beunruhigend.
- Als zweite Ebene nennt Leuner die »Sekundärverarbeitung mit Anreicherung dieses imaginativen Materials durch Einfälle, Erinnerungen und begleitende Gefühlselemente usw.«, die in der Ausdifferenzierung des Bildes, im Nachgespräch, beim Malen oder Gestalten und bei der Nachbesprechung, dem medialen Dialog erfolgt.
- Die dritte Phase, die *Inkubation*, besteht in einem Zustand der Ratlosigkeit (durchaus auch des Therapeuten), der inneren Unruhe und Anspannung, der bis zur nächsten Sitzung dauern kann, oft aber auch nur als kurze Episode des Zögerns in einer Imagination auftritt. Dann ist der Therapeut zu Zurückhaltung und allenfalls fragenden Interventionen aufgefordert, um die Findung der Problemlösung durch den Patienten selbst nicht zu verhindern. Die Inkubation bereitet in der Regel eine Einsicht vor und eröffnet neue Möglichkeiten, die Dinge zu sehen und damit umzugehen.
- Als vierte Phase bezeichnet Leuner die *Verifikation*, die im Auftauchen von gefundenen Problemlösungen, neuen Handlungsansätzen und Wandlungen im Charakter der Imaginationen und der Symbole besteht.

Winnicott (2012, S. 78ff.) weist darauf hin, dass Kreativität zwar eine universale Eigenschaft des Menschen ist, dass zu ihrer Entfaltung aber eine einfühlsame, haltende und förderliche Umgebung von der frühen Kindheit an (und entsprechend in der therapeutischen Situation) erforderlich ist.

3.4 Symbol und Symbolisierung

Vorstellungen und Imaginationen gibt es grundsätzlich in beiden Systemen, dem Sekundärprozess und dem Primärprozess. »Eine Imagination ist dann ein (re-präsentatives, ein wieder vor Augen stellendes) Symbol, wenn sie ein Produkt des PP ist, das heißt emotionale Bedeutung hat, wenn sie nicht für sich steht, sondern für etwas anderes und dieses andere eine geistig-emotionale Erfahrung ist« (Salvisberg, 2012, S. 54):

So lässt sich der mit goldenen Pflastersteinen belegte Weg in dem oben genannten Beispiel als Symbol für eine behütete und reiche Kindheit verstehen, während der dunkle Wald, an dessen Rand er jäh endet, auf Ungewissheit und Zukunftsängste verweisen mag.

Katathyme Imaginationen repräsentieren die vergangene, erinnerte, gegenwärtige und künftig erwartete Realität auf einem symbolischen Niveau unterschiedlicher Komplexität. Symbole unterscheiden sich von Zeichen: Ein *Zeichen* steht in direktem Verhältnis zu dem Bezeichneten und erschöpft sich in diesem auch. Ein *Symbol* verweist hingegen auf ein komplexes Bedeutungsfeld, das sich im Prinzip nicht vollständig erklären oder beschreiben lässt. Symbole verbinden und vereinen Gegensätze und sind daher grundsätzlich mehrdeutig. Das Symbol stellt eine Repräsentation dar: Es verweist auf etwas anderes, das nicht angezeigt wird, sondern abwesend ist, aber im Symbol wieder vorgestellt, also (re-)präsentiert wird (Balzer, 2006). In psychoanalytischer Sicht überwinden Symbole die Trennung (wie das Kuscheltier des Kindes die abwesende Mutter repräsentiert und dadurch trösten kann), die andererseits Voraussetzung und Anreiz zur Symbolbildung ist (das real Vorhandene braucht nicht symbolisiert zu werden). Symbole wie etwa die Sprache oder Bilder bilden das Material jeder Kultur.

Die im Entwicklungsverlauf auftauchende »Fähigkeit zur Symbolbildung und -verwendung macht das Kind unabhängig von der realen Erfahrung und dem Vorhandensein der Objekte. Damit wird Denken möglich, sich etwas vorstellen, Trost, Hoffnung, sich vorerst etwas versagen – Grundlagen für Motivation, Kommunikation, Identitäts- und Autonomieentwicklung, Gewissensbildung, Triebverzicht, Frustrationstoleranz, Arbeits- und Beziehungsfähigkeit, Gestaltungskraft und damit für die gesamte Persönlichkeitsentwicklung« (Wienand, 2016, S. 29).

Zusammenfassend ist ein *Symbol im psychodynamischen Sinn* durch die folgenden Aspekte gekennzeichnet: »a) Das Symbol steht für etwas dahinter Liegendes; b) es trägt Bedeutungen, die über das Phänomen selbst hinaus weisen; c) es ist in seinem Bedeutungsgehalt vielfach determiniert; d) es vermittelt sich auf sinnliche und anschauliche Weise, sei es nun mit den Augen zu sehen oder mit den Händen zu greifen; e) es kann real präsent sein oder allein in der Vorstellung existieren; f) es wurzelt tief im Empfinden der Körpervorgänge und Emotionen« (Ullmann, 2012a, S. 25.).

Ein Beispiel illustriert, wie das individuelle Symbolverständnis von Persönlichkeit, Erinnerungen, körperlichen Reaktionen und Emotionen beeinflusst wird:

> Ein Paar geht den Meraner Höhenweg, einen Wanderweg mittleren Schwierigkeitsgrades, links der Abgrund, rechts die Bergwand. Einer der Partner ist relativ angstfrei, der andere ängstlicher und vorsichtiger. Der Weg wird enger und biegt nach rechts ab, sein weiterer Verlauf ist also nicht einsehbar. An der steilen Felswand ist jetzt ein Seil als Handlauf befestigt. Für den einen Partner signalisiert es Sicherheit. Für den anderen, der sich an die Jahre zurückliegende Begegnung mit einer Schafherde auf einem ähnlich schmalen Bergpfad erinnert, symbolisiert das Seil Gefahr, die ihn in Angst und Schrecken versetzt.
>
> Die auch körperlich als physiologischer Erregungszustand gespeicherte Erinnerung beeinflusst die Interpretation der aktuellen Wahrnehmung, deren Inhalt durch die mnestische Verknüpfung zum Symbol für Gefahr wird.

3.5 Symbolbildung und Emotionen

Leuner (1985, S. 398ff., kursiv im Original) beruft sich auf die Gestaltpsychologie und die Assoziationspsychologie, wenn er konstatiert: »Von daher gesehen läßt sich das tiefenpsychologische Symbol auch charakterisieren als *der bildhafte Ausdruck einer unbewußten, aber bewußtseinsfähigen emotionalen Erlebnisspur* von einer, durch die Eigenart der Bilder und die ihr zugeordneten Bedeutungsgehalte zwar vielfältigen, aber doch relativ klar definierbaren Struktur. Unter Struktur, synonym Gestaltqualität, verstehen wir die Qualität des Gefühlhaften, die sich mit der Gestalt des Bildes verbindet.« Das emotionale Erleben stellt also das verbindende, symbolstiftende Element zwischen Vorstellung, Bild und Sprache dar.

Mit *transmodaler Wahrnehmung* wird die (angeborene) Fähigkeit bezeichnet, Sinneseindrücke unterschiedlicher Kanäle abstrakt zu speichern und in andere Modalitäten zu übersetzen:

Das Adjektiv *zart* beispielsweise bezeichnet auf der taktilen Ebene eine vorsichtig-liebevolle Berührung. Es kann einen kaum wahrnehmbaren Duft beschreiben und einen auf der Zunge zergehenden Geschmack. Eine sanfte und leise Melodie kann ebenso als zart empfunden werden wie eine zierliche Gestalt oder ein dezent getöntes Kleid. Wenn wir einen empfindsamen Menschen als zart besaitet bezeichnen, verwenden wir den Begriff schon in symbolischer Form. Assoziativ gelangen wir mühelos zu Synonymen, die auch in ganz andere Kontexte passen, wie sanft, behutsam, sensibel, zerbrechlich, zärtlich, andeutungsweise, verletzlich, locker, vorsichtig oder kraftlos.

3.6 Neurobiologische Grundlagen der KIP

Das zentrale Element der KIP ist die spezifische dialogische Arbeit mit Imaginationen als Medium der *Episodenaktivierung*. Die auftauchenden dynamischen Bilder entwickeln sich als eine kreative Komposition aus früheren Beziehungserfahrungen, deren autobiografisch gefärbter Interpretation, der aktuellen Befindlichkeit und der Übertragungsbeziehung. In diesem Prozess werden Inhalte des impliziten Gedächtnisses aktiviert, symbolisch dargestellt und verbalisierbar. Vergangenheit und Gegenwart werden miteinander verbunden und ermöglichen einen neuen Blick auf die Zukunft.

Im therapeutischen Dialog nimmt der Patient den Therapeuten mit auf seine Reise und gibt ihm so die Möglichkeit, behutsam auf seine inneren Bilder, sein emotionales Erleben und seine Interpretation des Erlebten Einfluss zu nehmen. Die bei jedem Erinnerungsabruf aktivierten und oft repetitiven mentalen Modelle, Interpretations- und Beziehungsmuster können so in therapeutisch erwünschter Richtung bearbeitet und verändert werden. Eine wichtige Rolle für die Stärkung von Selbstkohärenz und Selbstgefühl spielen dabei auch das zunehmende Verständnis des Patienten für seine eigene Symbolik und die Freude an der Entdeckung seines kreativen Potenzials.

Die im *Erlebnisraum* der KIP gemachten neuen Erfahrungen werden im *Verarbeitungsraum*, also im Nachgespräch, im Gestalten der Imaginationen als Text, gemaltes Bild oder Skulptur, weiter ausgearbeitet, assoziativ erweitert und vertieft. Implizite Erfahrungen werden so zu explizitem Wissen. Dem emotionalen Erleben folgt die kognitive Verarbeitung. Die Ergebnisse dieses Prozesses werden wiederum verinnerlicht und gespeichert und beeinflussen ihrerseits die künftigen Wahrnehmungs- und Erinnerungsprozesse.

Die KIP-spezifische Abfolge von therapeutischem Gespräch, Imagination, Nachgespräch, medialer Gestaltung und deren Besprechung entspricht dem »Erinnern, Wiederholen und Durcharbeiten« (Freud, 1914) der klassischen Psychoanalyse. Im Prozessverlauf der KIP werden so über die neu geschaffenen Engramme strukturelle Veränderungen ermöglicht.

Ullmann (2012b, S. 116) konstatiert zusammenfassend: »Gegenüber anderen, mit Imaginationen befassten Therapieformen hebt sich die KIP dadurch ab, dass sie mit Imaginationen in einer speziell elaborierten Weise umgeht, die auf den sinnlichen, emotionalen und symbolischen Qualitäten des mnestischen Materials gründet. Deren neurobiologische Basis reicht von impliziten bis zu expliziten Prozessen und von der Episodenaktivierung bis zu deren Einbindung in die Narrative eines autobiographischen Gedächtnisses, das zwischen Vergangenheit und Zukunft vermittelt.«

Zusammenfassung

Das therapeutische Potenzial der KIP beruht darauf, dass im Rahmen einer tragenden Beziehung ein Zugang zum Primärprozess des Patienten eröffnet wird. Implizit gespeicherte Episoden werden damit aktiviert und symbolisch verschlüsselt in Szene gesetzt. Die dialogische Begleitung fördert und intensiviert die emotionale Beteiligung und das körperliche Erleben, wodurch wiederum die Imagination vertieft und assoziativ angereichert wird. Der kreative Umgang mit den auftauchenden Symbolen im Rahmen dieses intermediären Spielraums ermöglicht die Verschiebung von Perspektiven, das Ausprobieren neuer Erlebens- und Verhaltensmuster, die Reduzierung von Ängsten und das Finden neuer Lösungen für alte Probleme. Die Speicherung des imaginativen Prozesses im impliziten Gedächtnis verändert die zugehörigen dort abgelegten Episoden und führt so im Laufe des therapeutischen Prozesses zu bleibenden neuen Erfahrungen, zu neuen Sichtweisen und Verhaltensmöglichkeiten.

Literatur zur vertiefenden Lektüre

Ullmann, H. (2012a): Mnestische Systeme und ihre Veränderung. Ein Beitrag zur entwicklungspsychologischen und neurobiologischen Fundierung der KIP. In H. Ullmann & E. Wilke (Hrsg.), *Handbuch Katathym Imaginative Psychotherapie* (S. 66–121). Bern: Hans Huber.

Weiterführende Fragen

- Warum und unter welchen Bedingungen kann eine imaginative Erfahrung zu Veränderungen im Gedächtnissystem führen?
- Welche Rolle spielt die Sprache als mächtiges Symbolsystem in der Psychotherapie und insbesondere der KIP?
- Welche Entwicklungsprozesse müssen einigermaßen abgeschlossen sein, um mit Kindern mit KIP arbeiten zu können?

# Teil II Katathym Imaginative Psychotherapie mit Kindern (FW)

4 Entwicklungspsychologische Voraussetzungen im Kindesalter

Die Katathym Imaginative Psychotherapie arbeitet mit therapeutischen Imaginationen, in denen zum Teil unbewusste Motive, Bedürfnisse und Konflikte und Inhalte des episodischen Gedächtnisses symbolisch zum Ausdruck kommen und auf der Symbolebene bearbeitet werden. Die weitere Bearbeitung erfolgt auf den Ebenen der Gestaltung und der Sprache. Die Methode setzt voraus, dass ein Kind einen bestimmten Entwicklungsstand erreicht hat. Diese Entwicklungsvoraussetzungen betreffen die Fähigkeit zur Symbolisierung, die repräsentative Verwendung von Sprache, die Trennung zwischen Phantasie und Realität (zwischen Primär- und Sekundärprozess), die Fähigkeit zur Kontrolle von Affekten und zur Aufnahme einer vertrauensvollen therapeutischen Arbeitsbeziehung. Diese Entwicklungslinien sind miteinander verschränkt. Die Fähigkeit zur Symbolbildung ist eine Funktion der Reifung und abhängig von individuellen Erfahrungen, insbesondere von sozialen oder Beziehungserfahrungen.

Die Entwicklung der Symbolisierung soll aus zwei unterschiedlichen, aber sich ergänzenden Perspektiven skizziert werden: Aus der Sicht Piagets und anhand der Vorstellungen der Mentalisierungstheorie (z. B. Fonagy et al., 2017).

4.1 Die Entwicklung der Symbolfunktion nach Piaget

Nach Piaget (z. B. 1978) entwickelt sich die symbolische Funktion auf folgende Weise: In der zweiten Hälfte des zweiten Lebensjahres entwickelt das Kleinkind eine symbolische Vorstellung von verschwundenen Objekten, die es sich jetzt bildhaft vorstellen und durch Nachdenken und Verstehen wieder finden kann (Stadium der permanenten Objektkonstanz nach Piaget). Der nun rasch wachsende Wortschatz und die Fähigkeit, Probleme selbst zu lösen, spiegeln die zunehmende Symbolisierung. (Tyson & Tyson, 2001, S. 185). Das Auftauchen der Symbolfunktion ist die wesentliche Voraussetzung für die präoperationale Phase, in der das Kind lernt und übt, andere nachzuahmen, symbolische (Als-ob-)Spiele zu spielen und Dinge und Sachverhalte durch Worte bezeichnet, also den Übergang »vom Handlungsakt zum Denkakt« vollzieht (Resch et al., 1999, S. 126).

Das symbolische Denken führt zum *präoperationalen Denken* (Piaget, nach Tyson & Tyson, 2001, S. 187), in dem das Kind allmählich sein Selbst- und sein Weltbild ausbildet. Sein Ich und sein Denken sind dabei noch nicht von der Welt getrennt, es sieht seinen subjektiven Standpunkt als absolut, sein Denken ist egozentrisch, die Welt wird als belebt und absichtsvoll wahrgenommen (magisch-animistische Entwicklungsphase), die Übernahme der Perspektive anderer ist noch nicht möglich. Das magische Denken in dieser Phase folgt dem *Primärprozess*, bildhaften und emotional getönten Vorstellungen, die nach Ähnlichkeitsbeziehungen und nicht nach logischen Gesetzen konstruiert sind. Der *Sekundärprozess*, das logische Denken nach kausalen Gesetzen, entwickelt sich parallel dazu ab dem zweiten Lebensjahr und gewinnt in den folgenden Lebensjahren an Einfluss (Resch et al., 1999, S. 162 ff.). Am Ende dieses Stadiums ist das Kind in der Lage, sich andere als von sich getrennt vorzustellen und deren Perspektive als eine andere als die eigene wahrzunehmen.

4.2 Die Mentalisierungstheorie

Die Mentalisierungstheorie (z. B. Fonagy & Target, 2006, S. 364ff.) stellt eine theoretische Konzeption im Rahmen der Entwicklungspsychologie und eine Theorie des Selbst dar. Ihr zentraler Bestandteil ist die Entwicklung des Erlebens und des Zuganges zum Selbst. Sie stützt sich vorwiegend auf empirische Beobachtungen und Studien. *Mentalisierung* meint die kognitive Fähigkeit, Gedanken und Gefühle bei sich selbst und anderen vorauszusetzen, deren Zusammenhang mit der Außenwelt zu erkennen und darüber nachzudenken. Diese Fähigkeit ist eine wesentliche Voraussetzung der Affektregulation und entwickelt sich nicht als quasi automatischer Reifungsprozess, sondern wird ausschließlich über Beziehungserfahrungen mit den primären Bezugspersonen geformt.

Die Entwicklung der Mentalisierung (nach Taubner, 2016, S. 37ff.) erfolgt nach diesem Modell in Entwicklungsstufen, die hier nur kurz skizziert werden können. Dabei stellen die Bindungserfahrungen des Kindes den ersten und entscheidenden Organisator dieser Entwicklung dar.

Geburt bis neunter Monat – das Selbst als physischer und sozialer Akteur

Der Säugling ist zur Regulierung seiner Affekte vollkommen von seinen primären Bezugspersonen abhängig. Die angemessen reagierende (feinfühlige) Bindungsperson vermittelt dem Baby, dass sie seinen Affekt aufgenommen hat (kongruente Spiegelung), dabei übertreibt sie den Affekt des Kindes (Markierung) und zeigt zugleich, dass sie sich von ihm nicht überwältigen lässt, sondern trösten oder helfen kann, indem sie z. B. Gelassenheit ausdrückt (Containment). »Damit vermittelt sie, dass Affekte veränderbar sind und das Selbst nicht überfluten müssen« (ebd., S. 43).

Neun Monate bis zweites Lebensjahr – das Selbst als teleologischer Akteur

Ab dem neunten Monat erweitert der Säugling sein Handlungsrepertoire, die Repräsentationen einer zielgerichteten Verhaltensorganisation sind jedoch noch präsymbolisch (Verhalten kann vorhergesagt, aber noch nicht modifiziert werden) und setzen noch nicht das Verständnis von internationalen mentalen Zuständen voraus.

Sprache und Symbolbildung: Das »Nein« zu Beginn des zweiten Lebensjahres kann als das erste Symbol in der kindlichen Entwicklung aufgefasst werden. Im weiteren Verlauf verfeinert und differenziert sich die symbolische Bedeutung von Begriffen und damit erweitern sich die Verständnis- und Ausdrucksmöglichkeiten des Kindes. »Von Beginn an beeinflusst Sprache die Art und Weise, wie wir die Welt ordnen und verstehen ... Sprache schafft begriffliche Systeme, die über die beobachtbare Erfahrung hinausgehen« (Szagun, 2013, S. 13).

Im Modus der *psychischen Äquivalenz*, der beim Kleinkind zunächst vorherrscht, gibt es keine Trennung zwischen innen und außen, zwischen Gedanken und Wirklichkeit. Intrapsychische Prozesse, Wünsche und Fantasien werden als real erlebt, können vom Kind nicht kontrolliert werden und somit auch intensive Angst auslösen.

Als-ob-Modus: Im Verlauf des zweiten Lebensjahres entwickeln sich *Als-ob-Handlungen und das Als-ob-Spiel*. Voraussetzung dafür ist die symbolische Repräsentation von Gegenständen und Handlungen sowie die Trennung zwischen Vorstellungen und Realität durch eine explizite Markierung (»Du wärst jetzt der Vater«). Damit verfügt das Kind über die Fähigkeit, negative Affekte zur externalisieren, sie als nicht wirklich, sondern als repräsentational zu erleben. Dies ermöglicht die Wendung von passiv zu aktiv, zur Wunscherfüllung und zur Modifikation und damit zur Regulation der Affekte.

Drittes und viertes Lebensjahr – das Selbst als intentionaler Akteur

In diesem Alter beginnen Kleinkinder, anderen Menschen Intentionen wie Wünsche oder Gefühle und auch subjektive Vorstellungen zuzuschreiben, die sich von den eigenen unterscheiden. Ein »Rückfall« in den Äquivalenzmodus kann jedoch in diesem Alter jederzeit erfolgen: Das Kind malt in zufriedener Stimmung ein Monster. Als es das fertige Bild betrachtet, gerät es in große Angst, weil das Symbol im Äquivalenzmodus zur bedrohlichen Realität wurde.

Ab dem fünften Lebensjahr – das Selbst als repräsentationaler oder mentalisierender Akteur

Ab diesem Alter können Kinder eigene und fremde Gefühle und Überzeugungen als repräsentational verstehen, also wissen, dass diese nicht der Realität entsprechen müssen. Damit ist der duale Modus des psychischen Erlebens (Äquivalenz und Als-ob) überwunden, das Kind hat die Fähigkeit zur Mentalisierung erlangt und kann verschiedene Perspektiven in Bezug auf menschliches Verhalten einnehmen (Taubner, 2016, S. 49). »Das Erreichen der Stufe der Mentalisierung ermöglicht eine Kontinuität im Selbsterleben, da eine Anpassung des psychischen Erlebens (zum Beispiel eine emotionale Neubewertung) möglich ist.«... »Die Realitätsprüfung wird weiter etabliert, d. h. die Unterscheidung zwischen innerer und äußerer Realität, wobei diese als miteinander verbunden erlebt werden kann und nicht länger als identisch im Rahmen psychischer Äquivalenz oder getrennt im Rahmen des Als-ob-Modus« (ebd., S. 52). Die Folgen sind eine Kontinuität im Selbsterleben, die Fähigkeit zur Regulation von Affekten und Impulsen und das Gefühl für die Bedeutsamkeit des eigenen Lebens.

Wird das Kind jedoch in dieser (psychoanalytisch gesprochen in der ödipalen) Phase durch innerpsychische Konflikte oder durch Traumata überfordert, kann es zumindest in Teilbereichen seines Erlebens im Modus der psychischen Äquivalenz stecken bleiben.

4.3 Das Stufenmodell der psychosozialen Entwicklung von Erik H. Erikson

Dieses Modell stellt eine Weiterentwicklung von Freuds Entwicklungskonzept dar. Erikson unterteilt das Leben in acht als universell konzipierte Entwicklungsphasen. In jeder dieser Phasen kommt es zu einer entwicklungsspezifischen Krise, deren Lösung den weiteren Entwicklungsweg bahnt.

Die Entwicklungsaufgaben nach Erikson zeigt folgende Übersicht (nach Erikson 1971, S. 241ff.)):

Tab. 4.1: Entwicklungsaufgaben nach Erikson:

Altersstufe	Zentraler Konflikt	Thema
Säuglingsalter	Grundvertrauen vs. Grundmisstrauen	HOFFNUNG
Frühe Kindheit	Autonomie vs. Scham und Zweifel	WILLE
Spielalter	Initiative vs. Schuldgefühl	ENTSCHLUSSKRAFT
Schulalter	Fleiß vs. Unterlegenheitsgefühl	KOMPETENZ
Adoleszenz	Identität vs. Identitätskonfusion	TREUE
Frühes Erwachsenenalter	Intimität vs. Isolation	LIEBE
Erwachsenenalter	Generativität vs. Stagnation	FÜRSORGE
Alter	Integrität vs. Verzweiflung	WEISHEIT

Das Entwicklungsmodell der psychosozialen Krisen von Erik Erikson benennt die zentralen Konflikte. *Wichtig ist, dass ungelöste Entwicklungsaufgaben die Lösung kommender beeinträchtigen.* Es bleibt jedoch deskriptiv und erklärt nicht, was die Entwicklung organisiert und vorantreibt.

Die unterschiedlichen Modelle der keineswegs einheitlichen psychoanalytischen Entwicklungstheorie können hier nicht dargestellt werden. Wichtig ist aber: Die Modelle der Entwicklungsstufen und des Ineinandergreifens äußerer und innerer Konflikte stellen eine wesentliche Grundlage für eine entwicklungsorientierte Kinderpsychotherapie dar.

4.4 Zur Entwicklung von Geschlechtsunterschieden

Aus psychoanalytischer Sicht haben in jüngster Zeit Hans Hopf (2014) und Inge Seiffge-Krenke (2017) Monographien vorgelegt, in denen sie analytische Theoriebildung, klinische Erfahrung, neurobiologische Erkenntnisse mit den Beobachtungen aus empirischen Studien verbinden.

Die folgende Übersicht stellt (in stark verkürzter Form) eine Auswahl der wesentlichen Aussagen dieser beiden klinischen Forscher dar:

Jungen sind nach Hopf von Geburt an impulsiver, leichter irritierbar und emotional labiler. Sie explorieren mehr als Mädchen und zeigen früh Vorliebe für alles Technische. Sie sind risikofreudiger und durchsetzungsbereiter, aggressiver und motorisch unruhiger, sie sind von Angstlust fasziniert und wollen möglichst alles schon können, sie sind »philobatischer und phallischer« (Hopf, 2014, S. 367 ff.). Ihre Sprachentwicklung verläuft langsamer als bei Mädchen, sie interessieren sich weniger als diese für Kommunikation und Beziehungen. Sie legen mehr Wert auf Autonomie und Dominanz als auf Kooperation. Sie sind schlechter in der Lage, zu symbolisieren und zu mentalisieren. Sie setzen sich ungern mit ihren Emotionen auseinander und neigen dazu, Affekte und Konflikte über Bewegung zu externalisieren anstatt sie zu verbalisieren. Dies gilt vor allem für den Umgang mit Angst. Ihr Spiel ist wilder, aggressiver, egoistischer und wettbewerbsorientiert. Jungen sind narzisstischer als Mädchen, sie zeigen vermutlich deshalb weniger Interesse am Wissenserwerb, haben häufiger Lernstörungen und inzwischen den schlechteren Schulerfolg. Sie schneiden besser ab in Aufgaben, die räumliches Vorstellungsvermögen, Kraft und Ausdauer erfordern, während Mädchen in der Feinmotorik sowie in der sozialen und Sprachkompetenz überlegen sind. Jungen neigen zu mehr externalisierenden, Mädchen mehr zu internalisierenden Formen psychischer Störungen, insbesondere zu Angst und Depression.

Mädchen sind nach Seiffge-Krenke (2017) von Geburt an empathischer, mehr an Beziehungen als an Dingen orientiert und neigen auch später stärker als Jungen zu Symbolisierungen, in denen Beziehungen erprobt werden, wie Tagebücher und Blogs. Ihre soziale und Sprachkompetenz ist stärker ausgeprägt und entwickelt sich früher. Mädchen kontrollieren ihre Affekte, insbesondere Aggression, viel stärker und entwickeln vermutlich daher eher Angst- und depressive Störungen. Schon im Kindergartenalter bevorzugen sie Puppen- und Rollenspiele, Kooperation vor Konkurrenz und bauen Beziehungsnetze auf. Sie passen sich stärker als Jungen an soziale Konventionen an und neigen stärker als diese zu Scham- und Schuldaffekten, die zu Verhaltenshemmung und sozialer Ängstlichkeit führen können. Während es in Gruppen von Jungen mehr um Konkurrenz und Dominanz geht, herrschen in Mädchengruppen strenge soziale Normen, denen sich die Teilnehmerinnen bereitwillig unterwerfen.

Die Tagträume in der KIP unterscheiden sich dementsprechend in Bezug auf die Geschlechter:

Die KBs von Mädchen sind länger, emotionaler, ruhiger, elaborierter und beziehungsorientierter. Im Vordergrund steht das Erleben. Die Imaginationen von Jungen sind kürzer, die Abläufe stürmischer und wilder, im Vordergrund steht das Handeln. »*Mädchen* imaginieren ganz offenkundig insgesamt mehr belebte Objekte und orale oder ödipale Themen, *Jungen* demgegenüber mehr unbelebte sowie schizoide oder anale Themen« (Horn, 2006a, S. 19, kursiv im Original).

Es sei betont, dass es sich dabei um Tendenzen handelt, die nicht bei jedem Kind zu beobachten sind. Zusätzlich ist noch bei unterschiedlichem Geschlecht die Übertragungsbeziehung zwischen Kind und Therapeut/in zu beachten.

Grundsätzlich wird die KIP bei Jungen eher auf die Förderung von Selbstkontrolle, Reflexion und Mentalisierung sowie die Entwicklung eines realistischen Selbstkonzepts ausgerichtet sein und bei Mädchen auf den Abbau von Scham und Gehemmtheit und die Förderung der Selbstwertgefühls Wert legen.

4.5 Risikofaktoren und protektive Bedingungen der Entwicklung

Die Bewältigung der universalen Entwicklungsaufgaben ist abhängig von der körperlichen Gesundheit und Reifung eines Kindes, den familiären Bedingungen, den individuellen Ressourcen, Vorstellungen und Werten und kulturellen wie gesellschaftlichen Einflüssen.

In den großen Mannheimer Längsschnittstudien (Kurpfalzstudie und Risikokinderstudie, Reister, 1995; Esser et al., 2000; vgl. auch Dornes, 2002, S. 108ff.) wurde die Entwicklung von Kindern von der Geburt bis zum Alter von elf bzw. 25 Jahren untersucht. Die Kenntnis der empirisch bestätigten *Risikofaktoren* darf als bekannt vorausgesetzt werden: Hierzu zählen beispielsweise das Fehlen verlässlicher Bezugspersonen in der frühen Kindheit, Vernachlässigung und Misshandlung, sexueller Missbrauch, psychische Erkrankung einschließlich Suchterkrankung eines Elternteils, Familienzerrüttung, Trennung und Scheidung.

Als *protektive oder Schutzfaktoren*, die die Auswirkungen von Belastungen mildern oder ausgleichen können, fanden die Forscher (Reister, 1995, S. 192) unter anderem: dauerhafte und gute Beziehung zu mindestens einer primären Bezugsperson; Aufwachsen in einer Familie mit Entlastung der Mutter; ein insgesamt attraktives Mutterbild und positive Erfahrungen mit den Eltern; außerfamiliäre soziale Förderung und mindestens eine verlässlich unterstützende erwachsene Bezugsperson.

4.6 Voraussetzungen für die Behandlung mit KIP im Kindesalter

Aus diesen theoretischen Modellen und empirischen Befunden lässt sich ableiten, dass ein Kind unter normalen Umständen etwa ab dem Grundschulalter über die notwendigen nachfolgend aufgelisteten Voraussetzungen verfügt, um mit KIP behandelt zu werden:

- Sein Realitätsbezug ist gesichert, es kann zwischen innen und außen, zwischen Phantasie und Realität unterscheiden.
- Es kann mentalisieren, d. h. sich selbst von außen und andere von innen sehen.
- Es verfügt über eine entwickelte Abwehr durch Verdrängung, die das Selbst vor Überflutung durch unbewusste Inhalte schützt, sodass es im Verlauf auch in der Lage ist, sich mit schwierigeren Emotionen (symbolisch und verbal) auseinanderzusetzen.
- Seine Ich-Stärke erlaubt ihm, Erleben zuzulassen, aber auch, sich davon distanzieren zu können und somit Angst auszuhalten.
- Es verfügt über ein integriertes Ich mit ganzen Objekten und ist so in der Lage, Ambivalenzspannungen auszuhalten.
- Es ist imstande, sich über einen längeren Zeitraum zu konzentrieren und seine Aufmerksamkeit auf sein inneres Erleben zu richten.
- Es ist soweit sicher gebunden, dass es sich auf eine vertrauensvolle therapeutische Arbeitsbeziehung einlassen und darin Sicherheit erleben kann, die es ihm erlaubt, sich auf den regressiven Prozess einer Imagination einzulassen. (modifiziert nach Dieter, 2000, S. 149ff.).

Psychotherapie hat insbesondere bei jungen Menschen die Aufgabe, die oft blockierte oder steckengebliebene Entwicklung wieder in Gang zu bringen und zu fördern. Dieser zentrale Gedanke der *Entwicklungsorientierung* lässt sich mit Hilfe der KIP besonders gut umsetzen, erfordert allerdings eine entsprechende Perspektive und Grundhaltung des Therapeuten.

Der Therapeut stellt sich nicht nur als *Übertragungsobjekt* zur Verfügung und als *verstehendes Objekt* (das erstere ist unvermeidlich, das letzte selbstverständlich), sondern als *Entwicklungsobjekt* (Walter 2010). Das bedeutet, dass er ein neues Objekt für den Patienten darstellt, mit dem dieser neue Erfahrungen machen kann, ein Modell für Selbstreflexion und Mentalisierung, das dem Patienten einen neuen Entwicklungsraum eröffnet.

Der Therapeut beachtet und fördert *aktiv* die Entwicklungsbedürfnisse und Entwicklungsimpulse seiner Patienten. Er sieht im Patienten (und in seiner Familie) mehr die Möglichkeiten, die *Potentialität* als die Defizite. Das ermöglicht dem Patienten, sich mit dieser neugierigen, offenen und auf die Möglichkeiten statt auf die Defizite ausgerichteten Haltung zu identifizieren und selbst aktiv an seiner Weiterentwicklung zu arbeiten.

Im *Übergangs- und Spielraum der Therapie*, und ganz besonders mit dem kreativen Potential der KIP, werden so neue Erlebens- und Verhaltensmöglichkeiten eröffnet. Zuerst als überhaupt denkbar vorausgesetzt und gesucht oder entwickelt, dann in den Imaginationen und innerhalb der therapeutischen Beziehung erprobt und schließlich, durchaus mit Verzögerung, in die Realität außerhalb der Stunden übertragen. Voraussetzung dafür sind auf Seiten des Therapeuten Neugier, Offenheit, Kreativität, Vertrauen und ein starkes Interesse an der Weiterentwicklung des Patienten.

Zusammenfassung

KIP kann bei Kindern ab dem Grundschulalter angewendet werden, sobald und sofern sie in ausreichendem Maße über die Fähigkeit zur Symbolisierung, zur Trennung zwischen Fantasie und Realität, zur prinzipiellen Kontrolle von Affekten, über die Fähigkeit zur Mentalisierung und zur Aufnahme einer tragfähigen Beziehung verfügen. *Kontraindikationen* bestehen bei Kindern mit ausgeprägten strukturellen Störungen, mit stark eingeschränkter Affektkontrolle, mit schweren Bindungsstörungen, mit ausgeprägten sozialen Störungen und mit Psychosen. Dagegen lassen sich junge Menschen mit Intelligenzdefiziten mit einer modifizierten KIP-Technik durchaus behandeln, vorausgesetzt, sie können sich sprachlich äußern. *Geschlechtsspezifische* Unterschiede zeigen sich tendenziell in der Form, dass die Tagträume von Mädchen ruhiger, emotionaler, beziehungsorientierter und mehr auf das Erleben ausgerichtet sind, während bei Jungen eher das Handeln und stürmischere und wildere Verläufe im Vordergrund stehen.

Literatur zur vertiefenden Lektüre:

Fonagy, P. & Target, M. (2006). Psychoanalyse und die Psychopathologie der *Entwicklung*. Stuttgart: Klett-Cotta.
Taubner, S. (2016). Konzept Mentalisieren. Eine Einführung in Forschung und Praxis (2. Aufl.). Gießen: Psychosozial.

Weiterführende Fragen:

- Welche Rolle spielt das Geschlecht der Therapeutin/des Therapeuten für die Behandlung von Jungen und Mädchen und welche Implikationen für Übertragung und Gegenübertragung sind zu erwarten?
- Mentalisierung bedeutet, sich selbst von außen und den anderen von innen zu sehen. Wie lässt sich dieser Gedanke in der KIP mit Kindern umsetzen?

5 Grundlagen der KIP im Kindesalter

5.1 Indikation und Kontraindikation für KIP mit Kindern

In der Latenz und der Pubertät stellt das Spiel nicht mehr das vorrangige emotionale Ausdrucksmedium dar und das Gespräch dient, vor allem bei Jungen, mehr dem Ausdruck von Erlebtem und von Sachinformationen, Ängste und Konflikte werden stark abgewehrt. Die KIP schließt als »Fortführung der produktiven Spieltherapie mit anderen Mitteln« (Leuner, 1978, S. 14) in diesem Alter die Lücke zwischen Spieltherapie und Gesprächstherapie. Die Entwicklungsvoraussetzungen wurden im vorigen Kapitel (▶ Kap. 4.2) ausführlich besprochen.

Günstig für die KIP sind neben Beziehungsfähigkeit ein gutes Vorstellungsvermögen, Erfahrungen mit Rollenspielen, Phantasie, eine reiche Innenwelt und Introspektionsfähigkeit und die Fähigkeit zum Ausdruck innerer Zustände:

> Der Siebenjährige, der aus guten Gründen bei Pflegeeltern lebt, nennt sich SAM, nach der Abkürzung seiner drei Vornamen. Er erklärt mir seine Wutausbrüche: »Wenn ich Sammy genannt werde oder Feuerwehrmann Sam, dann tut mir das richtig im Herzen weh, dann explodier ich wie eine reife Bombe« (Wienand, 2018, S. 76).

Diese Voraussetzungen, die sich in der (projektiven) Diagnostik (Wienand, 2016) und der Probatorik zeigen, sind unabhängig vom Geschlecht: Jungen können ebenso gut imaginieren wie Mädchen, die Unterschiede liegen in den Inhalten und den Abläufen und es ist eine

Sache der Behandlungstechnik, dem jeweiligen Imaginationsstil gerecht zu werden.

Störungsbilder bei Kindern, für deren Behandlung die KIP besonders geeignet ist, sind insbesondere die introversiven Störungen wie Phobien und andere Angststörungen, depressive Verstimmungen, Anpassungsreaktionen bei Belastungen wie Geschwisterrivalität, Trennungen der Eltern oder Tod eines Angehörigen und auch die im Kindesalter meist vorübergehenden Zwangsstörungen, denen eine Stressbelastung zugrunde liegt. Psychosomatische Störungen wie die Enuresis lassen sich ebenfalls gut mit KIP behandeln.

Nicht über die Voraussetzungen für KIP verfügen Kinder mit Persönlichkeitsentwicklungsstörungen, deren Abwehr von Spaltungsprozessen bestimmt wird; schwer traumatisierte Kinder; Kinder mit desorganisiertem Bindungsverhalten; Kinder mit ausgeprägter Aufmerksamkeits-Hyperaktivitätsstörung, mit schweren Sozialstörungen und psychotische Kinder. Hier stehen stabilisierende, externalisierende, unter Umständen medikamentöse oder sozialpädagogische Maßnahmen zumindest zunächst im Vordergrund.

Ein kognitiver Entwicklungsrückstand stellt dagegen keine Kontraindikation für die Behandlung mit KIP dar. So berichtet Roosen-Runge (2005) über erfolgreiche Therapien bei geistig behinderten jungen Menschen mit modifizierter Technik und basalen Motivvorgaben wie Feuer, Wasser, Erde, Luft.

KIP im Kindesalter zeigt im Allgemeinen rasche Effekte, sodass sie oft als *Krisenintervention und Kurztherapie* durchgeführt werden kann. Mit einer *längeren Behandlungsdauer* ist bei narzisstischen Störungen, depressiven Entwicklungen, Bindungsstörungen und komplexen Traumafolgestörungen zu rechnen.

5.2 Ziele und Effekte der KIP im Kindesalter

Horn (2006a, S. 26) hat die Ziele und Effekte von Imagination zusammengefasst: »Folgendes [wird] erleichtert: die weitere Entwicklung hemmende Verdrängungen zu lockern, Ängste und Hemmungen abzubauen, Konflikte direkter anzugehen, keimhaft im Kinde vorhandene Entwicklungsimpulse zu fördern, neues Verhalten in der eigenen Vorstellung zu üben, neue Interessen zu wecken, sich in das Erleben anderer Menschen hinein zu versetzen, sich eigener Wünsche und Ziele bewusst zu werden, eine eigene Identität zu entwickeln.«

5.3 Die therapeutische Grundhaltung

Die therapeutische Haltung in der KIP mit Kindern orientiert sich am Entwicklungsstand und den Verständnismöglichkeiten der Patienten (und nicht an ihrem biologischen Alter). Der Inhalt verbaler Interventionen tritt hinter der Schaffung einer zugewandten, freundlichen und wohlwollenden, am Erleben des Kindes interessierten und empathischen, gleichwohl unaufdringlichen Atmosphäre zurück. Es geht um die Herstellung eines akzeptierenden, positiven Arbeitsklimas und um die Ausrichtung auf die Ressourcen des Kindes (Bovensiepen, 2007, S. 207), ohne Leid und Not eines Kindes zu übergehen. Das Kind zeigt seine Ängste und Bedürfnisse mit dem Körper, über seine Symptome, auf der Handlungs- und auf der symbolischen Ebene. Die Therapie hilft bei der Externalisierung der Affekte, bei der Übersetzung in Sprache und letztlich in Einsicht. Wesentlich sind die emotionale Nähe, das Mitschwingen mit seinen Gefühlen und das aktiv miterlebende Begleiten der Imaginationen (»*engagiertes Mitgehen*« nach Leuner, 1985, S. 412, Hervorh. im Org.), die bei Kindern oft aktionsgeladen, rasant und abwechslungsreich bis sprunghaft verlaufen.

Ein abstinentes, lediglich kontemplativ betrachtendes und nicht strukturierendes Zuhören ließe das Kind zu sehr alleine (Leuner, 1985,

S. 169). Andererseits braucht es den Respekt vor seiner Autonomie und muss spüren, dass es sein Ding machen darf, ohne fremdgesteuert zu werden. Der Therapeut »markiert« mit der Art seiner Kommentare die Affekte des Kindes ähnlich wie die Mutter eines kleinen Kindes, die zeigt, dass sie die Angst oder Wut versteht, aber zugleich Sicherheit vermittelt, indem sie die Gefühle nicht teilt, sondern gelassen bleibt. Ermutigende und leicht suggestive, ressourcenaktivierende Interventionen sind in der KIP mit Kindern da angebracht, wo Gehemmtheiten und Vermeidung im Tagtraum ins Spiel kommen. Eine allzu ungestüme und impulsive Bilderfolge wäre vorsichtig zu bremsen, um dem Kind (durch behutsames Nachfragen oder Spiegeln) zu helfen, sich zu spüren, ehe es handelt.

Die KIP mit Kindern ist auf Progression und nicht auf Regression ausgerichtet. Die *Regression* wird nicht gefördert, sondern eher begrenzt, es sei denn, es ist zunächst eine nachholende Befriedigung zu kurz gekommener oder frustrierter Bedürfnisse im Sinne einer »Regression im Dienste des Ich« (Balint, 1970) erforderlich.

5.4 Übertragung und Gegenübertragung

Die Übertragung wird in der KIP sowohl durch die spezifischen Parameter Imagination und gemaltes Bild wie durch das Setting *begrenzt*. Die inneren Bilder haben eine Containerfunktion: Als symbolische Gestaltungen ermöglichen sie das Wiedererleben der ursprünglichen Objektbeziehungen, die Darstellung aktueller Konflikte und der Übertragung. Die therapeutische Beziehung ist so von affektivem Druck entlastet. Der imaginative Prozess wird nicht nur von der Innenwelt des Patienten und von seinem aktuellen Erleben, sondern vom Übertragungs-Gegenübertragungs-Geschehen beeinflusst. Beide Partner teilen und gestalten den Erlebnis- und Spiel-Raum der KIP gemeinsam.

Thematisiert wird die Übertragung nur dann, wenn sie zum Widerstand wird, also das Kind etwa anfängt, Geschenke mitzubringen oder lustlos und desinteressiert wirkt oder wenn Stunden abgesagt werden. Dann geht die (mit Interesse und Neugier, nicht als Vorwurf gestellte) Frage nach den Gründen und der Therapiemotivation auch an die Eltern. Solange beide (!) Eltern hinter der Therapie stehen, ist in der Regel auch das Kind motiviert. Bei Jugendlichen ab der Pubertät kann das anders aussehen.

5.5 Therapeutische Interventionen

Die KIP hat ein breites *Repertoire an Interventionen* entwickelt. Der Therapeut kann (und muss!) je nach klinischer Situation entscheiden, welche *Ebene* er anspricht: Die kognitiv-rationale Ebene, das Körpererleben, die Emotion, das imaginierte Symbol, den Konflikt zwischen Impuls und Angst, die Motivation, das Ausgeblendete, die Übertragung, die Progression, den Schutz oder die Suche nach einer kreativen Lösung.

Daraus ergeben sich folgende *konkrete Interventionen während der Imagination* (modifiziert nach Stigler & Pokorny, 2008, S. 305):

- Im Bild bleiben, Dasein und Mitgehen
- Wahrnehmen und Beschreiben (Differenzierung)
- Bild, Affekt und Körpererleben verbinden (Integration)
- Motivationale Klärung
- Anbahnen und auf den Punkt bringen
- Schützen und Stützen
- Klären und Konfrontieren
- Vertiefen, Durchleben und Verändern
- Neue Wege ausprobieren

Nahezu alle von Leuner (1985) noch so genannten »Regieprinzipien« und therapeutischen Techniken eignen sich für die KIP mit Kindern: »Versöhnen und Nähren« bezieht sich auf den Aufbau einer positiven Beziehung zu angsterregenden Symbolgestalten, etwa in Form der Anregung, ein feindseliges Tier solange reichlich zu füttern, bis es müde wird und sich streicheln lässt. Hierbei geht es um die Integration abgespaltener und projizierter Anteile. Als »Schrittmacher« wird eine hilfreiche Gestalt eingeführt, die unter Übertragungsgesichtspunkten den Therapeuten symbolisieren kann und dem Kind Anregung, Schutz und Unterstützung anbietet. Die aktive Technik der »Symbolkonfrontation« (ebd., S. 204) eignet sich sehr gut für Kriseninterventionen, etwa bei Mobbing oder Autoritätsängsten. Der Patient wird ermutigt, den gefürchteten Objekten oder Personen standzuhalten, sie genau zu betrachten und zu beobachten, wie sich seine Wahrnehmung und seine Gefühle verändern. Das setzt die behutsame Dosierung von Nähe und Distanz und damit des Erregungsniveaus voraus und führt in der Regel zu einer deutlichen und nachhaltigen Milderung der Angst. »Magische Flüssigkeiten« (ebd. S. 320) wie Wasser und Körperflüssigkeiten, die tief im frühkindlichen Körpererleben verwurzelt sind und somit emotional sehr bedeutsam sein können, haben ihren Platz in der Behandlung psychosomatischer Störungen bei Kindern, etwa bei Neurodermitis oder Enuresis.

Interpretationen der Imagination und der gemalten Bilder werden, wenn überhaupt, dann sehr zurückhaltend gegeben und erfolgen grundsätzlich auf der Symbolebene.

5.6 Die Bedeutung der Motive

»Die in der KIP eingesetzten Motive stellen eine Sonderform der intervenierenden Symbolverwendung dar, in dem sie den therapeutischen Prozess gleichsam ›auf den Punkt‹ bringen, eine Imaginationsübung einleiten und unbewusstes Material zutage fördern« (Ullmann 2012c, S. 169).

Leuner (1978, S. 20ff.) ging für die Kindertherapie von nur acht Motiven aus. Im Laufe der Weiterentwicklung des Verfahrens entstanden zusätzliche *neue Motive*, die sich thematisch gruppieren lassen. Einen wesentlichen Anteil daran hatte Günter Horn, der aus einem breiten kulturellen und archetypischen Fundus von der Welt der Märchen bis hin zur Spiritualität schöpfte und in einer Übersicht (Horn, 2006a, S. 35f.) 116 Motive zu zehn Themenbereichen zusammenstellte.

Viele Motive sind mehrfach determiniert (z. B. Schatzsuche, mein eigener Raum). Alle Grundstufenmotive eignen sich gut bei Kindern. Ein bestimmtes Thema (etwa Angst) lässt sich durch ein spezifischeres Motiv (z. B. Raubtier, Waldrand, Festung) anzielen. Wenn es nicht so klar ist, worum es genau geht, kann ein offenes Motiv wie Wiese, Landschaft oder Märchenfigur passen.

Motive von diagnostischem Wert sind beispielsweise Baum, Blume, Wiese, Landschaft, Sternenhimmel über Meereswellen, Tierfamilie.

Eine Auswahl aus der Motivsammlung von Horn gibt es mit 68 Kunststoffkärtchen in einer flachen Holzkiste mit dem Titel »*Stell dir vor*« bei KIKT-TheMa in Köln. Kinder mit Therapieerfahrung können daraus wählen, was sie sich vorstellen möchten.

Ich arbeite mit einer nach Themen sortierten *Motivliste*, aus denen sich das in KIP erfahrene Kind ein Motiv zu einem bestimmten Themenbereich aussuchen kann, wenn sich mir kein passendes Motiv aufdrängt. Im Nachhinein passt die Wahl der Patienten immer zu ihrer aktuellen Situation:

Regression/Ressourcenaktivierung/Stabilisierung

- ein Ort, an dem du gerne wärst/ein sicherer und geschützter Ort/eine Situation, in der du dich sicher und verbunden fühlst
- Begegnung mit einem Wesen, das dir wohl gesonnen ist
- ein junges Tier
- Lieblingsmärchen/Schlaraffenland/Schatzsuche
- Tropischer Strand/Sanddüne/Hängematte

Identität

- ein Vorname meines Geschlechts/mein Idol
- Baum/Blume/Garten,
- Muschel

- Haus/Traumhaus/eigenes Grundstück/Neubau/Schloss,
- Burg/Festung/Blockhütte
- Ein Raum, in dem sich ein Spiegel befindet
- Lieblingstier/Lieblingsmärchen
- Familienalbum

Krisenintervention/emotionale Klärung

- ein Bild zur aktuellen Situationwie du dich gerade fühlst
- Wiese mit Weg/Sternenhimmel über Meereswellen
- Innerer Helfer/Begegnung mit einer hilfreichen Gestalt
- den Alptraum zu Ende träumen
- ein Symbol zum Angstobjekt (Lehrer, Täter bei Mobbing etc.)
- Zauberstab, Patronuszauber (aus Harry Potter: »Expecto Patronum«)

Stützende Techniken

- Grundstufenmotive
- Sicherer geschützter Ort
- Garten/Tropischer Strand
- Fliegender Teppich
- Zauberstab/Kraftquelle
- Besuch bei einer weisen Gestalt/Innere Helfer/Lieblingstier
- Ein heiliger Ort/eine Kirche/eine Moschee

Imaginative Problemlösung

- Brücke/Weg/Bach, Fluss
- Besuch bei einer weisen Gestalt
- Zauberkugel/Ich in fünf/zehn Jahren/mein Ziel ist erreicht

Entwicklung

- Weg/Wiese mit Weg/Bergwanderung (auch in Begleitung)
- Bach/Tor/Brücke/Bootsfahrt oder Schiffsreise
- Mein Lebensfluss

- Reise in ein unbekanntes Land/fliegender Teppich
- Tauchfahrt auf den Meeresgrund
- Märchen, Märchenfigur
- Zeitmaschine/Zauberkugel/Ich in fünf/zehn Jahren
- Besuch bei einer weisen Gestalt
- mein Weg in der Therapie

Aggression, Ich-Durchsetzung und Abgrenzung

- Gewitter oder Sturm/Vulkan
- ein (wildes) Pferd/Raubtier/Ich als Tier im Urwald
- Festung/Ritter/Amazone
- Schneeballschlacht/Schlammschlacht/Piratenschiff
- Märchenfigur/Hexe/Hexenmeister
- Zauberstab/Tarnkappe oder Tarnumhang/Schutzhülle
- Jetzt reicht's!/Ich bin der Chef

Psychosomatik

- Winterlandschaft (speziell bei Heuschnupfen und allergischem Asthma)
- Ein Ort, an dem du dich wohl fühlst
- Quelle, Bad, Bad im Meer (Wärme oder Kühle je nach Symptom)/eine magische Flüssigkeit
- Strand/Hängematte/Wolke
- Reise auf der Haut/Reise unter die Haut
- Reise ins Körperinnere/Dialog mit dem Körper
- ein Bild zum Schmerz/mein Symptom als Tier (oder Symbol)
- Deine Familie beim Essen (bei Essstörungen)

Bindung

- Ei/Nest/Gefäß
- drei Bäume/drei Tiere/Tierfamilie
- Kindergarten/Schulhof/Sportmannschaft
- Haus (mit Weg)/Grundstück/Bauernhof/Stall

- Brücke/Hafen/Bahnhof
- eine hilfreiche Gestalt
- Lieblingsspielzeug/Kuscheltier/Kinderlied
- Lieblingsmärchen
- Tagebuch/Fotoalbum/Familienalbum
- eine Familienszene/Familienausflug
- Begegnung mit einem Wesen, das es gut mit dir meint
- eine Situation, in der du dich sicher und verbunden fühlst

Pubertät/Ödipalität, Erotik, Sexualität

- Rosenbusch/Muschel
- Ein Ausritt zu Pferd/Kutschfahrt/Autostopp
- Tropischer Strand/Rendezvous/Party/meine Musik
- Auswärts übernachten/Zeltlager
- Begegnung mit einem Einhorn
- Die verbotene Frucht/verschlossene Tür
- Ein Liebespaar beobachten/Schlüsselloch
- Die Erwachsenen mit Tarnkappe beobachten
- Etwas tun, was erst Erwachsenen erlaubt ist

Die Fülle der dargestellten Motive mag verwirren. Wer noch wenig Erfahrung mit der KIP hat, dem sei empfohlen, zunächst mit den Grundstufenmotiven zu beginnen (*Baum oder Blume, Wiese, Bachlauf, Berg, Haus, Waldrand*) und nach und nach weitere Erfahrungen mit zusätzlichen Motiven zu sammeln.

Die katathyme Arbeit mit einer Imagination ist komplex, weil der Therapeut auf verschiedenen Ebenen zugleich präsent sein muss: Er versucht, der Erzählung des Kindes zu folgen und sich den Ablauf vor seinem inneren Auge vorzustellen. Er bemüht sich dabei, den Symbolgehalt und die psychodynamische Bedeutung der Inszenierung zu interpretieren. Und er spürt seiner Gegenübertragung anhand seiner körperlichen und emotionalen Reaktionen nach. Aus der Summe der Informationen aus diesen Ebenen formt sich seine Intervention.

> **Zusammenfassung**
>
> Psychotherapie im Kindes- und Jugendalter setzt eine umfassende und sorgfältige Psychodiagnostik voraus. Dabei stellen die projektiven Verfahren schon die Hinführung zur KIP dar und geben einen ersten Eindruck von Ausdrucks- und Introspektionsfähigkeit, Fantasie und Fähigkeit zur Symbolisierung.
>
> Die therapeutische Grundhaltung drückt Akzeptanz, das Bemühen um Verstehen und ein aktives Interesse an den Ressourcen und dem Entwicklungspotential der Patienten aus. Die Regression wird durch die Ausrichtung auf die Imagination begrenzt, die Übertragung zielt auf die Herstellung und Aufrechterhaltung einer positiven Arbeitsatmosphäre. Die Motivwahl orientiert sich an der therapeutischen Strategie in der jeweiligen Behandlungsphase, jedoch entscheidet der Patient, was er aus einem vorgeschlagenen Motiv entwickelt.
>
> Der Interventionsstil ist bei jüngeren Kindern aktiver, engagierter und emotionaler, bei Bedarf auch suggestiver als die eher zurückhaltende Begleitung bei Jugendlichen.

Literatur zur vertiefenden Lektüre

Leuner, H., G. Horn, E. Klessmann (1997). *Katathymes Bilderleben mit Kindern und Jugendlichen* (4., aktual. Aufl.). München: Ernst Reinhardt (Original erschienen 1978).

Horn, G., R. Sannwald & F. Wienand (2006). *Katathym Imaginative Psychotherapie mit Kindern und Jugendlichen*. München: Ernst Reinhardt.

Wienand, F. (2012). KIP bei Störungen im Kindes- und Jugendalter. In H. Ullmann & E. Wilke (Hrsg.), *Handbuch Katathym Imaginative Psychotherapie* (S. 278–315). Bern: Hans Huber.

Weiterführende Fragen

- Welche Motive könnten sich besonders für trotzige und oppositionelle Kinder eignen?
- Woran lassen sich Hinweise auf die Übertragung im Tagtraum erkennen?

- Woran kann es liegen, wenn ein Kind vor anstehenden Herausforderungen in der Imagination zurückweicht, und welche Interventionen können dann weiterhelfen?

6 Behandlungstechnik im Kindesalter

Idealtypisch lässt sich eine Behandlung mit KIP in vorbereitende Schritte und die Durchführung einteilen. Zur Vorbereitung gehören Diagnostik und Therapieplanung, Informationen über die Methode und Therapievereinbarung. Die KIP selbst nimmt einen individuell akzentuierten Verlauf, in dem grundsätzlich Beziehungsaufbau, Stabilisierung und Ressourcenarbeit, Konfrontation und Konfliktbearbeitung, Durcharbeiten und Vorbereitung des Abschieds aufeinander folgen.

6.1 Vorbereitung und Einleitung einer KIP mit Kindern:

Als *Erklärung für die Methode* eignet sich der Hinweis, dass die Imaginationen eine Art Bühne darstellen, auf der der Patient sein Stück spielt, also sein Inneres (Ängste, Wünsche etc.) ausdrückt (und sich damit selbst kennenlernt), auf der er mit dem Therapeuten aber auch neue Ideen, Wege und Lösungen finden kann, so dass sich seine Symptomatik bessern wird. Der Therapeut betont auch, dass der Patient nicht hypnotisiert oder manipuliert wird, und dass die KIP keine Methode ist, ihm seine Geheimnisse zu entreißen.

Es ist wesentlich, auch den *Eltern* zu vermitteln, wie die Methode funktioniert und wozu sie dient (▶ Kap. 5.2). Es ist wichtig, dabei Sicherheit und Vertrauen in die Methode zu vermitteln, ohne andererseits unrealistische Erwartungen auf Wunderheilungen zu wecken oder zu verstärken (»Zaubern kann ich nicht«).

Auch die KIP mit Kindern ist auf einen *Rahmen* angewiesen, der Begrenzung und Schutz zugleich darstellt (Wittenberger, 2016, S. 66ff.). Auf die Einhaltung des Rahmens müssen sich alle Beteiligten verpflichten. *Vertraulichkeit* bedeutet in der KIP, dass Inhalte, die ein Kind uns anvertraut, und auch die Bilder, die es in der Therapie gemalt hat, nicht ohne seine Zustimmung mit den Eltern besprochen werden.

6.2 Therapieplanung und Behandlungsstrategie

Die KIP mit Kindern stellt einen auf der Grundlage einer sorgfältigen Diagnostik individuell angepassten, strukturierten und systematischen Prozess dar, der zugleich ausreichend offen und flexibel ist, um sich dem Verlauf der Behandlung, dem sich ändernden Entwicklungsstand des Kindes und moderierenden Außeneinflüssen anzupassen.

Die Therapieplanung basiert auf der *Arbeitshypothese*, aus der sich die *therapeutische Strategie* und die *therapeutischen Techniken* ergeben (Ladenbauer, 2010). Das gilt für den *Begleitstil* (die mehr schützende oder mehr konfrontierende Grundhaltung (ebd. S. 195) und die eingesetzten *Techniken* (die handwerkliche Umsetzung der Strategie in Interventionen). Die *Arbeitshypothese* fragt, womit wir es im vorliegenden Fall zu tun haben. Sie ergibt sich aus Anamnese und Diagnostik (Psychodynamik, Struktur) und wird im Verlauf angepasst.

6.2.1 Störungsbezogene Behandlungsstrategie

Die *störungsbezogene Behandlungsstrategie* bezieht sich im Wesentlichen auf die Art der Störung und das Strukturniveau (Arbeitskreis OPD-KJ-2, 2016). Dabei handelt es sich um Akzentsetzungen im Rahmen einer individuellen, die Entwicklung der ganzen Persönlichkeit fördernden Behandlung und nicht um eine Form der derzeit verbreiteten störungsspezifischen, häufig manualisierten Therapieformen. Fallbeispiele zu einzelnen Störungsbildern finden sich in Kapitel 8.

Traumafolgestörungen

Bei einem *traumatisierten Kind* stehen nach Beziehungsaufbau und Stabilisierung über lange Strecken stützende, entlastende, Ressourcen aktivierende und stabilisierende Motive und Interventionen im Vordergrund, ehe nach guter Vorbereitung das Trauma behutsam bearbeitet werden kann (Steiner & Krippner, 2006; Krüger & Reddemann, 2016). Frische Monotraumen dagegen sind bei gesunden Kindern mit einer fokalen KIP-Kurztherapie gut zu behandeln.

Strukturelle Störungen

Strukturelle Störungen bei Kindern sind grundsätzlich mit KIP behandelbar. Dazu gehören auch Kinder mit der Symptomatik einer Aufmerksamkeitsdefizit-Hyperaktivitäts-Störung (ADHS), deren Impulsivität und Reizoffenheit sich auch in den Tagträumen zeigt (Sannwald, 2011), sofern sie sich überhaupt auf das Setting einlassen können. Kinder mit stärkeren strukturellen Defiziten stellen uns aufgrund der Komplexität ihrer Symptomatik, der im Vordergrund stehenden Spaltungsprozesse und damit einer sehr instabilen Übertragungsbeziehung vor besondere Herausforderungen. Der Therapeut muss es schaffen, einen um Verständnis bemühten, Halt gebenden, aber unzerstörbaren Beziehungsrahmen aufrechtzuerhalten. Das Therapieziel besteht hier im Aufbau stabiler Selbst- und Objektrepräsentanzen im Sinne eines reflektierenden Niveaus der Mentalisierung (▶ Kap. 4.2). Mit den Imaginationen verfügt die KIP über sehr gute Möglichkeiten, die bei Kindern mit einer Persönlichkeitsentwicklungsstörung in der Regel hochambivalente Übertragungsbeziehung durch Fokussierung auf das Bild und die symbolischen Abläufe zu entlasten. KIP mit diesen Kindern erfordert jedoch einen langen Atem und in der Regel die Kombination mit weiteren Maßnahmen (wie

z. B. Familien- und Erziehungshilfe, individuell angepasste Beschulung, pädagogische Gruppenbetreuung u. a.).

Entwicklungsdefizite

Entwicklungsdefizite, bei denen aufholbare Rückstände in der Reifung (etwa der Impulskontrolle oder der Frustrationstoleranz) vorliegen, sprechen grundsätzlich gut auf entwicklungsfördernd ausgerichtete KIP an. Der Unterschied zu (relativ überdauernden) strukturellen Störungen zeigt sich unter Umständen erst aus dem Behandlungsverlauf.

Bindungsstörungen

Die KIP verfügt über ein Reservoir von interpersonalen und beziehungsorientierten Motiven, mit denen Perspektivenübernahme und Mentalisierung gefördert und damit *Beziehungs- und Bindungsprobleme* imaginativ bearbeitet werden können. Bei Störungen der Fähigkeit, Bindungen und Beziehungen altersangemessen zu gestalten – mit sich allein sein zu können, Bedürfnisse nach Nähe und Kontakt zu äußern, sich abzugrenzen, die Perspektive zu wechseln, sich in andere hinein zu versetzen – erfordert die Art des Bindungsverhaltens eine passende Gestaltung der therapeutischen Beziehung, der Motivwahl und des Interventionsstils:

Stark *gebundene Kinder* brauchen die Erlaubnis, in der Imagination mit anderen Wesen in Kontakt zu kommen, um Triangulierung zu erfahren. Hier braucht es Geduld, Respekt vor den Bindungen des Kindes und die Fokussierung auf Ressourcenaktivierung. Geeignete Motive sind zum Beispiel *Lieblingstier, Tierfamilie, Spielplatz, Begegnung mit einem Wesen, das es gut mit dir meint*, oder auch *eine hilfreiche Gestalt*.

Vermeidende Bindungsstörungen äußern sich bei Kindern häufig in Form von Angststörungen, die sich gut mit KIP behandeln lassen. Allzu gefügige und angepasste Patienten verleiten uns zu Hilfestellung und Führung, benötigen aber therapeutische Geduld, um ihre eigenen Möglichkeiten hinter der Leere und Hilflosigkeit zu entdecken.

Auch Kinder mit *reaktiven Bindungsstörungen* lassen sich mit KIP behandeln, sofern sie in einer stabilen und fördernden Umgebung leben.

Ambivalente Bindungsmuster stellen uns vor besondere Übertragungsherausforderungen. Bei impulsiven Kindern etwa steht das Sich-Spüren und die Förderung intermediärer, hemmender kognitiver Prozesse in der Begleitung der katathymen Abläufe im Vordergrund. Der Therapeut wird eher die ruhigen, naturnahen Grundstufenmotive anbieten und die Bedürfnisse des Kindes nach »Action« nicht forcieren.

Neurotische Konflikte

Neurotische Konflikte wie Ängste, Depressionen und Zwangsstörungen treten im Kindesalter häufig in Zusammenhang mit neuen Entwicklungsanforderungen auf (▶ Kap. 1.4) und sind daher vorübergehender Natur. Sie sind mit KIP über die Symbolisierung von Konflikten und Ressourcen gut zu behandeln. Dabei ist die Einbeziehung der Familie zur Unterstützung der Entwicklung des Kindes, zur Minderung von Ängsten und Stress bei den Bezugspersonen umso wichtiger, je jünger und abhängiger ein Kind ist.

Bei den *Angststörungen* mit ihren Vermeidungsstrategien geht es zunächst darum, das Kind zu beruhigen und Erfahrungen von Selbstwirksamkeit zu vermitteln, was sich am besten mithilfe der Grundstufenmotive, ergänzt durch expansive Motive wie z. B. *Fliegender Teppich*, *Abenteuerreise* oder *Zeitmaschine* erreichen lässt. Im nächsten Schritt erfolgt die direkte Bearbeitung der Ängste mit eher konfrontativen Motiven wie *Vulkan, Raubtier, Höhle* oder *Piratenschiff*. Angst dient der Abwehr von (nach außen projizierter) Aggression und lässt daher nach, wenn es gelingt, die blockierten aggressiven und aversiven Energien zu befreien. Dann kann sich das Kind besser behaupten, was für die Eltern nicht immer einfach ist. Sie sollten daher darauf vorbereitet und dabei begleitet werden.

Die Erlösung der Aggression spielt auch eine Rolle in der Behandlung der *depressiven Störungen*, die mit der Wendung der Aggression gegen das eigene Selbst einhergehen. Allerdings bedarf es zunächst einer längeren Phase der Stabilisierung, Unterstützung und Ermutigung (außer durch die Grundstufenmotive auch mit Motiven wie *Schatzkiste, Lieblingstier und Begegnung mit einem wohlgesonnenen Wesen*), damit das

Kind überhaupt eine Vorstellung von Selbstwirksamkeit entwickeln und sein Selbstwertgefühl gesteigert werden kann.

Zwangsstörungen, die mit magischem Denken und Reaktionsbildungen verbunden sind, drücken in der Regel einen Protest des Kindes aus, den es nicht bewusst erleben und jedenfalls nicht offen äußern kann. Diese Kinder sind meist auch gegenüber dem Therapeuten gehemmt und sehr auf die Wahrung ihrer Autonomie bedacht, was eine zurückhaltende, unaufdringliche Beziehungsgestaltung erfordert. In den Tagträumen kommt es mittels geeigneter Motive (▶ Kap. 5.6 und 6.3) auf die Überwindung von Erstarrung und Einschränkungen, auf die Förderung von Lebendigkeit und Kreativität und die Erweiterung des Handlungsrepertoires an.

Anpassungsstörungen

Anpassungsstörungen bestehen in emotionalen Veränderungen (z. B. Ängsten, übermäßigen Sorgen, Unglücklichsein, Schlafstörungen) oder sozialen Verhaltensauffälligkeiten (wie Aggression, Trotz, Rückzug) als Folge eines einschneidenden oder belastenden Lebensereignisses, das die Bewältigungsmöglichkeiten des Kindes zunächst überfordert. Massiver Streit in der Familie, ein Umzug mit dem Verlust von Freunden, Mobbing, schulische Überforderung oder Trennung der Eltern sind typische Beispiele für die Auslöser reaktiver Störungen. Hier ist die Prognose zumeist günstig. In der Regel dürfte eine Krisenintervention oder Kurzzeittherapie mit einem klar umschriebenen Behandlungsfokus, der Aktivierung von Ressourcen und die Arbeit mit den Bezugspersonen ausreichen.

Der Verlust wichtiger Bindungspersonen durch Tod oder Trennung und Scheidung ist nahezu immer ein traumatisches Erlebnis, dessen Intensität und Wirkungsdauer von der Reife des Kindes, von der Enge der Bindung an die verlorene Person bzw. von der Beziehungsqualität der getrennten Eltern (ein Extrembeispiel wäre ein Rosenkrieg) bestimmt wird. Dann ist mit einer längeren Behandlungsdauer zu rechnen.

Somatoforme oder funktionelle Störungen

Somatoforme oder funktionelle Störungen (körperliche Beschwerden ohne organpathologischen Befund) können im Rahmen einer Anpassungsstörung auftreten, aber auch zur Chronifizierung und Fixierung auf körperliche Beschwerden mit der Folge häufiger und wechselnder Arztbesuche und medizinischer Maßnahmen führen. Sie stehen häufig im Zusammenhang mit familiären und/oder sozialen oder schulischen Problemen und stellen ein Risiko für komorbide Störungen wie Ängste oder Depressionen dar (Hagenah & Herpertz-Dahlmann, 2005). Nicht selten sind sie der Grund für zunehmende Schulvermeidung. Die KIP bietet bei somatoformen Störungen gute Möglichkeiten sowohl die Symptome mit Hilfe spezifischer Motive (z. B. *Reise ins Köperinnere, Dialog mit dem Schmerz, magische Flüssigkeiten*, ▶ Motivliste, Kap. 5.6) zu mildern sowie die beteiligten Konflikte und Belastungen darzustellen und (sinnvollerweise unter Einbeziehung der Familie) zu bearbeiten.

Psychosomatische Störungen

Psychosomatische Störungen sind Krankheitsformen, bei denen primär eine körperliche Erkrankung vorliegt und sekundäre psychische Faktoren zum Auftreten oder zur Intensivierung der körperlichen Symptomatik beitragen wie z. B. Asthma bronchiale und Neurodermitis (Tschuschke, 2019, S. 309). Bei diesen Kindern geht es um die Differenzierung und Vertiefung der Körperwahrnehmung, um den Umgang mit Schmerzen und um wohltuende sinnlich-körperliche Erfahrungen in den Imaginationen. Geeignete Motive sind zum Beispiel *Winterlandschaft, Quelle, Baden im Meer*, ▶ Motivliste Kap. 5.6.

In der klinischen Realität haben wir es zumeist mit Mischformen und Übergängen zu tun, zumal sich die Persönlichkeitsstruktur von Kindern noch in der Entwicklung befindet.

Orientierung an der Übertragung: »Allzu gefügige und *angepasste* Patienten verleiten uns zu Hilfestellung und Führung, benötigen aber therapeutische Geduld, um ihre eigenen Möglichkeiten hinter der Leere und Hilflosigkeit zu entdecken. *Oppositionelle* Kinder verstricken uns in Machtkämpfe und wiederholen damit ihre Interaktionsmuster. Sie brauchen aber unsere verständnisvolle Anerkennung und Unterstützung ihrer Autonomiebestrebungen, um hinter dem, was sie nicht wollen, das zu finden, was ihnen entspricht. Wenn der Therapeut gelassen bleibt, kann sich durchaus eine lustvolle spielerische Beziehung entwickeln, die Autonomie des Kindes und die Übertragungsbeziehung zugleich fördert« (Wienand, 2012, S. 294).

6.2.2 Abschnittsbezogene Behandlungsstrategie

Die Anfangsphase

Am Beginn stehen *Beziehungsaufbau und Stabilisierung* im Vordergrund. In der Anfangsphase einer Behandlung mit der KIP steht vorrangig der Aufbau einer tragfähigen Beziehung und die Etablierung des Arbeitsbündnisses im Mittelpunkt. Mit jüngeren Kindern hat sich die Vereinbarung bewährt, in den Stunden abwechselnd zu imaginieren und zu spielen. So etabliert sich bald der KIP-typische Ablauf von Vorgespräch, Imaginieren, Nachgespräch, Malen und Spiel.

Inhaltlich stehen in der Anfangsphase die *Exploration der Ressourcen und die Förderung der Kreativität* des Kindes im Vordergrund. Geeignet sind alle Grundstufenmotive und die in der oben angeführten Liste (▶ Kap. 5.6) genannten ressourcenorientierten Motive. Der Therapeut überlässt dem Patienten die Initiative und lenkt seine Aufmerksamkeit auf dessen Fähigkeit, sich selbst zu helfen oder Unterstützung zu organisieren. Er nimmt in seinen Kommentaren und Interventionen eine optimistische, neugierige und lösungsorientierte Haltung ein und vermittelt so Hoffnung und Selbstwirksamkeit. Die Verinnerlichung des Therapeuten als hilfreiche Person stellt eine wichtige und stärkende Bindungserfahrung dar. Die Folge ist eine emotionale Stabilisierung, die Stärkung des Selbstbewusstseins und die Reduzierung von Angst.

Die mittlere Therapiephase

Die im bisherigen Verlauf erreichte emotionale (und in der Regel auch symptomatische) Stabilisierung ermöglicht nun das Herausarbeiten und die *Bearbeitung des zentralen Konfliktthemas*. Gefürchtete Szenen können im Schutz der belastbaren Übertragungsbeziehung auf der inneren Bühne aufgesucht und durchgespielt werden. Dabei helfen, eingeleitet durch entsprechende Motive, klärende und fokussierende Interventionen, Symbolkonfrontation und Probehandeln: »Wie wäre es, wenn Du es einfach einmal versuchst?«. Die Technik der *Symbolkonfrontation* (Leuner, 1985, S. 204ff.; Steiner, 2008) wird beim Auftauchen feindseliger, Angst und Schrecken erregender Symbolgestalten (z. B. Autoritätspersonen) oder vor gefürchteten Situationen (wie Prüfungen) angewendet und eignet sich daher besonders zur Bearbeitung von Krisen oder Angststörungen. Der Patient wird auf freundlich ruhige Weise aufgefordert, nicht zu fliehen (oder anzugreifen), sondern die Gestalt in Ruhe (und eventuell unter Regulierung des Abstandes) genau zu betrachten und in allen Qualitäten zu beschreiben. Insbesondere soll er sich auf die Augen und ihren Ausdruck konzentrieren und in Ruhe beobachten, was sich verändert. Dabei ist es (wie überhaupt in der KIP!) hilfreich, die Körperreaktionen, vor allem den Atem des Patienten zu beobachten und durchaus suggestiv anzusprechen, um den Erregungslevel auch von der physiologischen Seite zu reduzieren. Mit der Beruhigung der Affekte des Patienten, der nun auch gebeten wird, der Symbolgestalt Futter anzubieten, verliert die Gestalt allmählich ihren Schrecken und der Patient kann sich ihr allmählich nähern, Kontakt aufnehmen, sie streicheln oder umarmen und vielleicht sogar auf ihr reiten. Dieser Technik liegt die Auffassung zugrunde, dass es sich um gefürchtete und daher abgespaltene Selbstanteile handelt, die integriert werden sollen.

Abwehr und Widerstand zeigen sich innerhalb eines Tagtraums durch fehlende Einfälle oder sogenannte »Verhinderungsmotive«, bei denen eine natürliche Sequenz oder Entwicklung behindert wird (Leuner, 1985, S. 104ff.), also etwa ein Bachlauf versickert, eine Landschaft plötzlich endet oder ein Wasserfall einfriert. Bei allen Widerstandsphänomenen kommt es darauf an, *Abwehr als adaptiven Schutzmechanismus* bzw. als verschlüsselten Hinweis aufzufassen und nach dem Sinn und der Bedeutung zu fragen. Mit dieser neugierigen Einstellung lassen sich eine Verfestigung der Abwehr und Ärger in der Gegenübertragung vermeiden. Hierzu ein Beispiel:

Ein junger Patient mit einer Zwangsstörung wandert im KB auf einem Weg, der immer schwerer zu erkennen ist und sich in einem Sumpf verliert. Zugleich kommt dichter Nebel auf, er hat keine Sicht mehr und kann nicht weitergehen. Ich beende den Tagtraum. Meine Assoziation »*Ich stehe im Nebel*« veranlasst mich zu der Intervention: »Könnte es sein, dass du in deiner Therapie bei mir auch das Gefühl hast, du stehst im Nebel, und nicht weißt, wie dir die Gespräche und Tagträume weiterhelfen sollen?« Erleichtert stimmt er zu und meint, dass er dieses Gefühl schon länger habe, sich aber nicht getraut habe, es anzusprechen.

In diesem Beispiel war es hilfreich, den Patienten im Sinne einer Psychoedukation ausführlich über Sinn und Zweck der KIP zu informieren und ihn zu ermutigen, auch negative Gedanken und Kritik zu äußern, auch und gerade, wenn sie sich auf mich beziehen sollten. Widerstandsphänomene im Bild sollten zunächst so belassen (und nicht krampfhaft überwunden) werden. Sinnvoll ist es, das Motiv in der nächsten Sitzung erneut aufzugreifen und so weiter zu bearbeiten.

Das Durcharbeiten des zentralen Konfliktthemas ist ein Teil des Gesamtprozesses in der KIP und findet im Rahmen der wiederkehrenden Abfolge der Komponenten Vorgespräch, Tagtraum, Nachbesprechung, Malen bzw. Gestalten, Bildbesprechung, eventuell Spiel und erneutem Vorgespräch der nächsten Sitzung statt. Kinder erzählen im Vorgespräch in der Regel, was sie in der Zwischenzeit erlebt haben. Die begleitenden Emotionen und Affekte werden, vor allem in der Latenz, oft nicht berichtet oder bagatellisiert und müssen dann mit einer neugierigen, interessierten und zugewandten Haltung aufgespürt werden. Aus der aktuellen Gestimmtheit ergibt sich die Entscheidung zum aktuell passenden Motivangebot, das im folgenden Tagtraum die Bühne für die Bearbeitung des Konfliktthemas bereitstellt. In der Nachschwingphase wird der zentrale Affekt auf einfühlsame Weise gehalten. Das meist kurze Nachgespräch kann bei Kindern auch entfallen oder erfolgt beim Malen. Beim sich in der Stunde direkt anschließenden Malen des Bildes wird der zentrale Konflikt anhand der Bildelemente erneut fokussiert. Oft zeigen sich im Bild wichtige Aspekte, über die im KB nicht berichtet wurde und auf die dann eingegangen werden kann. Nicht selten bleibt noch Zeit zu einem Spiel, in dem sich der Konflikt ebenfalls zeigen kann, das aber auch der Entspannung des Kindes und der Förderung der Übertragungsbeziehung dient. Es fördert die Kontinuität des Bearbeitungsprozesses, wenn die nächste Stunde mit der Vorlage des letzten Bildes und der nochmaligen Bildbesprechung beginnt.

Die Konfliktbearbeitung kann durch das erneute Aufgreifen eines früheren Motivs, etwa anhand des Bildes, und auch durch *Fortsetzungsmotive* gefördert werden. Ein Motiv kann durchaus so lange wieder eingestellt werden, bis sein Gehalt erschöpft ist und das damit verbundene therapeutische Ziel erreicht erscheint.

Das Durcharbeiten in Form dieses zirkulären Prozesses hat mehrere Effekte: Der Stimmungsgehalt der Symbole und die Ausdruckskraft der Bilder ändern sich. Unterschiedliche Lösungen für ein Problem werden gefahrlos durchgespielt, weiterentwickelt und verinnerlicht. Die wiederholte Konfrontation mit gefürchteten Inhalten im Schutz der therapeutischen Beziehung führt im Sinne einer Desensibilisierung zur Entängstigung und Stärkung des Selbstwertgefühls. Probehandeln und Konsolidierung greifen ineinander und so entstehen neue Routinen (Ullmann, 2012b, S. 114ff.). Das Gefühl der Patienten für Selbstwirksamkeit und Kreativität nimmt zu. Die Symptomatik lässt nach oder verschwindet. Mit zunehmendem Selbstbewusstsein lassen sich (wenn auch mit Verzögerung) die Generalisierung auf andere Konfliktthemen und der *Transfer ins reale Leben* beobachten: So können die Kinder ihre Bedürfnisse und Klagen auch den Eltern gegenüber vertreten, sich gegenüber Gleichaltrigen besser abgrenzen und engagieren sich nicht selten mehr für die Schule.

Die Abschiedsphase

Die Abschiedsphase ist mit einem Rückblick auf den gemeinsam zurückgelegten Weg verbunden, der mitsamt seinen Schwierigkeiten und Fortschritten anhand der Tagtraumthemen und der zugehörigen Bilder nachvollzogen wird. Bildhaft in Szene gesetzt werden kann der Abschied mit Motiven, die entweder einen Rückblick in Szene setzen wie »Dein Weg in der Therapie als Wanderung in einer Landschaft« (Wienand, 2018, S. 82), die eine Übergangssituation anzielen wie *Brücke, Tor* oder *Hafen* oder die einen Zukunftsbezug haben wie *Blick in eine Zauberkugel* oder *Ich in fünf (oder zehn) Jahren*.

Die abschließende Sitzung mit Eltern und Kind ist ebenfalls einem Resümee der Behandlung gewidmet, mit dem Einverständnis des Kindes auch anhand der Bilder. Die Anstrengungen und erreichten Veränderungen in der Familie werden angemessen gewürdigt. Im Hinblick auf die weitere Entwicklung des Kindes sollten wir uns mit begründetem Optimismus äußern, zugleich aber mögliche Rückfälle als zu erwartende Normalität darstellen. Schließlich haben Kind und die Eltern inzwischen gelernt, mit Schwierigkeiten dieser Art besser fertig zu werden.

6.3 Motivwahl und Interventionen

Mit der Vorgabe eines bestimmten Motivs schlage ich dem Kind vor, sich eine Szene vorzustellen, von der ich glaube, dass sie die aktuelle Thematik widerspiegelt und deren Bearbeitung zulässt. Welche Szene sich dann allerdings aus meinem Vorschlag entwickelt, wird von der Übertragung des Kindes, seinen unbewussten Konflikten und seinen Ressourcen bestimmt. *Das Kind ist und bleibt Regisseur seines Stücks, das ich begleiten, aber nicht bestimmen darf.* Die therapeutische Aufgabe besteht ganz allgemein darin, im Dialog die Entfaltung der Szene zu fördern, das emotionale Erleben zu vertiefen, den Verlauf des Symboldramas mit emotionalem Engagement, jedoch behutsam zu begleiten und den Tagtraum zu einem nach Möglichkeit guten Ende zu führen. Es geht nicht um ein Ziel, das uns Therapeuten vorschwebt und auf das wir hinarbeiten, sondern es geht um die Bereitstellung eines Beziehungsrahmens als Bühne, die dem Patienten ermöglicht, sein eigenes Stück zu spielen. Wir sind keine Regisseure, sondern anteilnehmende Beobachter und Begleiter. Das gilt auch dann, wenn ein anderes Motiv auftaucht als vorgegeben und der Verlauf so gar nicht unseren Vorstellungen entsprechen mag. Es kann in der Begleitung eines Tagraums leicht zu einem Machtkampf kommen, wenn der Therapeut ein Ziel verfolgt (Stabilisierung! Ressourcen! Autonomie!), der Patient aber dafür (noch) nicht bereit ist, etwa weil er noch in starke Bindungsbedürfnisse verstrickt ist oder weil ein Übertragungsproblem besteht. Dann ist es entlastend für beide Partner, wenn der Therapeut den Tagtraum als diagnostischen Einblick auffassen kann und die Behandlungsstrategie dem aktuellen Entwicklungsstand des Patienten anpasst oder für sich das Übertragungs-Gegenübertragungs-Geschehen reflektiert. Wir können uns darauf verlassen, dass das Unbewusste des Kindes genau diejenigen Symbolisierungen wählt, die seiner aktuellen inneren Situation entsprechen. Und es kommt entscheidend darauf an, dass wir uns bemühen, zu verstehen, was das bedeutet, ehe wir intervenierend eingreifen.

Leitgedanke der Interventionstechnik in der KIP mit Kindern ist die Förderung der Entwicklung entlang der zentralen Fragen »Was wäre in diesem Alter normal?« und »Was ist der nächste anstehende Entwicklungsschritt?«

Stabilisierung, Bewusstmachung, Konfliktbearbeitung, Konfrontation, Ressourcenaktivierung und Progression sind dabei miteinander verbunden, umso mehr, je jünger ein Patient ist.

Es ist nicht einfach, sich im oft rasanten Verlauf einer kindlichen Imagination für eine bestimmte Intervention zu entscheiden, aber es gibt *Vorgehensweisen, an denen man sich orientieren kann*: Quasi von außen nach innen zu arbeiten fördert den imaginativen Prozess. Zunächst wird der Patient aufgefordert, die Szene, etwa die Wiese, in allen Einzelheiten zu beschreiben. Er soll dabei alle Sinneskanäle nutzen (Was kannst du hören? Wie riecht es da? Was spürst du auf deiner Haut?), dadurch wird das Erleben prägnanter. Dann bitte ich darum, dass er beschreibt, wie er sich fühlt, wie es ihm geht, das hilft ihm, sein Erleben deutlicher wahrzunehmen. Nun ist die emotionale Bedeutung der symbolisierten Szene klarer und es kommen die Handlungsimpulse ins Spiel: Wonach ist ihm? Was möchte er tun? Im Allgemeinen unterstütze ich den Wunsch und ermutige ihn, das zu tun, wonach ihm ist, und gleichzeitig zu schildern, wie es ihm dabei geht.

Jedes Motiv hat seinen eigenen *Anregungsgehalt* sowohl für die Emotionalität wie in Bezug auf die imaginativen *Handlungsmöglichkeiten* (ausführlich in Leuner, 1985): Der *Baum* als Selbst- und Objektsymbol wurde schon besprochen. Die *Blume*, meist ein Selbstsymbol, wird genau betrachtet, zart berührt und falls erforderlich versorgt oder umgepflanzt. Die *Wiese* spiegelt zusammen mit dem Wetter und der umgebenden Landschaft die aktuelle Gestimmtheit des Patienten und ist Ausgangspunkt für Begegnungen, Spiele und Ausflüge. Der *Bach* symbolisiert Lebendigkeit und Entwicklung. Er wird zurückverfolgt bis zu seinem Ursprung in der Quelle, die für die frühe Beziehung zur Mutter steht und aus der getrunken werden und in der gebadet werden kann. In den folgenden Sitzungen mag es darum gehen, den Bach in Etappen vorwärts bis zu seiner Mündung ins Meer zu verfolgen und dabei die unterschiedlichsten Begegnungen und Abenteuer zu erleben. Der *Berg* steht in Verbindung zum Umgang des Kindes mit Anforderung und Leistung. Er soll bestiegen werden, um von oben einen Rundblick über die Welt des Kindes zu halten, ehe der Abstieg beginnt. Das *Haus* als Symbol der Familie oder als Projektionsfläche für narzisstische Wünsche soll mit all seinen Räumen vom Keller bis zum Speicher besucht und beschrieben werden, wobei je nach der aktuellen Problematik z. B. der Zustand von Küche (Oralität?), Elternschlafzimmer (Sexualität?) und Wohnzimmer (familiäre Atmosphäre?) interessieren mag. Der *Waldrand* wird aus sicherer Entfernung betrachtet. Dann sagen wir voraus, dass »ein Wesen, Mensch oder Tier« erscheinen und näherkommen wird. Angeregt wird die Kontaktaufnahme, die bei feindselig oder neutral erscheinenden Symbolgestalten über die Technik des »Nährens und Anreicherns« (Leuner, 1985, S. 111ff.), also über Anlocken, Füttern und behutsames Streicheln bis zur Umarmung erfolgt.

6.4 Durchführung/Setting der KIP mit Kindern

Bei Kindern werden Tagträume viel häufiger als in der KIP mit Erwachsenen eingesetzt, bei mir in der Regel in jeder zweiten Stunde, manchmal sogar, etwa bei sehr verschlossenen Kindern, in beinahe jeder Sitzung. Die kindlichen Tagträume sind auch knapper und dauern durchschnittlich 5–15 Minuten. Einen großen Raum nimmt das Malen des Bildes ein, das noch während der Sitzung erfolgt und sich bei älteren und sehr sorgfältigen Kindern durchaus über mehrere Stunden erstrecken kann. Wenn nach der Nachbesprechung noch Zeit ist, wird gespielt, dabei kann sich das Kind entspannen und beide Partner ihren Spaß haben, eventuell wird das Konfliktthema auch noch einmal im Spiel auftauchen. Das Spiel ist in der KIP mit Kindern gegenüber dem Tagtraum von nachrangiger therapeutischer Bedeutung, kann aber durchaus als zusätzliches Medium des Durcharbeitens und der Beziehungsförderung genutzt werden. Dabei ist darauf zu achten, dass Kinder das Spielen nicht als Mittel zur Vermeidung der therapeutischen Arbeit einsetzen.

Die erste Sitzung in der KIP mit Kindern

Schon in der ersten Therapiestunde ist die Durchführung einer Imagination sinnvoll, um deutlich zu machen, dass der Tagtraum das entscheidende Medium dieser Therapie ist. Es ist erfahrungsgemäß deutlich schwieriger, Kinder zum Imaginieren zu motivieren, wenn sie in den Anfangsstunden spielen durften. Nach dem initialen Austausch über das Befinden des Kindes und seine aktuelle Situation frage ich beispielsweise: »Kennst du schon das Phantasiespiel oder Phantasiereisen?« oder bei älteren Kindern: »Du kennst doch sicher Tagträume?« Damit wird das Kind neugierig und ich schlage vor, ein Phantasiespiel zu spielen.

Bei mir erfolgt die KIP im Sitzen in dem bequemen und sehr niedrigen Therapiesessel, in dem auch jüngere Kinder noch Bodenkontakt haben. Mein Sessel steht in einem offenen Winkel zu dem des Patienten, die Aufnahmetechnik ist auf einem kleinen Tisch zwischen uns für mich leicht erreichbar. Das erleichtert den gleitenden Übergang vom Gespräch in die Imagination ohne große Vorbereitung und ohne Positionswechsel, der bei der Verwendung einer Couch nötig wäre. Die sitzende Position erlaubt auch eine bessere Steuerung der Regressionstiefe und ist damit der KIP gemäß.

Die Audioaufnahmen erstelle ich mit einem handlichen professionellen Stereorecorder, wie ihn auch Musiker verwenden, im MP3-Format und mit Speicherung auf einer SD-Karte. Es gibt inzwischen auch leistungsfähige und preiswerte Diktiergeräte für Meetings, die für diesen Zweck geeignet sind. Jede KB-Sitzung wird aufgenommen und zusammen mit den Fotos der Bilder des Kindes in einem Ordner auf dem PC gespeichert. Die Aufnahmen dienen der Dokumentation, der Supervision und der Verlaufsbeobachtung. Es ist durchaus informativ auch für die Eltern, (mit dem Einverständnis des Kindes) festzustellen, wie sich Stimme und sprachlicher Ausdruck ihres Kindes im Laufe der Behandlung ändern. Mit dem Einverständnis von Kind und Eltern können Ausschnitte der Aufnahmen unter Beachtung des Datenschutzes auch für Supervision, Seminare und Publikationen verwendet werden.

Die initiale Imagination stellt einen Übergang zwischen der Diagnostik und dem Vertraut-Werden mit der Methode dar. Als Selbstsymbol liefert ihr Inhalt zusätzliche Hinweise auf das Selbstkonzept eines Kindes, als Prozess gibt das Verhalten des Kindes Aufschluss über seine Fähigkeit zur Entspannung, Regression, Imagination und die therapeutische Beziehung.

Die *Einleitung der Entspannung* lautet sinngemäß:

> »Setz dich bitte entspannt hin, so als wolltest du einschlafen, und lass die Augen zugehen. Achte auf deinen Atem. Dein Atem geht ruhig und gleichmäßig. Der ganze Körper ist angenehm warm und entspannt. Alles um dich herum ist nicht so wichtig. Die Gedanken kommen und gehen. Du musst nichts tun, nichts denken, nichts leisten. Alle Anspannung fällt von dir ab, und tiefe Ruhe durchströmt den ganzen Körper.«

Die Instruktion wird langsam, mit warmer, ruhiger und gleichmäßiger Stimme und Pausen zwischen den Sätzen gesprochen und leitet in immer gleicher Form jeden Tagtraum ein. Damit wird sie zum Anker für die Induktion einer leichten Trance. Jeder Therapeut wird seine eigene Entspannungseinleitung entwickeln, etwa stärker auf die muskuläre Entspannung fokussiert wie bei der Technik des Body Scans, bei der die Muskeln von Kopf bis Fuß aktiv entspannt werden, oder mehr auf die Förderung innerer Achtsamkeit gerichtet. Bei Kindern kann die Einleitung sehr kurz sein. Imagination und Entspannung befördern sich gegenseitig, es ist daher nicht so wichtig, dass das Kind tatsächlich die Augen schließt und sich erkennbar entspannt.

Anschließend schlage ich ein *Motiv* vor, in der ersten Stunde das Motiv *Baum*:

> »Und jetzt stell dir bitte einen Baum vor. Irgendeinen Baum. Wenn du deinen Baum hast, erzählst du mir, was du vor Augen hast und wie es dir dabei geht«.

Ich lasse mir den Baum und die Umgebung beschreiben, in der er sich befindet. Dann frage ich das Kind nach seinen Sinneseindrücken: »Was kannst du denn hören? Auf deiner Haut fühlen? Wie riecht es da? Was spürst du sonst noch?« Die Systematik der Begleitung besteht darin, von der äußeren Wahrnehmung, die ja zunächst eine optische ist, über die Vertiefung und transmodale Verknüpfung der Eindrücke aller Sinne zur emotionalen Befindlichkeit und weiter zu Bedürfnissen und Handlungsimpulsen zu gelangen. Damit geht in der Regel eine Vertiefung der Trance und der emotionalen Dichte des Tagtraums einher. Die auftauchenden Inhalte (Sehnsüchte oder Konflikte) entstammen dann eher unbewussten bzw. vorbewussten Bereichen mit geringerer kognitiver Kontrolle.

Dann bitte ich das Kind, mir zu schildern, wie es ihm geht. Anschließend fordere ich es auf, Kontakt zu dem Baum aufzunehmen und zu schildern, wie sich die Rinde, die Blätter, die Früchte anfühlen. Falls das Kind nicht spontan etwas mit dem Baum anfängt, frage ich: »Was möchtest du denn jetzt am liebsten machen bei deinem Baum? Wonach ist dir denn jetzt?« Ich fördere den Handlungsimpuls, etwa den Baum hoch zu klettern, Früchte zu sammeln oder sich zu seinen Füßen auszuruhen, und die damit verbundene emotionale Gestimmtheit. In dieser mittleren Phase des Tagtraums ist Raum für die Einfälle, Bedürfnisse und die Kreativität des Patienten. Die therapeutische Begleitung besteht in der Förderung von Kreativität, Neugier, der Befriedigung der Bedürfnisse des Patienten und dem Ausprobieren von Neuem und erfolgt (je nach Zielsetzung und Phase der Therapie) bedürfnis- und entwicklungsorientiert oder auf die Bearbeitung auftauchender Konflikte gerichtet.

Das Ende eines Tagtraums kündigt sich an, wenn die symbolische Handlung ihr Ziel erreicht hat und sich der Patient in einem ausgeglichenen und zufriedenen Zustand befindet. Mit der Frage, ob er noch etwas ändern möchte, dass alles für ihn stimmt, schließe ich den Tagtraum ab, der nach Möglichkeit ein gutes Ende nehmen sollte. Allerdings gibt es in der Anfangszeit und in kritischen Phasen einer Therapie durchaus auch KBs, die die Angst und Not eines Kindes zeigen und zugleich seine Hilflosigkeit und bei denen sich kein gutes Ende finden lässt. Manchmal bleibt dann nur die Möglichkeit, den Tagtraum in der nächsten Sitzung abzuschließen. Das muss auch der Therapeut aushalten und ist immerhin diagnostisch aufschlussreich, auch wenn sich im Moment keine Lösung zeigt.

Es folgt eine bei Kindern eher kurze Phase des emotionalen Nachschwingens, in der ich meist schweigend abwarte oder behutsam nachfrage, wie es dem Kind geht. Dann bitte ich das Kind, seinen Tagtraum zu malen.

Wenn ein Kind nicht bildern will

Wenn sich ein Kind überhaupt nicht auf die Methode einlassen kann, sollte versucht werden, die Gründe herauszufinden, zu besprechen und ggf. vorzuschlagen, es doch einmal auszuprobieren. Wenn der Eindruck besteht, dass es mehr um Unlust oder Trotz als um Unvermögen geht, hat es sich bewährt, eine Vereinbarung zu treffen, etwa dass abwechselnd in den Stunden gespielt und imaginiert wird. Wenn wir als Therapeuten von unserer Methode allgemein und deren Indikation im konkreten Fall überzeugt sind, gibt es auch weniger Zweifel bei Eltern und Patienten.

Kinder mit eingeschränkter Phantasie können vielleicht über andere freie Formen der Externalisierung wie Malen, Kneten, Gestalten, Körperarbeit, freies Spiel oder die Arbeit mit konkreten Symbolen (Gegenständen, Karten, Geschichten; Wollschläger, 1989; Wollschläger & Wollschläger, 1998) an den Tagtraum herangeführt werden. Mit ihrem ontogenetischen Entwicklungsmodell »Spüren-Fühlen-Denken« hat Gisela Gerber (1994) eine Methode vorgestellt, wie die inneren Vorstellungen von Kindern über die Sinneswahrnehmung konkreter Gegenstände gefördert werden können. Und natürlich gibt es auch Kinder, die mit anderen Methoden wie dem Sandspiel oder Puppenspiel besser erreicht werden können.

Malen und Bildbesprechung mit Kindern

Kinder malen grundsätzlich im Anschluss an die Imagination im Behandlungszimmer. Die Vorteile bestehen darin, dass die Erinnerung an den Tagtraum noch sehr lebendig ist, dass die Gestaltung im Rahmen der therapeutischen Beziehung erfolgt und dass sie nicht als lästige Hausaufgabe erlebt wird. Das Malen ist als eine Form des Durcharbeitens selbstverständlicher Teil der Methode KIP. Den Sinn erkläre ich dem Kind damit, dass ich ja in seinem Tagtraum nicht wirklich dabei bin und mit dem Bild viel besser nachvollziehen und verstehen kann, was es erlebt hat und wie es ihm dabei ging.

Zum bereitgestellten Material gehört ein DIN-A3-Bogen Zeichen- oder Aquarellpapier, Bleistifte und Radiergummi, Malpinsel verschiedener Stärken, Wasser sowie eine Auswahl an Farben: Öl- und Pastellkreiden, Wasserfarben und die von mir bevorzugten Aquarellstifte und -kreiden, die zunächst trocken verwendet und dann mit einem feuchten Pinsel übermalt werden, wodurch die Farben kräftiger und leuchtender wirken. Ein Lineal gibt es nur auf Nachfrage. Zur Reinigung der Finger eignen sich feuchte Babytücher.

Ich bitte das Kind, diejenige Szene aus seinem Tagtraum »*irgendwie*« darzustellen, die es als die wichtigste erlebt hat. Das können durchaus auch zwei oder mehrere Szenen sein, die nach Möglichkeit auf einen Bogen gemalt werden. Der ergänzende Kommentar »Es gibt hier keine Noten, wir sind nicht in der Schule« reduziert den Leistungsanspruch bei ehrgeizigen Kindern.

Während das Kind malt, sitze ich über Eck am gleichen Tisch, schreibe mein Protokoll und schaue ihm unaufdringlich beim Arbeiten zu. Es geht um eine entspannte Situation geteilter Aufmerksamkeit, in der jeder bei sich ist und doch beide beieinander sind. Diese Situation ist eine Belastungsprobe für die therapeutische Beziehung und es ist Aufgabe des Therapeuten, nach Möglichkeit jeden Eindruck von kritischer Aufsicht oder Kontrolle zu vermeiden. Eingestreute unterstützende

Kommentare und kleine Hilfsdienste wie das Spitzen abgenutzter Farbstifte betonen die Bezogenheit.

Der Prozess der Bildentstehung liefert wertvolle diagnostische Informationen über Flüchtigkeit und Sorgfalt, innere Anspannung und Druck oder vertiefte Ruhe, über die Nutzung des zur Verfügung stehenden Raums und der Farbenvielfalt und nicht zuletzt über die emotionale Beteiligung des Kindes, das bestimmte Aspekte seines Tagtraums betont oder ausblendet. Eingriffe in den Gestaltungsprozess sollten nach Möglichkeit vermieden werden. Allerdings gibt es Kinder, zu deren Symptomatik es gehört, Anforderungen zu vermeiden oder möglichst rasch hinter sich zu bringen. Hier sehe ich es schon als meine therapeutische Aufgabe, behutsam anzuregen, das Bild vielleicht doch abzuschließen, im Tagtraum wichtige Details wie den Wald im Hintergrund oder die strahlende Sonne noch einzufügen und so dem kreativen Prozess des Malens mehr Achtung und Aufmerksamkeit entgegenzubringen. Ausgesprochen zwanghafte und perfektionistische Kinder, die sich stundenlang mit der Darstellung winziger Details abmühen (ich erinnere mich an einen Jungen, der jede einzelne Nadel an einer Fichte zeichnete), dürfen demgegenüber durchaus zu etwas weniger akribischer und zügigerer Arbeitsweise ermutigt werden.

Bildbesprechung: Wenn das Bild fertig ist, betrachten wir es gemeinsam. Dabei geht es um formale und inhaltliche Aspekte und deren Beziehung zueinander: Was ist auf dem Bild zu sehen und welche Bedeutung könnte es haben (Klein, 2020; Linke-Stillger, 2018)? Ich bitte das Kind, mir seinen Tagtraum anhand des gemalten Bildes zu erklären. Nicht selten sind Details dargestellt, die es während der Imagination nicht erwähnt hatte, deren Bedeutung jetzt aber klar wird: Etwa wie nah das Raubtier dem Kind gekommen war und wie groß daher seine Angst gewesen sein muss. Ich hebe Einzelheiten hervor, die mir auffallen oder die ich vermisse. Dabei geht es mir sowohl um die Würdigung der kreativen Leistung des Kindes als auch um die Hervorhebung von positiven und lösungsorientierten Gesichtspunkten. Ich erkundige mich danach, wie das Kind den Prozess des Malens emotional erlebt hat und wie es ihm jetzt beim Betrachten seines Werkes geht. Ich rege auch weitere Einfälle, Assoziationen und den Wechsel der Perspektive an: »Wie wäre es denn, wenn…die Blume alles hätte, was sie braucht?, wenn ... du der Löwe wärst?, wenn ... du jemanden um Hilfe gebeten hättest?«

Der inhaltliche Aspekt, die Interpretation der Bedeutung des Dargestellten, bleibt besonders bei Kindern strikt auf der symbolischen Ebene. Ich lasse mich von dem leiten, was das Kind selbst über sein Bild sagt.

Am Ende der Bildbesprechung kennzeichne ich das Bild auf der Rückseite mit Bleistift mit dem Namen des Kindes, dem Datum, der Nummer der Stunde und des Tagtraums. Jedes Kind hat eine eigene Mappe, in der seine Bilder in der Praxis aufbewahrt werden. Somit steht das Bild für den Anfang der nächsten Stunde zur nochmaligen Vertiefung oder zur weiteren Arbeit am Thema zur Verfügung. Wenn das Kind damit einverstanden ist, werden die Bilder auch für die Familien- bzw. Elterngespräche verwendet. Die meisten Kinder zeigen und erklären den Eltern ihre Bilder gerne selbst. Am Ende der Therapie gebe ich dem Kind seine Mappe mit all seinen Bildern mit nach Hause.

Zusammenfassung

Die Imagination ist der zentrale Parameter der KIP. Die *Behandlungsstrategie* richtet sich nach der *Arbeitshypothese*. Diese wiederum leitet sich ab von der Art der Störung (neurotische, strukturelle, psychosomatische oder Bindungsstörung) und vom jeweiligen Behandlungsabschnitt (Beziehungsaufbau, Stabilisierung und Ressourcensuche; Konfrontation und Konfliktbearbeitung; Durcharbeiten und Abschiedsphase).

Die *Behandlungstechnik* besteht in der altersgerechten Umsetzung der Arbeitshypothese in Form von Motivvorgaben und konkreten Interventionen. Innerhalb der Imaginationen geht es um die Förderung der szenischen Entfaltung, die Vertiefung des emotionalen Erlebens, die Konfrontation mit gefürchteten Inhalten im Sinne der Überwindung von Vermeidung und die Förderung der Entwicklung.

Die KIP-spezifische Form des Durcharbeitens besteht in der wiederkehrenden Abfolge von Gespräch, Imagination, Nachbesprechung, Malen, Bildbesprechung und erneutem Gespräch zu Beginn der nächsten Sitzung.

Literatur zur vertiefenden Lektüre

Kottje-Birnbacher, L. (2010). Strukturierende und entwicklungsfördernde Faktoren der Katathym-Imaginativen Psychotherapie. In: Kottje Birnbacher, L., Sachsse, U., Wilke, E. (Hrsg.): *Psychotherapie mit Imaginationen* (S. 61–88). Bern: Huber.

Fürstenau, P. (2001). Psychoanalytisch verstehen – Systemisch Denken – Suggestiv intervenieren. Stuttgart: Klett-Cotta.

Horn, G. (2009). Ich träum, ich wär in einem Schloss eine Königin: Hören, was Kinder *in der Katathym-Imaginativen Psychotherapie (KIP) erleben*. Mit 2 CDs. Köln: KIKT-Verlag.

Weiterführende Fragen

- Welche Rolle spielen suggestive Interventionen in der KIP mit Kindern?
- Welche entwicklungsfördernde Interventionsstrategie ist bei Kindern mit ADHS, also mit hoher Impulsivität und Reizoffenheit, sinnvoll und notwendig?
- Welche Interventionen sind dem gegenüber bei gehemmten Kindern sinnvoll?
- Inwieweit unterscheidet sich die Behandlungstechnik in der KIP von der anderer Methoden, z. B. des Sandspiels?

7 Einbeziehung der Bezugspersonen in die KIP mit Kindern

7.1 Therapiebegleitende Elterngespräche in der KIP

Die Verwendung von *Imaginationen* als Parameter der Kinderpsychotherapie setzt voraus, dass auch den Eltern Sinn und Bedeutung der KIP ausführlich erklärt wurde. Sie sollten verstehen, dass in den therapeutischen Imaginationen unbewusste Bedürfnisse und Konflikte, aber auch die Beziehungen eines Kindes symbolisch zum Ausdruck kommen, vergleichbar etwa den Tagträumen und Phantasiereisen, dass sie aber auch über den therapeutischen Dialog beeinflusst werden und dass damit beispielsweise Ängste bearbeitet und Entwicklungsfortschritte gebahnt werden können. Das Potential der KIP, systemische Aspekte imaginativ darzustellen und zu bearbeiten, hat Kottje-Birnbacher (1989; 1998) eindrucksvoll aufgezeigt.

Die Tagträume und Bilder eignen sich auch hervorragend, um den Eltern anhand der Bilder die Entwicklungsfortschritte in der Therapie zu vermitteln. Voraussetzung ist selbstverständlich das Einverständnis des Kindes, wobei es sich bewährt hat, dass das Kind am Anfang eines Elterngespräches dabei ist und selbst seine Tagträume anhand der Bilder erklärt. Die psychodynamische Bedeutung und die Reaktionen der Eltern darauf können dann mit den Eltern alleine vertieft werden. Die Bilder transportieren unabweisbare Botschaften aus dem Inneren des Kindes und triangulieren so die Beziehung zwischen Eltern und Therapeuten, die gemeinsam auf das Bild als drittes Element schauen und ihre Einfälle und Assoziationen zusammentragen.

Besonders wertvoll ist die Einbeziehung der Bilder in die gemeinsame Betrachtung des therapeutischen Prozesses gegen Ende der Therapie. Dieses Ritual gehört zum Abschluss der Einzeltherapie mit dem Kind, eignet sich aber auch sehr gut, um mit den Bezugspersonen die erreichten Veränderungen beim Kind, innerhalb der Familie und in ihrer Beziehung zum Kind zu würdigen. Rückblick und Ausblick in die weitere Zukunft lassen sich gut anhand des abschließenden Tagtraums zum Motiv *Mein Weg in der Therapie* halten. Dabei können sich durchaus auch noch unbewältigte Konfliktbereiche zeigen, die aktuell nicht weiterbearbeitet werden müssen, aber mögliche Risiken für Rückfälle darstellen können.

7.2 Imaginative Arbeit an den Bindungsrepräsentationen der Eltern

Die Bindungsforschung hat eindrücklich gezeigt, welche entscheidende Rolle den Bindungserfahrungen für die Persönlichkeitsentwicklung eines Menschen von der vorgeburtlichen Phase bis ins hohe Alter zukommt (Übersichten bei Brisch, 1999; Grossmann & Grossmann, 2012). Die wichtigsten Beziehungserfahrungen machen Kinder innerhalb ihrer Familie, die zur Entwicklung von Symptomen beiträgt, ihnen ausgesetzt ist und auch zu ihrer Überwindung beitragen kann: »Individuelle psychische Störungen bei Kindern bzw. Jugendlichen und Familienbeziehungen beeinflussen sich wechselseitig. Familieninterventionen haben in der Prävention und Therapie deshalb eine hohe Bedeutung, weil die Familie wesentlich zur Bewältigung psychischer Störungen von Kindern und Jugendlichen beitragen kann« (Mattejat, 2008, S. 65). Die Einbeziehung der Bezugspersonen in die Behandlung ist dabei umso wichtiger, je jünger ein Kind ist, je höher der Anteil an familiären Belastungen ist und je stärker sich die Symptomatik in der Familie zeigt. Dabei spielt es keine Rolle, ob die Therapie verhaltenstherapeutisch an den familiären Interaktionen, systemisch an den Beziehungsmustern und Koalitionen oder psychodynamisch an den inneren Arbeitsmodellen, den Bindungsrepräsentationen der Beteiligten ansetzt. Daniel Stern (1998, S. 184) hat in einem Vergleich verschiedener Ansätze der Mutter-Säuglingstherapie nachgewiesen, dass es keinen Unterschied in der Wirkung gibt, alle sind erfolgreich. Veränderungen der elterlichen Repräsentationen führen offenkundig unmittelbar zu Verhaltensänderungen und Änderungen der konkreten Interaktion verändern die Repräsentationsmuster.

Determinanten der Bindungsrepräsentationen sind Erfahrungen, Hoffnungen, Wünsche, Ängste, Erinnerungen, Prophezeiungen, Vorbilder, Träume, Phantasien, Delegationen, Projektionen, Familienmythen, Übertragungen, Traumata (nach D. Stern, 1998, S. 27), die oft über Generationen weitergegeben werden und ihre unbewusste Wirkung entfalten. Dabei lassen sich verschiedene Muster beobachten, die D. Stern (1998, S. 46ff.) *vier Modelle der repräsentationalen Welt* nannte:

- Das Modell der Verzerrungen (positiv wie negativ: das Kind als Held oder als Sündenbock)
- Das Modell des dominanten Themas (Das Kind als Ersatz für ein verlorenes Kind, Erlöser, Rächer, Trost, Antidepressivum, Partnerersatz)
- Das Modell der narrativen Kohärenz (Das Narrativ der Mutter über ihre eigene Mutter bestimmt ihr mütterliches Verhalten)
- Das Modell der Phaseninadäquatheit (Die Bindungsrepräsentation wächst nicht mit oder eilt der Entwicklung des Kindes voraus.)

Imaginative Techniken eignen sich sehr gut, um Bindungsrepräsentationen ohne großen Aufwand symbolisch sichtbar zu machen und damit auch zu verändern. Verbreitet ist die Familiendiagnostik aus der Sicht des Kindes anhand der Familienzeichnung »Familie in Tieren« oder »Verzauberte Familie« (Übersicht bei Wienand, 2016). Die Sicht der Bezugspersonen lässt sich ebenso spielerisch mit einem Elternteil oder mit beiden gemeinsam verdeutlichen. Auch die Darstellung der Beziehung in Interaktion zwischen Mutter/Vater und Kind gelingt mit einer gemeinsamen Imagination (die KIP verdankt diese Variante Truus Bakker-van Zeil, 2005):

Die Technik lässt sich als »*Phantasiespiel*« aus dem Gespräch über die Probleme des Kindes heraus einführen: Die Mutter (bzw. der Vater) wird gebeten, sich zu entspannen und sich ein Symbol (»eine Märchenfigur, ein Tier, irgendwas«) zum Kind vorzustellen. Sie soll die Szene auf der inhaltlichen Ebene genau beschreiben und das emotionale Erleben/ die Gefühlsreaktionen und Affekte schildern, wobei ich nachfrage, um das Erleben zu vertiefen. Dann schlage ich vor, die Szene aufzuzeichnen.

Im *zweiten Schritt* soll sie sich selbst als Symbol dazu nehmen, beschreiben und auf das gleiche Blatt malen.

Im *dritten Schritt*, der sich unmittelbar anschließt, imaginiert und malt sie auf ein zweites Blatt die Szene mit sich und dem Kind, wie es für sie ideal wäre. Das geht auch mit beiden Eltern gleichzeitig. Die Bilder werden dann nebeneinandergelegt und besprochen.

Das folgende *Beispiel* zeigt die grotesk *verzerrte Bindungsrepräsentation* der Mutter eines Vierjährigen mit abwechselnd aggressiv-omnipotentem und anklammernd-beherrschendem Verhalten (Abbildungen aus: Wienand 2012, S. 286):

> Sie imaginiert ihn als Wolf, »*stark, gefährlich, nicht zu kontrollieren*«, und sich selbst als ängstliche Großmutter, die gute Miene zum bösen Spiel macht (▶ Abb. 7.1):

Abb. 7.1: Symbol zum Kind 1: ein gefährlicher Wolf (Quelle: Wienand, F. (2012). KIP bei Störungen im Kindes- und Jugendalter. In H. Ullmann & E. Wilke (Hrsg.), Handbuch Katathym Imaginative Psychotherapie (S. 286). Bern: Hans Huber.)

Spontan ergänzt sie, dass sie aber noch eine andere Reaktion kennt, und malt sich als glatte Felswand, an der ein junger Fuchs verzweifelt (▶ Abb. 7.2):

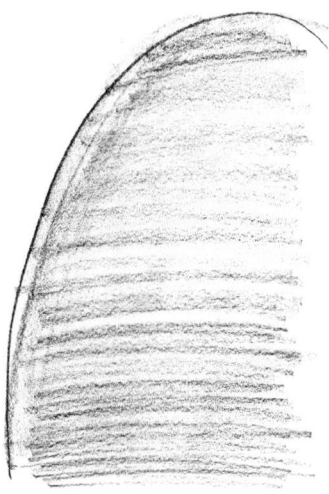

Abb. 7.2: Symbol zum Kind 2: ein kleiner Fuchs (Quelle: Wienand, F. (2012). KIP bei Störungen im Kindes- und Jugendalter. In H. Ullmann & E. Wilke (Hrsg.), Handbuch Katathym Imaginative Psychotherapie (S. 286). Bern: Hans Huber.)

Und schließlich bitte ich sie, sich vorzustellen, wie die Beziehung idealerweise aussehen sollte: Zwei Kinder rennen Händchen haltend über eine Wiese (▶ Abb. 7.3):

Abb. 7.3: Symbol zur idealen Beziehung (Quelle: Wienand, F. (2012). KIP bei Störungen im Kindes- und Jugendalter. In H. Ullmann & E. Wilke (Hrsg.), Handbuch Katathym Imaginative Psychotherapie (S. 286). Bern: Hans Huber.)

Wir sehen im Blick auf einen Vierjährigen, der als angriffslustiger Wolf dämonisiert wird, eine völlig verzerrte Bindungsrepräsentation. Die Mutter erlebt sich als vor Angst schlotternde, aber gefügig gute Miene zum bösen Spiel machende Großmutter – aber auch als kalte, abweisende Felswand, die den Beziehungsversuch ihres Kindes triumphierend scheitern lässt. Und die ideale Bindungsvorstellung der Mutter zeigt, dass sie die Rolle der haltgebenden Erwachsenen nicht annehmen kann.

Ein Beispiel zur *Phaseninadäquatheit* der Bindungsrepräsentation:

Die Eltern eines Jungen, den ich vor Jahren wegen einer Angststörung vor dem Hintergrund einer symbiotischen Mutterbindung erfolgreich behandelt hatte, stellten sich wieder bei mir vor und beklagten heftige Aggressionen des mittlerweile 19-Jährigen gegen die Eltern. Der Sohn lebte nicht mehr zuhause, hatte inzwischen auch den Jagdschein erworben und ging auf die Jagd. Die Mutter hatte parallel zur Therapie des Sohnes eine dreijährige Psychoanalyse abgeschlossen. Ich bitte die Eltern, sich jeder für sich ein Symbol zu ihrem Sohn vorzustellen.

Die Mutter imaginiert den jungen Mann als Jäger mit der Büchse über der Schulter auf der Pirsch, sie geht neben ihm her und hat einen Arm um seine Schulter gelegt.

Der Vater sieht sich auf einem Hochsitz neben dem Sohn, der das Gewehr anlegt und auf einen Hirsch zielt, der auf der Lichtung erscheint. »Ich sage ihm, er soll schießen, wenn er sich sicher ist, dass er trifft.«

Beim Betrachten der Bilder meint die erschrockene Mutter: »Ich hatte keine Ahnung, dass ich noch immer so eng mit ihm verbunden bin.« Und der Vater sieht, dass er dem Jäger einen völlig überflüssigen Rat gegeben hat. Eine Interpretation war nicht erforderlich.

Häufig sind Hinweise auf eine *Rollenumkehr*:

Die getrenntlebenden Eltern imaginieren beide ihre Tochter als Prinzessin (Wienand, 2016, S. 334). Der Vater sieht sich als ein Stück Butter, zu ihren Füßen dahinschmelzend, oder als ihr Lehrer; die Mutter als kleine Maus (»Für mich ist es nicht so wichtig, wie es mir geht. Hauptsache ihr geht es gut.«)

Und wohl ebenso oft finden sich *Vorstellungen einer symmetrischen Beziehung* zwischen Elternteil und Kind, die auf Probleme hinweisen, die als unangenehm empfundenen Aspekte der Elternrolle zu übernehmen.

Abschließend ein Beispiel für die spontane *Entdeckung von Ressourcen* mit Hilfe dieser Technik (Wienand, 2016, S. 333):

Die Mutter eines hochbegabten Fünfjährigen beklagt sich bitter über seinen Eigensinn und seine Diskussionslust. Sie imaginiert ihn als Löwenzahn, der sich durch eine asphaltierte Straße hindurchgearbeitet hat. Erstaunt und gerührt betrachtet sie ihr Bild: »Da steckt ja so viel Kraft in der zarten Pflanze!« Die kurze Imagination hat ihr einseitiges Bild von ihrem Kind im Sinne eines Reframings nachhaltig verändert (▶ Abb. 7.4):

Abb. 7.4: Imagination Mutter: Mein Kind als Löwenzahn

7.3 Die gemeinsame Imagination von Mutter/Vater und Kind

Die gemeinsame Imagination von Mutter/Vater und Kind zeigt, welch überraschende Einsichten und Lösungen sich ergeben können, wenn die Bindungsrepräsentation eines Elternteils mit der Sichtweise des Kindes in Beziehung gesetzt wird wie in dem folgenden Fallbeispiel (ausführlich in Horn, Sannwald & Wienand, 2006, S. 110ff.):

> Die Mutter einer klugen Neunjährigen, die ihre Tochter wegen oppositioneller Verhaltensweisen und depressiver Verstimmungen nach Trennung der Eltern vorstellt, wird zusammen mit ihrer Tochter gebeten, sich eine Tierfamilie vorzustellen und gemeinsam auf ein

DIN-A3-Blatt zu malen. Die Mutter sieht sich als gewaltige Eule, die das ganze Bild ausfüllt und unter einer weit ausholenden Schwinge ihre drei Kinder schützend birgt, wobei sie zugleich ihren neuen Partner, ebenfalls im Bild als Eule, von den Kindern fernhält. Die Tochter, die älteste der Kinder, breitet in vergleichbarer Weise ihre Schwingen über den beiden Geschwistern aus.

Ich bitte die Tochter, in einem separaten Raum sich und ihre Familie so darzustellen, wie es für sie ideal wäre, und bespreche das erste Bild mit der Mutter. Die Mutter äußert sich sehr erschrocken, dass ihre Tochter sich so klein dargestellt hat, und bringt das mit ihrem fehlenden Selbstvertrauen in Verbindung. Ich frage die Mutter, wie die Tochter sich größer hätte malen können: »Da war doch gar kein Platz mehr auf dem Blatt vor lauter Muttereule.« Diese Intervention bewegt sie sehr und führt unmittelbar zu der Einsicht, dass sie viel zu fürsorglich, aber zugleich auch kontrollierend und dominant mit ihrer Ältesten umgeht. Die ideale Tierfamilie aus der Sicht der Tochter zeigt einen Schwarm von fünf Delphinen, die gemeinsam in die gleiche Richtung schwimmen, wobei jeder sich aber frei bewegen kann. Dieses Bild zeigt der Mutter, dass ihre Tochter zwar ein starkes Autonomiebedürfnis hat, aber sicher gebunden ist, sodass sie keine Angst zu haben braucht, die Tochter zu verlieren.

Monate später bekomme ich die Rückmeldung von der Mutter, dass sich ihre Beziehung zu ihrer Tochter sehr entspannt hat und die Symptome vollständig abgeklungen sind.

Die *imaginative Beziehungs- und Interaktionsdiagnostik* lässt sich am einfachsten durchführen, wenn die Mutter (der Vater) und das Kind nebeneinander an einen Tisch gesetzt und gebeten werden, sich mit geschlossenen Augen *ein Tier* vorzustellen (Bakker-van Zeil, 2005). Wer sein Tier vor Augen hat, hebt die Hand. Die beiden einigen sich, wer zuerst von seinem Tier erzählt und es in seinem Umfeld und mit seiner emotionalen Ausstrahlung beschreibt. Beide malen dann gemeinsam ihr Tier auf ein großes DIN-A3-Blatt, das vor ihnen liegt, daneben für jeden Farben und Stifte. Im zweiten Schritt sollen die beiden sich vorstellen, die Tiere begegnen sich, und das dann auf ein zweites Blatt ebenfalls malen. Die Bilder werden nebeneinandergelegt und jeder der

Protagonisten erzählt, was sein Tier will und macht, wie es ihm dabei geht, was es sich wünscht und wie zufrieden es mit dem Verlauf ist. Die Besprechung mit Mutter und Kind erfolgt auf der symbolischen Ebene. Dabei geht es um Verzerrungen der Größenverhältnisse im Vergleich zu den realen Symbolen wie in dem Beispiel (Horn, Sannwald & Wienand, 2006, S. 107ff.), in dem die sechsjährige Tochter sich als riesigen Hasen darstellt, der den im Vergleich winzigen Adler, als den sich die Mutter sieht, an den Rand drängt. Auf den Hinweis der Mutter, dass Adler Hasen fressen, gibt die Tochter zurück: »*Mein Hase hat keine Angst vor deinem Adler!*«

Nicht selten kommen Jäger-Beute-Beziehungen zur Darstellung wie Katze und Maus oder die Tiere leben in völlig unterschiedlichen Lebenswelten:

> Die um Kontakt zu ihrem sehr verschlossenen Sohn bemühte Mutter imaginiert sich als Bär, während der Sohn als Krokodil im Fluss schwimmt. Auf meine Bitte im zweiten Imaginationsschritt, die Tiere mögen sich doch begegnen, beugt sich der Mutterbär am Ufer über das Wasser, während sich der Sohn als Krokodil auf den Grund des Flusses sinken lässt. Der Verlauf zeigt der Mutter zu ihrer großen Enttäuschung, dass ihr Bemühen um Kontakt zumindest derzeit keine Aussicht auf Erfolg hat.

Neben der Bedeutung und Intentionalität der imaginierten Symbole spiegelt sich die Beziehungsdynamik zwischen den Protagonisten auch im Prozess der Bildgestaltung. Beim Malen zeigen sich unter anderem Tendenzen wie Dominanz oder Gehemmtheit, Übergriffigkeit und Eingreifen in die Zeichnung des anderen sowie Wertschätzung oder auch abwertende Kommentare. Es ist dann eine Sache des Fingerspitzengefühls des Therapeuten, solche Verhaltensweisen anzusprechen mit der Frage, ob es sich um Muster handelt, die auch im Alltag zu beobachten sind und möglicherweise zu den beklagten Beziehungsproblemen beitragen.

Noch deutlicher zeigt sich die Qualität von Beziehungen und Interaktionen in gemeinsamen Imaginationen von Mutter/Vater und Kind *bei dynamischen* Motivvorgaben. Geeignete Motive sind zum Beispiel eine gemeinsame *Boots- oder Kanufahrt*, ein *Familienausflug*, eine *Bergwanderung* oder die gemeinsame *Zubereitung einer festlichen Mahlzeit*. Hier geht es um die Entwicklung einer von beiden akzeptierten Zielvorstellung, um Fragen der Aufgabenverteilung, um Kooperation und Koordination, um das Treffen von Entscheidungen und die gemeinsame Gestaltung des Prozesses.

Die (zurückhaltende) therapeutische Begleitung erfolgt hierbei auf der Grundlage von Neutralität und Allparteilichkeit und beschränkt sich darauf, die Protagonisten zu unterstützen, ihre Bedürfnisse, Wünsche und Ziele zu formulieren, mit denen des Partners abzustimmen und eine wohlwollende und unterstützende symmetrische Kooperation zu fördern. Auch wenn dies nicht unbedingt gelingen sollte, können sich für die Protagonisten bedeutsame Einsichten ergeben:

> Eine Mutter und ihre pubertierende Tochter landen mit ihrem Ruderboot nach einigen Abstimmungsproblemen glücklich an einer Insel und laufen zu ihrem Ferienhaus. Während die Mutter als erstes das Gepäck ausräumen und die Zimmer beziehen will, will die Tochter sofort ins Wasser und baden gehen. Der Kompromiss in dem Konflikt zwischen Pflicht, Lust und Frust besteht darin, dass die Tochter ihre Mutter bis zum Hals im Sand einbuddelt.

7.4 Familienimaginationen

Von den bisher beschriebenen Settings aus betrachtet ist der nächste Schritt die *gemeinsame Imagination mit Eltern und Kind bzw. Kindern*, also die Familienimagination. Diese Technik wurde zuerst beschrieben von Klessmann (1997) und aktuell von Sannwald (2020). Dieses Setting stellt eine Variante der KIP-Gruppentherapie dar (Leuner et al., 1986; Linke-Stillger, 2012).

Die nachstehende Beschreibung folgt Sannwald (2020): Nachdem sich die Familienmitglieder auf ein gemeinsames Motiv geeinigt haben, liegen die Teilnehmer sternförmig mit den Köpfen beieinander auf dem Fußboden. Die Therapeutin leitet die Imagination mit einer kurzen Entspannung ein und interveniert im Verlauf der Imagination nicht mehr bis zur Einladung, den Tagtraum nach etwa 45–60 Minuten zu beenden. Anschließend malen alle zusammen den Tagtraum auf ein gemeinsames Blatt als Grundlage für das abschließende Nachgespräch. Die Dauer der gesamten Sitzung beträgt eine Doppelstunde.

Sannwald führt etwa drei bis fünf Familienimaginationen im Verlauf einer psychodynamischen Einzelpsychotherapie durch und verwendet dabei je nach Stand der Therapie unterschiedliche Motive, unter denen die Familie sich auf eines einigt:

- Eher *regressionsorientierte Motive* für die erste Familienimagination: drei Bäume, Tierfamilie, Wanderung um einen See, Bootsfahrt, Ballonfahrt, Bergbesteigung, Durchquerung einer Wüste, Erforschung einer unbekannten Insel, Erkundung eines alten Schlosses, Höhlenwanderung und Urlaub.
- Motive im Verlauf: ein neues Haus einrichten, miteinander kochen, Einkaufsbummel, ein Theaterstück inszenieren.
- Zur Förderung der Familienkohäsion verwendet Sannwald *stressinduzierende Motive*: Wir haben kein Geld mehr; etwas besorgen, was wir dringend brauchen; einer von uns wird krank.
- *Progressionsorientierte Motive* eignen sich für den fortgeschrittenen Verlauf: Was wir schon immer miteinander machen wollten, was wir noch nie miteinander gemacht haben, unsere Familie in fünf Jahren, ein Familienwappen/-symbol gestalten.

Das gemeinsame Eintauchen in die spielerische Welt der Imagination vermittelt den Familienmitgliedern emotional erlebte Erfahrungen jenseits ihrer Alltagsinteraktion. Die unterschiedlichen Bindungsrepräsentationen, zugewiesene und angenommene Rollen zeigen sich und können zugleich infrage gestellt oder variiert werden. Die Protagonisten erleben einander auf einer sehr persönlichen Ebene, sie zeigen sich ihre Stärken, Bedürfnisse und Ängste, sie grenzen sich ab, bewegen sich aufeinander zu und unterstützen sich gegenseitig im Spiel zwischen Bindung und Autonomie. Struktur und Funktion des Familiensystems wie

Rigidität oder Flexibilität, Kohärenz und Offenheit werden erfahren, emotional erlebt und damit veränderbar. Festgefahrene Muster können in Bewegung kommen, kreative Lösungen für ein Familienproblem gefunden werden. Somit verbinden sich die Vorzüge der Katathym Imaginativen Psychotherapie mit systemischer Sichtweise und Einflussnahme.

Der große Vorteil der hier dargestellten imaginativen Beziehungs- und Interaktionstechniken besteht darin, dass den Protagonisten ihre Bindungsrepräsentationen, also ihre Sichtweisen und Erwartungen in Bezug auf die jeweilige Beziehung unmittelbar und buchstäblich vor Augen geführt werden. Die Symbole und ihr nicht selten dramatischer Bedeutungsgehalt entstammen dem eigenen Unbewussten und können daher nicht so leicht abgewehrt werden wie Interventionen oder Interpretationen von außen. Die resultierenden unmittelbaren und emotional berührenden Einsichten stellen den Beginn und die Richtung eines Veränderungsprozesses der Bindungsrepräsentation dar. *Die therapeutischen Effekte* können durchaus langfristig anhalten und beziehen sich unter anderem auf die Infragestellung eigener Erwartungen und Sichtweisen, auf das Anerkennen von Bedürfnissen und Rechten des anderen, auf das Akzeptieren des Entwicklungsstandes des Kindes (dem die eigene Bindungsvorstellung noch nicht folgen konnte), auf Behutsamkeit und Sensibilität im Umgang mit dem Gegenüber, auf den Verzicht von Machtausübung und das Finden von Möglichkeiten einer gelingenden Kooperation. Diese Techniken eignen sich auch dafür, im Verlauf einer Behandlung mehrfach eingesetzt zu werden, um den aktuellen Stand der Beziehung festzustellen und weitere Veränderungen zu initiieren. Mit den genannten Möglichkeiten zeigt die KIP ihr Potenzial und ihre Eignung für die Anwendung im Rahmen der Familiendiagnostik und systemischen Therapie.

Zusammenfassung

In den *begleitenden Elterngesprächen* tragen die Imaginationen und Bilder dazu bei, das Verständnis der Erwachsenen für die innere Situation des Kindes zu vertiefen.

Die realen und idealen *Bindungsrepräsentationen der Bezugspersonen* lassen sich imaginativ in verschiedenen Settings verdeutlichen, indem sie aufgefordert werden, sich ein Symbol, etwa Märchenfigur oder ein Tier, zu ihrem Kind vorzustellen. Dabei zeigen sich typische Muster wie Idealisierung oder Dämonisierung, Rollenumkehr oder Phaseninadäquatheit. Die Imagination von Eltern zur idealen Beziehung weist häufig auf Probleme hin, die Elternrolle zu übernehmen.

Die *gemeinsame Imagination* bringt die Bindungsrepräsentanzen eines Elternteils mit der des Kindes in Kontakt und zeigt auf der symbolischen Ebene, was einer guten Beziehung entgegensteht – und wie diese gelingen könnte.

Familienimaginationen schließlich machen Struktur und Funktion, Koalitionen und Ressourcen des Systems für Eltern und Kinder erfahrbar und damit veränderbar.

Literatur zur vertiefenden Lektüre

Horn, G., Sannwald, R. & Wienand, F. (2006). *Katathym Imaginative Psychotherapie mit Kindern und Jugendlichen*. München: Ernst Reinhardt.
Sannwald, R. (2020). Familienimaginationen in der kinder- und jugendpsychiatrischen Praxis. Die Familienimagination mit leiblichen Kindern. *Forum für Kinder- und Jugendpsychiatrie, Psychosomatik und Psychotherapie, 2*, 42–54.
Stern, D. N. (1998). Die Mutterschaftskonstellation. Eine vergleichende Darstellung verschiedener Formen der Mutter-Kind-Psychotherapie. Stuttgart: Klett-Cotta.
Wittenberger, A. (2016). Psychoanalytische und tiefenpsychologisch fundierte Psychotherapie bei Kindern. Stuttgart: Kohlhammer.

Weiterführende Fragen

- Wie lassen sich projektive Zeichentests für die Arbeit mit den Bezugspersonen nutzen?
- Unter welchen Umständen kann es sinnvoll sein, den Bezugspersonen eine eigene (Einzel- oder Paartherapie) zu empfehlen?
- In welchem Verhältnis steht die Schweigepflicht in der Einzeltherapie zur Einbeziehung der Bezugspersonen?

8 Ausgewählte Fallbeispiele aus der KIP mit Kindern

Psychische Störungen im Kindesalter sind selten reine, klar definierte Entitäten, sondern in Abhängigkeit von Alter, Entwicklungsstand und Umfeldbedingungen meist Mischformen, für die ein rein störungsspezifisches Vorgehen weniger geeignet ist, weil sie einen individuellen Zugang erfordern.

Vor diesem Hintergrund stellt die nachfolgende Auswahl klinischer Beispiele aus KIP-Behandlungen von Kindern mit unterschiedlichen Symptomen eine Art Werkstattbericht dar und keine verbindliche Handlungsanweisung. Insbesondere können in diesem Rahmen nicht alle Störungsbilder des Kindesalters abgehandelt werden.

Fragen zum Vorgehen im Einzelfall lassen sich am besten in der Supervision besprechen und klären.

8.1 Angststörung

Der knapp neunjährige Jan wurde mir wegen auf die Mutter bezogenen massiven Trennungsängsten, Angst vor Einbrechern und der Zwangsbefürchtung, er müsse sich übergeben, vorgestellt. Eine organische Ursache war ausgeschlossen worden. Bei dem ersten von zwei Kindern lag schon immer eine enge Bindung an die ihrerseits ängstlich besorgte Mutter vor. Die Beziehung zum Vater wirkte eher distanziert. Die Eltern verstanden sich gut. Jan besuchte die zweite Klasse mit guten Leistungen.

Die Eltern unterstützten die Therapie, Jan hatte von Anfang an eine vertrauensvolle Beziehung zu mir und war motiviert, seine Ängste zu überwinden. Die Behandlung umfasste insgesamt 58 Sitzungen mit 18 Sitzungen der KIP und einigen Elterngesprächen.

Der Behandlungsverlauf soll anhand der Tagträume skizziert werden: In den Tagträumen zu den ersten Motiven (*Baum, Wiese, Bach und fliegender Teppich*) erprobt er spielerisch seine Handlungsmöglichkeiten. Er baut sich ein Floß, er ertaucht einen Schatz mit Goldmünzen, landet mit dem Teppich auf einer Insel und findet in einer Höhle einen Schatz aus Edelsteinen. Im 4. KB der 8. Stunde untersucht er die *Höhle* weiter und gelangt über eine Schatzkammer in eine idyllische Oase mit vielen Tieren, die sich gut untereinander verstehen und um ihre Kinder kümmern. Hier will er eine Kolonie gründen.

Im 5. KB (*Ein junges Tier*) spielt er mit einem Fuchs, füttert und streichelt ihn, sie klettern auf einen Baum und genießen die Aussicht; als er Fuchs ihn verlässt, ist Jan traurig. Es geht noch um seine gute Beziehung zur mütterlich-friedlichen Welt und um Bindung.

In der nächsten Phase kommt die Autonomieentwicklung in Gang, Aggression wird aber noch bedrohlich erlebt. In den folgenden Tagträumen (*Zaubersee, Tauchfahrt auf den Meeresgrund, Märchenfigur, Berg und Abenteuerreise und Ritterburg, Berg*) symbolisiert sich auch die tragende Beziehung zum Therapeuten, der z. B. als Kapitän sein U-Boot in die gefährliche Tiefe steuert.

Allmählich nehme ich nun mit spezifischen Motiven (*Abenteuerreise, Raubtier im Urwald, Ritterturnier, Zeitreise in die Steinzeit*) das Thema *Aggression* in den Blick, deren Hemmung nach meiner Auffassung bei Angst immer eine zentrale Rolle spielt. Mit Erfolg: Er geht jetzt alleine ins Aikido, war zum ersten Mal ohne Eltern auf dem Weihnachtsmarkt unterwegs ohne Angst. Danach folgt ein Ereignis, das seine Angst erneut aktiviert: ein Amokalarm in der Schule. Jan saß mit den Mitschülern und der Lehrerin eine Stunde im abgeschlossenen dunklen Klassenzimmer, bis sich herausstellte, dass es sich um einen Fehlalarm handelte. Er hatte sich intensiv ausgemalt, was draußen alles passieren könnte, Schreie und Sirenen gehört. Danach hatte er eine Zeit lang Angst, in die Schule zu gehen, schaffte es aber trotzdem.

Sein Wagemut und seine Frechheit nehmen deutlich zu, wie in der 47. Stunde das 15. KB *Piratenschiff* (mit transkribierten Auszügen aus dem Audioprotokoll, *kursiv: Patient*) zeigt:

Im Ausguck des Piratenschiffs entdeckt er ein Handelsschiff, das die Piraten entern. »*Die Händler übergeben uns leider das Schiff nicht kampflos.* – Wie findest du das, dass es jetzt zum Kampf kommt? – *Ich find's cool, solange wir gewinnen.* – Und du bleibst oben in deinem Ausguck? – *Nee, ich geh runter und schleich mich heimlich in die Chefkajüte von unserem Schiff und hol mir da einen Säbel, eine Kanone und einen Enterhaken.* – Ah ja. – *Und den schmeiß ich dann rüber und schleiche mich aufs Schiff. Mich hat keiner gesehen, und ich schleich mich nach unten und da sind ganz viele Schätze, und Gold.* – Aah! Okay. – *Und dann bau ich mir aus Holz eine Brücke zu unserem Schiff.* – Ahh! Ah ja. – *Das merkt auch keiner, weil die alle so mit dem Kämpfen beschäftigt sind, und so lade ich die ganzen Schätze rüber auf unser Schiff.* – Und während oben der Kampf noch tobt, hast du schon die ganze Beute an Bord geschafft! – *Ja, und dann schleiche ich mich dort in die Chefkajüte* (dort findet er noch einen wertvollen Schatz mit Smaragden und Diamanten, den er ebenfalls heimlich auf das Piratenschiff verfrachtet). *Dann hissen die Händler die weiße Flagge und ergeben sich und die Piraten wollten die Schätze holen, haben aber keine gefunden.* – Hahaha. – *Ich habe die in meine Kajüte gebracht, und dann habe ich jetzt den Schatz.* – Du hast die Händler beklaut und die Piraten beschissen! – *Ja! Sie haben sich ja die Schätze nicht geholt.* – Ja, du warst schlauer, schneller und schlauer! – *Ja.* – Also du gehörst gar nicht richtig zu den Piraten, du machst da dein eigenes Ding! – *Ja, ich wollte die Sachen halt haben.* – Ja, und dann sind die Piraten jetzt sauer, oder? – *Die wissen das gar nicht.* – Dass sie keine Beute haben. – *Ja.* – Und, wie geht das jetzt weiter, am Schluss? – *Die lassen die Händler fahren und ziehen sich ärgerlich zurück.* – Ja, und die merken nix von deinem Coup, deinem Raubzug? – *Nöö.* – Und du kommst dann wieder runter vom Schiff am Ende der Reise? – *Ja, ich tu so, als wären das Kartoffelsäcke!* – Hahahaha! Und keiner guckt rein? – *Nö.*« An Land bringt er seine Schätze unbemerkt in Sicherheit.

Die folgenden KBs (*Steinzeitabenteuer, Wasserschlacht*) zeigen seinen Mut und ein deutlich gesteigertes Selbstbewusstsein. Er schafft es jetzt, bei einem Freund zu übernachten, was er im Vorjahr noch nicht konnte.

Einen narzisstischen Höhenflug und ein immer noch vorhandenes Sicherheitsbedürfnis zeigt das abschließende KB zum Motiv *Traumhaus*: eine Villa aus weißen Quarzsteinen mit viel Glas in einem riesigen Park, geschützt von einem hohen Zaun mit Stacheldraht und bewaffneten Wachen. Die Tore sind gesichert. Am Meeresstrand liegt seine Yacht. In der Garage ein Lamborghini, zwei Porsche und Motorräder. Der Pool hat einen Sprungturm. Im Haus sind viele Diener, er wohnt alleine, seine Eltern teilen sich eine Kellerwohnung, wenn sie bei ihm sind. Seine geräumige Wohnung hat unter anderem einen Medienraum mit Fernsehen und Playstation, in der Küche mit Fritteuse wartet ein Diener auf Befehle, auf dem Herd brutzelt Popcorn. Auf dem Dach ein Hubschrauberlandeplatz, Blick auf Stadt und Meer. Seine Schätze ruhen sicher in großen Tresoren.

57. Stunde, Familiengespräch: Vor kurzem verbrachte Jan mit seinem Vater ein Männerwochenende mit vielen anderen in Zelten, mit Geländespielen und Kanufahrt auf der Donau. Im Sommerurlaub auf Gran Canaria haben Vater und Sohn den Tauchschein gemacht. Er hat noch gelegentlich Angst vor Einbrechern, aber ist ansonsten angstfrei. Die Eltern sind zufrieden und sehen die Entwicklung als ausgesprochen positiv. Am Gymnasium kommt er gut zurecht. In der 58. Stunde verabschieden wir uns. Zum Abschied bringt er mir ein selbst gemaltes Bild mit, Batman. Vier Monate später schickt er mir einen Brief, dass es ihm weiterhin gut geht.

Im vorstehenden Fallbericht waren die Interventionen darauf ausgerichtet, Jans enge Mutterbindung zwar zu achten, aber auch zu lockern, ihm auf der imaginativen Ebene neue Erfahrungen von Exploration, Abenteuer und der Bewältigung von Ängsten zu ermöglichen und ihn dabei zu unterstützen, seine gehemmten aggressiven Impulse spielerisch zu erproben und damit seine Selbstwirksamkeit und sein Selbstvertrauen zu stärken. Die spezielle Methodik der KIP mit der Fokussierung auf das Bild wirkt dem bei Angstneurotikern drohenden spezifischen Übertragungsmuster entgegen, bei der anfängliche Idealisierung des Therapeuten in Enttäuschung und Entwertung umschlagen kann (Sannwald, 2010, S. 72f.).

Im Laufe der Therapie konnte Jan die imaginativen Erfahrungen von Selbstwirksamkeit und Affekttoleranz zunehmend in die Realität übertragen, Trennungen von der Mutter verkraften und die Beziehung zum Vater stärken und nutzen.

8.2 Krisenintervention

Auch bei den folgenden kurzen Fallvignetten zur Krisenintervention geht es um Überwindung der Hilflosigkeit, um Lösung der meist schuld- und schambedingten Blockaden und um die Bahnung des Weges zur gekonnten Aggression im weitesten Sinne. Auslösende Ereignisse bei Kindern sind unter anderem Unfälle, der Verlust wichtiger Bezugspersonen (durch Umzug, Trennung oder Tod) sowie Mobbing. Psychotherapeutische Krisenintervention erfordert einen raschen Beginn, die Vermittlung von Halt und Zuversicht, Klärung und Verständnis für die subjektive Bedeutung der Krise, die Fokussierung auf die aktuelle Problemlage; einen aktiven und strukturierten, stützenden und stabilisierenden Interventionsstil; die Förderung von Selbsthilfemöglichkeiten und Aktivierung von Ressourcen, die Einbeziehung der Umwelt, die Flexibilität der Methodik und die zeitliche Begrenzung (Stein, 2012, S. 352ff.).

Imaginative Techniken eignen sich sehr gut für ein fokusorientiertes Vorgehen, wie die folgenden Fallvignetten zeigen werden. Die Grundstufenmotive *Wiese* und *Blume* vermitteln einen ersten Eindruck über die aktuelle Gestimmtheit und das Selbstkonzept eines Kindes. Motive, die auf eine Symbolisierung aggressiver Inhalte gerichtet sind, wie *Vulkan* oder *Raubtier*, weisen auf das Ausmaß von Zorn und Wut, aber auch deren Abwehr und Hemmung hin. Mit der Technik der *Symbolkonfrontation* (Leuner, 1985, S. 204ff.) ist eine direkte Auseinandersetzung mit den angsteinflößenden Konfliktparteien möglich.

Das Motiv *Lieblingstier* erlaubt eine Einschätzung der verfügbaren Ressourcen und bevorzugten Methoden der Konfliktlösung und liefert damit wertvolle Hinweise zur weiteren Strukturierung der Krisenintervention: Das Kind wird gebeten, sich sein Lieblingstier vorzustellen und die Szene zu beschreiben. Die Frage, wie sich das Tier verhält, wenn es Stress hat, weist darauf hin, welche Möglichkeiten der Auseinandersetzung dem Kind in einer Notsituation zur Verfügung stehen. Die Palette reicht vom Gürteltier, das sich bei Gefahr einrollt, über Erdmännchen, die blitzschnell in ihrem Bau verschwinden, bis hin zu stolz davonziehenden Katzen und zu Hunden, die bellen oder beißen können. Das Handlungspotenzial der Tiersymbole erlaubt die individuelle Anpassung der Interventionen und Beratung der Bezugspersonen, deren Ratschläge (wie etwa einfach ignorieren oder sich nichts gefallen lassen) nicht immer besonders hilfreich sind.

Ein 13-jähriger Realschüler wird ohne erkennbaren Anlass von einer Gruppe von Mitschülern gemobbt. Er ist ein ganz normaler, sportlicher Junge ohne besondere Auffälligkeiten. Im Rahmen der Erstvorstellung imaginiert er zum Motiv *Lieblingstier* einen Pinguin, der auf einer Eisscholle steht. An Land sind Pinguine unbeholfen und können sich schlecht wehren. Auf meine Frage, was das das Tier bei drohender Gefahr macht, springt der Pinguin ins Wasser und ist in seinem Element ein pfeilschneller, hochgefährlicher Jäger. In diesem Teil der Imagination veränderte sich das Gefühl der Hilflosigkeit des Patienten in die imaginative Erfahrung von Selbstwirksamkeit und Kraft. Mein symbolisch verschlüsselter Rat »Wenn du morgen in der Schule wieder Stress hast, mach den Pinguin!« half dem Patienten (in Verbindung mit der energischen Intervention der Eltern bei der Schulleitung), in Mobbingsituationen buchstäblich abzutauchen und so seine Segel aus dem Wind der Angreifer zu nehmen.

Das folgende Beispiel zur *Symbolkonfrontation* stammt aus der Anfangsphase der langjährigen Behandlung eines 13-jährigen Mädchens mit massiven Ängsten und Depressionen, die sich vor dem Hintergrund einer hochambivalenten Beziehung zur alkoholkranken und depressiven Mutter entwickelt hatten.

Lina klagt sehr darüber, dass sie nicht nur von der älteren Schwester zu Hause genervt und unterdrückt, sondern auch in der Klasse besonders von einer Mitschülerin täglich gehänselt, beleidigt und aggressiv behandelt wird, inzwischen hat sich auch ein Großteil der Klasse auf sie eingeschossen. Ich hatte ihr geraten, ein »geheimes Kriegstagebuch« zu führen, um über die Dokumentation der Angriffe aus der erlebten Hilflosigkeit herauszukommen. Zum Motiv *Lieblingstier* imaginiert sie sich als kleinen Hasen, dem ihre Gegnerin als große Katze lauernd gegenübersteht und ihr zugleich den Ausweg in ein Kanalrohr versperrt (▶ Abb. 8.1):

Abb. 8.1: Lieblingstier

Hasen kämpfen durch Weglaufen, Haken schlagen und notfalls beißen sie zu. Auf meine Bitte hin, sich vorzustellen, wie die Situation für sie ideal wäre, imaginiert sie sich selbst als Dobermann in erhöhter Position und die Gegnerin als kleine Maus in untergelegener Position (▶ Abb. 8.2):

Abb. 8.2: Ideal

Ihre begleitenden Gefühle sind Stolz und das Erleben von Stärke und Überlegenheit.

In diesem Fall führte die Krisenintervention aufgrund der Gesamtbelastung der jungen Patientin nicht zum Durchbruch und zur Auflösung der Situation, sondern stellte einen kleinen Beitrag zu einer sehr wechselhaften und langwierigen, insgesamt aber positiven Entwicklung dar.

8.3 Anpassungsreaktion nach Trennung der Eltern

Die Zerrüttung einer Familie mit Trennung und Scheidung der Eltern stellt für Kinder grundsätzlich eine existenzielle Krise dar, die weitreichende und lebenslängliche Folgen hat, wie Blakeslee et al. (2002) in ihrer bahnbrechenden psychoanalytischen Langzeitstudie nachgewiesen haben. Die Kinder müssen sich mit dem Verlust einer zentralen Bezugsperson, oft mit anhaltenden Konflikten der Eltern, die sie doch beide lieben, und meist mit umstürzenden Veränderungen abfinden. Das Kind erlebt massive Schuldgefühle, fühlt sich verraten und verlassen, befindet sich nicht selten als umstrittener Bündnisgenosse (Richter, 1963) in einem existenziellen Loyalitätskonflikt, erfährt aber von den mit sich selbst beschäftigten Erwachsenen nicht immer das Verständnis und Unterstützung. Psychodynamisch müssen die existenzielle, das Selbst bedrohende Verlustangst und tiefe Trauer verarbeitet werden, entweder durch vorwiegend externalisierende (Aggression) oder internalisierende (Depression, Autoaggression) Bewältigungs- bzw. Abwehrmaßnahmen.

In der KIP zeigen sich die Konflikte und Bewältigungsversuche der Kinder in symbolischer und oft berührender, manchmal drastischer Form, wie die folgenden kurzen Fallvignetten belegen:

Fall Alex: Der Siebeneinhalb-Jährige wird mir wenige Monate nach der Trennung der Eltern und dem Auszug des Vaters wegen einer komplexen Symptomatik mit sekundärer Enuresis, emotionaler Unausgeglichenheit, Affektkrämpfen und Wutausbrüchen, Trennungsängsten und Nägelkauen vorgestellt, zudem hatte er am ganzen Körper Quaddeln entwickelt, für die es keine organische Ursache gab. Die viele Jahre jüngere neue Partnerin des Vaters war hochschwanger, die Mutter musste voll arbeiten und mit Alex und seiner älteren Schwester aus dem Haus in eine kleinere Wohnung ziehen. Die Geschwister verbrachten jedes zweite Wochenende bei ihrem Vater, der sich im Verlauf jedoch zunehmend um die neue Halbschwester kümmerte.

Die Bindungssehnsucht des Jungen zeigte sich im vierten Tagtraum in der 11. Stunde zum Motiv *fliegender Teppich* (▶ Abb. 8.3):

Abb. 8.3: Fliegender Teppich

Er fliegt zunächst alleine über das Ulmer Münster, holt dann seine Schwester ab und fliegt mit ihr zum See. Am Himmel leuchten zwei prachtvolle Sonnen.

Die KIP umfasste insgesamt 58 Sitzungen mit 17 Tagträumen zu bindungsbezogenen und expansiven, entwicklungsfördernden Motiven. Der Verlauf war wechselhaft, letztlich aber positiv: Die anfängliche symptomatische Besserung wurde unterbrochen durch eine kurze Phase expansiven und aggressiven Verhaltens, der das zunehmende Bewusstwerden der Enttäuschung dem Vater gegenüber zugrunde lag.

Fall Lukas (Wienand, 2018, S. 80f.): Der ebenfalls siebenjährige Junge, dessen Vater die Familie vor kurzem wegen einer anderen Frau verlassen hatte, wurde mir von seiner Mutter mit einer vergleichbar bunten Symptomatik wie Alex vorgestellt. Die Eltern hatten zuvor in Wechselschicht gearbeitet, jetzt fühlte sich die Mutter vom Vater im Stich gelassen, finanziell und zeitlich kaum unterstützt und war in ihrer Enttäuschungswut außerstande, sich innerlich von dem Mann zu lösen. Der eng mit seiner Mutter und ihrer Frustration verbündete Junge wagte es im Gegensatz zu seinem älteren Bruder nicht, sich mit dem Vater auseinanderzusetzen und seine Wünsche nach regelmäßigen Kontakten anzumelden.

Schon im ersten Tagtraum zum Motiv *Baum* zeigt er seine ödipale Verbindung mit der Mutter und die aggressive Auseinandersetzung mit dem als Bären symbolisierten Vater:

Er schwebt mit seiner Mutter, die den Hubschrauber steuert, über einem großen Baum, auf dem Äpfel und Kastanien wachsen. Ein Bär zerstört den Bienenstock und labt sich am Honig. Ein Apfel fällt vom Baum auf den Bären, der umfällt. L. klettert auf den Baum, pflückt Kastanien und schenkt sie seiner Mutter. Dann wirft er so lange Äpfel auf den Bären, bis der flüchtet, verfolgt von den Bienen, die inzwischen ein neues Nest weiter oben am Stamm gebaut haben. (▶ Abb. 8.4):

Abb. 8.4: Baum

In den folgenden Tagträumen setzt er sich mit Monstern, angreifenden aggressiven Tiergestalten, Zombies und im achten Tagtraum zum Motiv *Nest* mit Kindern auseinander, die den Küken die Schnäbel und die Beine abschneiden wollen. Zum ersten Mal tauchen beide Eltern auf, die auf nebeneinanderstehenden, aber durch Äste miteinander verbundenen Bäumen leben, aber ihre Vogelkinder versorgen. Ganz allmählich gelingt es ihm, sich von der Fixierung auf diese Enttäuschungswut zu lösen und für zaghafte Entwicklungsschritte in der Imagination zu öffnen. Auf der Symptomebene lassen sich ganz allmählich eine Stabilisierung im emotionalen und sozialen Bereich, ein Abklingen der Enuresis und eine gute schulische Bewährung feststellen.

8.4 Geschwisterrivalität

Der elfjährige hochbegabte Gymnasiast, der eine Grundschulklasse übersprungen hatte, wird wegen einer Störung des Sozialverhaltens in der Schule und in Familie und einer massiven Rivalität mit dem nur 13 Monate jüngeren, ebenfalls hochbegabten Bruder vorgestellt. Die beiden können sich im wörtlichen Sinne bis aufs Blut bekämpfen und treiben die Eltern mit ihrem Dauerstreit zur Verzweiflung. Hauptziel der Therapie mit dem ausgesprochen narzisstischen und egozentrischen Jungen ist die Förderung der Mentalisierungsfähigkeit, von Empathie, Perspektivenübernahme und Frustrationstoleranz.

Im 5. KB in der 22. Stunde bitte ich ihn, sich seinen *Bruder als Tier* oder Märchengestalt vorzustellen. Er imaginiert seinen Bruder als eine Mischung aus Wolf und Fuchs und Esel: »*Der Wolf ist böse und will die anderen die ganze Zeit nerven und für sich selber einen Vorteil erlangen, der Fuchs auch, aber der ist eher so hinterlistig, und manchmal ist er auch noch störrisch wie ein Esel. Der läuft im Wald umher und sucht Tiere, die er nerven kann. Er wirkt schadenfroh und so mit einer Lust, anderen zu schaden und zu nerven.* – Dann bitte ich ihn, sich selbst als Tier dazu zunehmen. Er sieht sich als einen Löwen. – *Der ist ja auch auf seinen eigenen Vorteil aus, aber nicht immer.* – *Er sucht Tiere, die er reißen kann.* Die Bruder-Schimäre kommt näher und verhöhnt den Löwen. – Und wie reagierst du darauf? Der Löwe ist schließlich der König der Tiere! – *Es kann mir eigentlich am Arsch vorbeigehen...* – Ja, was will der denn eigentlich? – *Der will mich in meiner Funktion als Löwe absetzen, dass er als Wolf-Fuchs-Esel-Viech der König der Tiere sein kann.* – Und wie findest du das? – *Nicht toll.* – Na, das ist doch lachhaft. Amüsiert dich das denn nicht ein bisschen? – *Schon, aber es ist halt nervig.* – Ah ja. Wonach ist dir denn jetzt als Löwe? – *Weglaufen!* – Laufen oder würdevoll schreiten? Hocherhobenen Hauptes? – *Nicht so ganz, nicht gesenkt, eher so mittel.* – Hat er dich doch erreicht, der kleine Kläffer? – *Ja, schon.* – Und wie geht das jetzt weiter? – *Der läuft mir halt hinterher, und dann fang ich an zu rennen«.*

Mein Vorschlag, sich in den Löwen und seine Löwenkraft einzufühlen und einzuspüren, hilft ihm nicht. Immerhin hängt er den Verfolger ab und rettet sich auf einen Felsen (▶ Abb. 8.5):

Abb. 8.5: Ein Symbol zum Bruder

Nach harter Arbeit an seinen narzisstischen Überzeugungen, die sich unter anderem in Besserwisserei, Sturheit und Arroganz zeigen, verbessert sich zunächst sein Verhalten in der Schule, während es in der Familie lange Zeit unverändert bleibt. Mein Hinweis in einer späteren Stunde, dass sein Bruder nichts daran ändern könne, dass er der Erstgeborene ist, und dass ich stark vermute, dass der Bruder ihn bewundert und neidisch auf ihn ist, überrascht ihn und gibt ihm zu denken. Im Verlauf versteht er sich besser mit dem Bruder, wie das 11. KB (*Dein Bruder und du als Tiere*) in der 69. Stunde zeigt: Beide sind Luchse, die einträchtig an einem Fluss im Wald Fische fangen. Sie sammeln die Beute in einer Grube, bringen sie dann auf einen Felsen inmitten einer sonnigen Lichtung und verzehren sie genüsslich. Anschließend schlafen sie friedlich nebeneinander in der Sonne.

Ein Jahr später klagt er wieder über den nervenden Bruder: »*Der benimmt sich so wie ich vor eineinhalb Jahren*«. Auf meine Frage, worum es dem Bruder wohl gehen mag, zeigt er eine wesentlich reifere Einsicht als im KB der 22. Stunde: »*Na ja, ich denke um Kontakt, Anerkennung und Bestätigung.*« Er hat gelernt, zu mentalisieren.

Eine weiterführende Bearbeitung von Rivalitäts- und Rachegefühlen ermöglicht die Technik der *Perspektivenübernahme* (Stigler, 2018):

Zunächst imaginiert der Patient sich und den Konfliktpartner als zwei Tiere, die miteinander interagieren. Dies ist zunächst mit ansteigender Angst und Aggression verbunden, die aber in der Regel durch Symbolwandlung und Verschiebung abklingen. Oft finden die Patienten dann schon aus der Passivität heraus in eine aktive Rolle, in der sie dem Gegenüber überlegen sein können.

In der nächsten Phase werden zunächst wieder die beiden Tiere eingestellt, dann soll sich der Patient in die Haut des anderen Tieres hineinversetzen und sich in es einfühlen. Damit sind Erfahrungen von Kraft, Stärke, Freiheit und Überlegenheit verbunden, die Fixierung auf Angst oder Vergeltung lässt nach, das Interesse am Konfliktpartner verschwindet.

8.5 Trauer und Depression nach Zwillingsverlust

Im letzten Fallbeispiel geht es um den entscheidenden Abschnitt einer bindungsbezogenen KIP bei einem neunjährigen Mädchen, das wie seine Mutter an einer blockierten Trauerreaktion um die in der 30. Schwangerschaftswoche im Mutterleib verstorbene eineiige Zwillingsschwester litt. Die Patientin wurde eine Woche später als Frühgeburt entbunden. Die Mutter war zwei Jahre lang schwer depressiv, ihr einziger Trost war das überlebende Kind. »Wir trauern immer noch«, sagt die Mutter.

Irene wurde wegen mangelnden Selbstvertrauens, Störungen des Essverhaltens, Lernunlust, Trennungsängsten, emotionaler Labilität und depressiver Tendenzen vorgestellt. Immer wieder fragte sie nach der toten Schwester. Die Diagnostik ergab das Bild eines klugen, depressiven, emotional bedürftigen, aber unterversorgten Kindes.

Die Therapie umfasste 45 Sitzungen mit KIP in Kombination mit Sandspieltherapie. Als Therapieziele benannte Irene die Überwindung ihrer Trauer (»Ich hätte mir so gewünscht, dass sie lebt«), sich mehr zu trauen und sich behaupten zu können und sich weniger Sorgen zu machen. Dann wäre sie gegenüber der fordernden und eher kühlen Mutter auch nicht alleine.

Nachfolgend wird die Therapiephase der Bearbeitung der Trauerreaktion mit KIP vorgestellt:

Spontane Exkursionen in andere Welten in ihren ersten KBs veranlassten mich, die imaginative Begegnung mit der toten Schwester anzuregen. Als sie sich zu Beginn der 21. Stunde fragt, warum sie immer so tollpatschig sei, schlage ich ihr *die Begegnung mit ihrem Schutzengel (8. KB)* vor, der ein schönes Kleid trägt, lange blonde Locken hat, barfuß und freundlich ist. Ob sie ihm eine Frage stellen will?, erkundige ich mich. »*Warum bin ich immer so tollpatschig?*«, fragt Irene. »*Damit du mich finden kannst*«, antwortet er. Im Nachgespräch meint sie, dass ihr Schutzengel auch so tollpatschig gewesen sei wie sie, die Schutzengel ähneln ihren Schützlingen und passen zu ihnen. Hier lässt sich eine Identifikation mit ihrer toten Schwester vermuten, die ja so »tollpatschig« war, dass sie es nicht ins Leben geschafft hat. Zu

Nikolaus malt sie auf meine Anregung für die Eltern ein *Bild der toten Schwester als Engel* (9. KB).

In den Gesprächen geht es auch darum, Rituale des Gedenkens und der Trauer zu finden. In der 32. Stunde erzählt sie, dass sie ein Bild von Samanthas Grab ausgesucht hat, das sie rahmen und aufhängen will.

Ich schlage ihr im *11. KB* eine *Begegnung mit Samantha* vor, die ihr dann berichtet, dass sie im Himmel glücklich sei, dass sie Freunde habe und dass sie in der Schule lernen, zu schweben und auf Wolken zu laufen. Die Vergewisserung, dass es Samantha im Himmel gut geht, wirkt beruhigend und hilft, den Verlust zu verarbeiten.

Das *12. KB* (34. Stunde) setzt die *Begegnung mit Samantha* fort: Sie treffen sich mittags im leeren Haus, niemand soll von der Begegnung etwas erfahren. Sie wollen segeln gehen, Samantha setzt die Segel und lenkt das Boot, aber sie kentern und Samantha kann nicht schwimmen. Irene rettet die Schwester und das Boot an Land, sie machen ein Lagerfeuer, bauen ein Tipi und übernachten (▶ Abb. 8.6):

Abb. 8.6: Begegnung mit der toten Schwester

Am nächsten Morgen bauen sie ein Floß und segeln nach Hause. Die Symbolik steigert die Tollpatschigkeit zu einem Untergang, was dem Erleben der Patientin mehr entsprechen dürfte – und das tröstliche Ende erinnert an die gemeinsame Situation der Zwillinge im Mutterleib vor dem Verlust. Und spiegelt vielleicht auch den Wunsch der Patientin, dass beide überlebt hätten.

Im folgenden Tagtraum unternimmt Irene mit ihrer Schwester eine *Ballonfahrt (13. KB)*, die ebenfalls beinahe scheitert. Im *18.* KB in der 38. Stunde *will Samantha ihr das Fliegen beibringen*, aber es klappt nicht und sie stürzt entsetzt auf die Erde zu. Kurz bevor sie auf der Wiese aufschlägt, gelingt es ihrem Schwester-Schutzengel, sie aufzufangen. Dieses KB wirkt wie ein Rollentausch: Jetzt ist es meine Patientin, die beinahe verunglückt – oder es sieht aus wie eine Sturzgeburt.

In den begleitenden *Elterngesprächen* geht es ebenfalls um das Durcharbeiten der Trauer in der Familie und die Etablierung von Ritualen. Die kontinuierliche Besserung der Symptomatik innerhalb und außerhalb der Familie geht parallel mit diesem Prozess einher.

In den letzten Stunden geht es um die Vorbereitung des Abschieds, nach 45 Sitzungen ist die Behandlung beendet. Zum Abschied bekomme ich ein Bild geschenkt (▶ Abb. 8.7):

Die blockierte Trauerreaktion erscheint mit Hilfe der imaginativen Begegnungen durchgearbeitet und aufgelöst, Irene hat eine gute Verbindung zu ihrer toten Zwillingsschwester aufgebaut, die zu ihrer inneren Begleiterin und hilfreichen Gefährtin geworden ist. Ihre Depression ist abgeklungen, die Beziehung zwischen Mutter und Kind entspannter.

Teil II KIP mit Kindern

Abb. 8.7: Abschiedsbild

Zusammenfassung

Klinische Beispiele aus der Praxis des Autors (FW) demonstrieren die Anwendung der KIP bei Kindern mit folgenden Störungsbildern: Angststörung eines neunjährigen Jungen mit enger Mutterbindung; Krisenintervention bei Mobbing; Anpassungsstörung zweier Siebenjähriger nach Trennung der Eltern; Rivalität eines hochbegabten Elfjährigen mit seinem nur zwölf Monate jüngeren, ebenfalls hochbegabten Bruder. Das abschließende Beispiel zeigt den Behandlungsverlauf bei einem neunjährigen Mädchen mit Depression nach Zwillingsverlust im Mutterleib.

Die Fallvignetten zeigen in unterschiedlicher Ausführlichkeit teils mit wörtlichen Transkripten aus einzelnen Sitzungen die Möglichkeiten alters- und störungsgerechter Motivwahl und den lebendigen, aktivierenden und entwicklungsfördernden Interventionsstil, der in dieser Entwicklungsphase angemessenen und erforderlich ist.

Literatur zur vertiefenden Lektüre

Tschuschke, V. (2019). Psychische Störungsbilder bei Kindern und Jugendlichen. Eine kritische Bestandsaufnahme evidenzbasierter Diagnostik und Behandlung. Stuttgart: Kohlhammer

Schneider, S. (2004). *Angststörungen bei Kindern und Jugendlichen*. Grundlagen und Behandlung. Berlin: Springer.

Horn, G. (2006a). Theorie und Technik der Katathym Imaginativen Psychotherapie im Kindesalter. In G. Horn, R. Sannwald & F. Wienand (Hrsg.), Katathym Imaginative Psychotherapie mit Kindern und Jugendlichen (S. 17–39). München: Ernst Reinhardt.

Horn, G. (2009). Ich träum, ich wär in einem Schloss eine Königin: Hören, was Kinder in der Katathym-Imaginativen Psychotherapie (KIP) erleben. Mit 2 CDs. Köln: KIKT-Verlag

Weiterführende Fragen

- Mit welchen Gegenübertragungsschwierigkeiten ist bei Kindern mit einer Angststörung zu rechnen?

- Welche Gegenübertragungsschwierigkeiten treten häufig in der Beziehung zu Kindern mit expansiven Störungen auf?
- Welche ergänzenden Maßnahmen können bei einem Kind, das in der Schule gemobbt wird, hilfreich sein?

Teil III Katathym Imaginative Psychotherapie mit Jugendlichen und Heranwachsenden (WBN)

9 Entwicklungspsychologische Besonderheiten von Pubertät und Adoleszenz: Entwicklungsaufgaben, Belastungen, Konflikte

»*Who do you want to be?*«
(Graffiti auf einem Garagentor)

Wenn wir von Adoleszenz sprechen, so meinen wir jenen Zeitraum, der sich zwischen dem Ende der Kindheit und dem Beginn des Erwachsenseins aufspannt. Bürgin (2002, S. 332) spricht von einer »Brückenzeit, welche für den Übergang ... gebraucht wird«. Es ist nicht nur für die jungen Menschen eine bewegte und herausfordernde Zeit, sondern »die Auseinandersetzung mit adoleszenten Kindern konfrontiert Eltern mit eigenen Unzulänglichkeiten, aktiviert Neid und Verlustängste« (Burian-Langegger, 1999, S. 17). Bei den Eltern können ungelöste Konflikte aus der eigenen Adoleszenz reaktiviert werden und die Auseinandersetzung mit dem eigenen Älterwerden (nachlassende sexuelle Attraktivität, Vitalität) fordern. Mitunter wird die Adoleszenz der Kinder zu einer krisenhaften Zeit für das ganze familiäre System.

Während der Begriff *Pubertät* primär »die Gesamtheit der körperlichen Entwicklung im Kontext der Erlangung der Geschlechtsreife« (Flammer & Alsaker, 2002, S. 72) umfasst, steht der Begriff *Adoleszenz* »seit Blos (1973) für die psychologische Anpassung – oder seelische Umstrukturierung – an die Verhältnisse der Pubertät [...]. Während der Adoleszenz müssen die seelischen Entwicklungsaufgaben bewältigt werden, welche die biologischen Prozesse der Pubertät der Psyche stellen« (Hopf, 2014, S. 153). Der Körper gibt das Signal zur Veränderung. So ist aufgrund der neurophysiologischen Umbauprozesse in Kombination mit den hormonellen Veränderungen und dem dadurch entstehenden Triebdruck insbesondere zu Beginn der Adoleszenz von einer relativen Steuerungsschwäche des Ichs und einer Verstärkung der Intensität von

Gefühlen und Impulsen auszugehen (Bürgin, 2002). Psychisches Geschehen ist damit nicht mehr im Gleichgewicht und die Entwicklung und Differenzierung von Regulationsvorgängen, so auch die Fähigkeit zur Selbstregulation, wird zum zentralen Thema der Adoleszenz. Die Adoleszenz ist ganz allgemein gekennzeichnet durch eine erhöhte emotionale Labilität, große Unsicherheit und Verletzlichkeit, innere Motivations- und Triebkonflikte (Selbstwertkonflikte, Schuldkonflikte, ödipale Konflikte, Identitätskonflikte) und äußere Konflikte im Kontext der Themen Abhängigkeit und Suche nach Autonomie (Nähe vs. Distanz, Unterwerfung vs. Kontrolle, Selbstversorgen vs. Versorgtwerden) (vgl. dazu OPD-KJ 2).

Die zentralen Entwicklungsprozesse des Jugendalters umfassen nach Flammer und Alsaker (2002) vier Bereiche: die Pubertätsentwicklung, die Autonomieentwicklung und Ablösungsprozesse, die kognitive Entwicklung sowie den Themenbereich Selbstkonzept und Identität. Dabei sind folgende *Entwicklungsaufgaben* zu meistern

- Die hormonellen und körperlichen Veränderungen müssen psychisch verarbeitet werden.
- Die Integration in eine Gruppe von Gleichaltrigen ist zu leisten.
- Die Ablösung von den primären Beziehungspersonen, die Relativierung der frühkindlichen Objektbeziehungen und die Lockerung der konkreten Bindung an die Elternimagines sind zu bewältigen.
- Eine eigene, auch sexuelle Identität muss gefunden und eine integrierte Ich-Selbst-Identität entwickelt werden.
- Konsolidierte soziale Rollenvorstellungen, zu denen eine geeignete Berufs- und Partnerwahl unter Einbezug selektiver Identifizierungen mit den primären Bezugspersonen gehört, müssen entwickelt werden.

Peter Blos (1992) kommt das Verdienst zu, auf der Grundlage der psychoanalytischen Entwicklungslehre ein *Fünfphasenmodell der Adoleszenz* konzipiert zu haben. Er unterscheidet zwischen der Präadoleszenz (ca. 10.–12. Lebensjahr (Lbj.)), der Frühadoleszenz (ca. 13–14 Lbj.), der mittleren Adoleszenz (ca.15–17 Lbj.), der Spätadoleszenz (ca. 18.–20. Lbj.) und letztlich der Postadoleszenz (ca. 21.–24. Lbj.). Das Zeitfenster für adoleszente Entwicklungsprozesse hat sich inzwischen deutlich vergrößert, sodass sich ein »Spannungsbogen zwischen Verfrühung der körperlichen Reife und Verspätung der Identitätsentwicklung« (Seiffge-Krenke, 2017, S. 139) auftut. Dennoch bieten die von Blos beschriebenen Überlegungen in Bezug auf die Trieb- und Ich-Entwicklung, die Entwicklung des Selbst und der Selbst- und Objektrepräsentanzen in den aufeinanderfolgenden Phasen auch heute noch einen wichtigen Orientierungsrahmen. Neuere Ansätze setzen den Fokus auf die Identitätsentwicklung (Seiffge-Krenke, 2012) und betonen die Unterschiede in der Entwicklung von Jungen und Mädchen durch die Formulierung einer Psychoanalyse des Jungen (Hopf, 2014) und einer eigenen Psychoanalyse des Mädchens (Seiffge-Krenke, 2017). Aus der Tatsache, dass viele psychische Erkrankungen erstmalig in der Adoleszenz auftreten, leitet Seiffge-Krenke (2017, S. 129) ab, »dass die psychische Arbeit an den Schnittstellen der Adoleszenz, die Verarbeitung von körperlicher Reife, die zunehmende Autonomie und Veränderungen in den Beziehungsmustern sowie die Neukonzeptualisierung der Identität viele Mädchen überfordern.« Für Jungen geht es um das »Abenteuer Adoleszenz« (Hopf, 2014, S. 154): »Ein stabiles Identitätsgefühl zu verankern ist für einen Jugendlichen ungefähr so schwierig wie der Versuch, sich in einem von haushohen Wellen umhergeschleuderten Boot auf den Beinen zu halten. Nicht selten haben Jungen in diesem Alter das Gefühl, morgens in einem anderen Körper wiederaufzuwachen – einem stärker behaarten Körper, mit größeren Genitalien und einer Stimme, die sich überschlägt, wenn sie zu sprechen anheben (Diamond, 2020, S. 131)«. Wird von Adoleszenten eine Geschlechtsinkongruenz erlebt, sind die geforderten Entwicklungsprozesse noch komplexer. Transidente Jugendliche sind in besonderer Weise von den vom erlebten Geschlecht abweichenden körperlichen Entwicklungen gefordert. Die *Geschlechtsdysphorie* kann zu einem erheblichen Leidensdruck führen (Preuss, 2016).

Auch wenn die Pubertätsentwicklung im Grunde eine äußerst private und intime Angelegenheit ist, so ist sie gleichzeitig auch öffentlich. Abweichungen von einer vermeintlichen Norm werden beobachtet, registriert und häufig sowohl von Erwachsenen als auch von Gleichaltrigen kommentiert. So fehlt häufig der Raum, sich mit den eigenen körperlichen Veränderungen auseinanderzusetzen und diese in die Identität zu integrieren. Allein vor dem Hintergrund dieses Spannungsfeldes drängen sich zwei grundlegende Verhaltenstendenzen von Jugendlichen auf: Rückzug, sich verstecken, möglichst wenig von sich zeigen, Regression oder andererseits Progression in Form von Provokation, sich darstellen und in auffälliger oder übertriebener Weise in Erscheinung treten. Abweichungen von der Norm bzw. der umgebenden Gruppe werden von Mädchen oftmals deutlich schambesetzt erlebt, die Identifikation mit dem zu schnell weiblicher werdenden Körper ist erschwert und kann zu Selbstverletzungen und Essstörungen führen.

Mit der beginnenden körperlichen Reifung verändert sich auch die Vater-Tochter-Beziehung: Der Vater muss die Weiblichkeit der Tochter mit dem erforderlichen Respekt für notwendige Grenzen anerkennen, gleichzeitig muss der Vater der Tochter die Ablösung von der Mutter ermöglichen. Mitunter für die ganze Triade ein dramatisches Geschehen. Nicht selten sind ödipale Verstrickungen an der Entstehung psychischer Erkrankungen beteiligt.

Besonders in der *Frühadoleszenz*, wenn es nach Blos um den Prozess der Trennung von den frühen Objektbindungen und die Hinwendung zu libidinösen Objekten außerhalb der Familie geht, spielen für Mädchen sehr enge freundschaftliche Beziehungen und Schwärmereien gegenüber idealisierten Objekten eine große Rolle. Die Verbindung mit der besten Freundin ermöglicht quasi eine Erweiterung und Verstärkung des Ichs, das sich damit für konflikthaftes Erleben im Inneren und im Außen rüstet. Solche zwillingsähnlichen Verbindungen dienen der narzisstischen Aufwertung und Stabilisierung und unterstützen die schwierige Ablösung von der Mutter. Ganz allgemein stellen die Peer-Gruppen-Orientierung und die damit verbundene Übernahme von Idealen und Haltungen eine wichtige Größe im Loslösungsprozess dar (Hopf, 2014, S. 156). Charakteristisches Merkmal der *eigentlichen Adoleszenz* ist die zunehmende narzisstische Besetzung des eigenen Ichs mit den typischen Formen der Selbstüberschätzung und -erhöhung bei gleichzeitig extremer Empfindlichkeit und großer Kränkungsbereitschaft. Streeck-Fischer u. a. (2018) sehen darin eine »physiologische Durchgangsphase« im Ablösungsprozess begleitet von Schamgefühlen und Größenphantasien.

Die Phase der *Spätadoleszenz* wurde von Blos als Phase der Konsolidierung angesehen, die konstante Objektbesetzung und die irreversible sexuelle Einstellung seien hier anzusiedeln (Seiffge-Krenke, 2017, S. 134). Vor dem Hintergrund der inzwischen gesellschaftlich akzeptierten Diversität sexueller Orientierungen werden auch im Erwachsenenalter noch transidente Entwicklungen beschrieben (Rauchfleisch, 2017). In allen Lebensbereichen werden Beziehungen jetzt neu definiert. Gelingt dieser Integrationsprozess mit der damit verbundenen Festlegung nicht, kommt es nach Blos zu Aufschubmanövern. Ausweichen und Vermeiden führen zu unterschiedlichen Manifestationen spätadoleszenter Fehlentwicklungen (Salge, 2013). Die eigentliche Identitätsentwicklung, die von Erikson (1971) noch als zentrale Aufgabe der Adoleszenz definiert wurde, findet heutzutage zunehmend erst im frühen Erwachsenenalter statt. Arnett (2004) spricht von *Emerging Adulthood*, einer Entwicklungsphase zwischen der Adoleszenz und dem endgültigen Erwachsensein. Mitbedingt durch vielfältige gesellschaftliche Veränderungen entwickelt sich bei vielen Spätadoleszenten das Gefühl der Orientierungslosigkeit, wobei sich »auch in der ›normalen‹ Entwicklung Spätadoleszenter und junger Erwachsener […] das Nebeneinander von (Über-)Anpassung, Verweigerung und Vermeidung beobachten« lässt (Salge, 2013, S. 40). Dennoch bleibt es das Entwicklungsziel, eine integrierte Ich-Selbst-Identität auszubilden. Sie »schließt die Auseinandersetzung mit allen bedeutsamen Identifizierungen der Vergangenheit in sich ein, aber sie verändert diese auch und integriert sie zu einem einzigartigen zusammenhängenden Ganzen« (Seiffge-Krenke, 2017, S. 136). Die spät- und postadoleszenten Entwicklungsprozesse können sich bis weit in das dritte Lebensjahrzent hinein ausdehnen.

Die Identitätsfindung von Mädchen ist in besonderer Weise geprägt durch die Notwendigkeit der *Doppelidentifizierung (und -entidentifizierung)*, d. h. der Integration von mütterlichen und väterlichen Anteilen. Hinzu kommen die starke Bezogenheit auf andere mit der Ausbildung einer »*relationalen Identität*« und – im Vergleich zur Müttergeneration – ein größerer Explorationsspielraum (Seiffge-Krenke, 2012; 2017). Wenn die Verbindung von Vergangenheit und Zukunft verstanden und eine historische Kontinuität des Ichs ausgebildet wird (Seiffge-Krenke, 2017, S. 135), ist dies als besondere Leistung zu betrachten.

Von Jungen wird der *Einbruch der Sexualität* häufig als etwas Angsterregendes erlebt. Oft breche »etwas Grauenhaftes, Furchterregendes in eine einigermaßen geordnete Welt ein«, wie dies anhand von Traumberichten belegt wird (Hopf 2014, S. 154f.). Die Einstellung zum eigenen Körper muss sich verändern, die Bildung der definitiven Sexualorganisation mit Integration der geschlechtsreifen Genitalien in das Körperschema ist dabei allem übergeordnet (Laufer & Eglé-Laufer, 1989). Beim Durchlaufen einer narzisstischen Zwischenphase nimmt der Adoleszente sich selbst zum Objekt seiner Libido. Anzeichen hierfür sind: eine übertriebene Beschäftigung mit dem eigenen Aussehen, das egozentrische Kreisen um sich selbst, die eigene Grandiosität in Phantasien und Träumen und häufigere Masturbation.

Die Auseinandersetzung mit dem Körperlichen hat für Mädchen und Jungen jeweils einen anderen Fokus. Während für die Mädchen die Auseinandersetzung mit den äußerlich sichtbaren körperlichen Veränderungen im Vordergrund steht, müssen die Jungen sich mit ihrer Potenz und ihrer Zeugungsfähigkeit auseinandersetzen. All dies wird bei Mädchen wie bei Jungen schnell mit dem Selbstwert verbunden und begleitet die eine oder den anderen bis ins (reife) Erwachsenenalter.

Bei stabilem Familienhintergrund und einer Kindheit ohne größere Traumata in Form von Trennungen oder Krankheiten kann die Adoleszenz grundsätzlich gut bewältigt werden (Hopf, 2014, S. 157): »Ganz wesentlich ist für den Jungen ein zugewandter Vater mit sicherer männlicher Identität, mit dem sich der Junge identifizieren kann (vgl. Bohleder, 2002, S. 29)«. In der Praxis erleben wir häufig, dass eine übergroße Nähe zur Mutter aufrechterhalten und der Sohn zum Partnerersatz wird. Die ödipale Thematik kann dann nicht aufgelöst werden, und der Junge kann sich mit dem nicht präsenten Vater nicht positiv identifizieren: Stattdessen bleibt er an seine Mutter gebunden, muss gleichzeitig aufkommende inzestuöse Strebungen abwehren und sich infantilisieren. Die angestrebte Unabhängigkeit und die Autonomie sind jedoch nicht allein durch die äußere Trennung von den Objekten zu erreichen; notwendig ist es darüber hinaus, die Identifizierungen mit den Eltern in allen Bereichen des Ichs (Ich, Über-Ich, Ich-Ideal) zu überprüfen und zu relativieren.

Die Mehrheit der Jugendlichen durchläuft die Adoleszenz mit ihren Entwicklungsaufgaben ohne nennenswerte Probleme. Einer Minderheit gelingt das nicht, was dann zu Störungen der Identitätsentwicklung führt. Nach Koch u. a. (2013) sind *Identitätskrisen* als normative Krisen in der Auseinandersetzung mit den Entwicklungsaufgaben der Adoleszenz zu verstehen. Sie sind zu unterscheiden von *Identitätskonflikten* als Ausdruck nicht zu vereinender innerseelischer Gegensätze, die zur Ursache psychischer Störungen werden können, sowie von der *Identitätsdiffusion*, die als schwerwiegende Störung der Identität entweder auf strukturellen Defiziten basiert oder auf Traumatisierungen zurückzuführen und mit einem schmerzhaften Gefühl der Inkohärenz verbunden ist.

Zusammenfassung

Ausgelöst durch die körperlichen Veränderungen mit Beginn der Pubertät müssen von den Adoleszenten umfassende psychologische Anpassungsprozesse geleistet werden. Die Kombination aus veränderter psychischer Situation (erhöhte emotionale Labilität, große Unsicherheit und Verletzlichkeit, innere und äußere Konflikte) und den geforderten Entwicklungsaufgaben (in den Bereichen Pubertätsentwicklung, Autonomieentwicklung und Ablösungsprozesse, kognitive Entwicklung und Selbstkonzept und Identität) führt leicht zu krisenhaften Entwicklungen. Das Fünfphasenmodell der Adoleszenz von Blos bietet weiterhin eine gute Orientierung über die psychische Entwicklung in den einzelnen Phasen. In neuerer Zeit liegt der Fokus mehr auf dem Thema der Identitätsentwicklung und der Beachtung der Unterschiede in den Entwicklungen von Mädchen und Jungen. Erwachsenwerden braucht mehr Zeit, spätadoleszente Entwicklungsverläufe ziehen sich bis in dritte Lebensjahrzehnt. Dem trägt das Konzept der *Emerging Adulthood* Rechnung.

Literatur zur vertiefenden Lektüre

Arnett, J.J. (2004). Emerging adulthood: The winding road from the late teens through the twenties. Oxford: Oxford University Press.

Blos, P. (1992). *Adoleszenz. Eine psychoanalytische Interpretation* (5. Aufl.). Stuttgart: Klett-Cotta.
Hopf, H. (2014). *Die Psychoanalyse des Jungen*. Stuttgart: Klett-Cotta.
Seiffge-Krenke, I. (2017). *Die Psychoanalyse des Mädchens*. Stuttgart: Klett-Cotta.

Weiterführende Fragen

- Welche Auswirkungen hat die adoleszente Entwicklung auf die Familie?
- Wie sind die körperlichen Veränderungen mit der psychischen Entwicklung verbunden?
- Wie wirken sich die entwicklungspsychologischen Besonderheiten von Mädchen bzw. Jungen aus?

10 KIP im Jugendalter

»Die Psychotherapie von Jugendlichen kann lange Zeit durch aktuelle Zwischenfälle dominiert und durch diese geradezu erdrückt werden.«
(Du Bois, 2002, S. 28)

10.1 Therapeutische Herausforderungen

Die größte Herausforderung besteht darin, eine therapeutische Arbeitsbeziehung herzustellen und aufrechtzuerhalten. In der Adoleszenz geht es wesentlich um Autonomie, sodass es einen Widerspruch in sich darstellt, sich zu diesem Zeitpunkt in eine regressive Situation zu begeben und eine Psychotherapie zu beginnen. Hinzu kommt die verzerrte Auftragslage. Häufig drängen die Umgebung, die Eltern oder die Schule auf eine Veränderung oder Anpassung des Jugendlichen. Andererseits geht es für die Jugendlichen gerade darum, sich abzugrenzen und die eigene Identität zu entwickeln. Die Aufgabe des Therapeuten scheint es am ehesten zu sein »Hindernisse in der psychischen Entwicklung und Selbstverwirklichung« (Du Bois, 2002, S. 26) zu erkennen und zum Gegenstand der gemeinsamen Arbeit zu machen.

Im Verlauf der Therapie sind wir damit konfrontiert, dass die affektive Labilität, vorherrschende Größenphantasien, die intensive Gegenwartsbezogenheit und die starke Besetzung körperlich-sexuellen Erlebens eine kontinuierliche Bearbeitung einzelner Themen deutlich erschweren. Psychotherapie mit Adoleszenten gleicht dem »Versuch, auf einen fahrenden Zug aufzuspringen« (Seiffge-Krenke, 2007, S. 213), oder – im Falle blockierter Entwicklungen – auf unbestimmte Zeit auf einem Abstellgleis festzustecken. Das Hier und Jetzt, die aktuellen Begebenheiten, die Aufregungen, aber auch das Unspektakuläre (*es ist alles normal, wie immer..., nichts Besonderes...*) dominieren den therapeutischen Prozess, sodass der Zugang zur geschichtlichen Dimension, dem Geworden-Sein, häufig erschwert ist.

Insgesamt sollten Jugendtherapeuten auf »mancherlei Provokationen« (Du Bois, 2002, S. 30) gefasst sein. Drohende Therapieabbrüche oder das tatsächliche, einseitig herbeigeführte Ende bestimmen viele Therapieverläufe von Adoleszenten. Mitunter wird die Therapie gerade dann in Zweifel gezogen, wenn ein Durchbruch oder entscheidende Fortschritte erreicht scheinen. Die Ambivalenz zwischen Autonomie und Abhängigkeit, zwischen *ich brauche dringend Hilfe* und *ich komme schon alleine klar*, zwischen *ich weiß sowieso alles besser* und *ich weiß gar nichts*, schwingt untergründig immer mit. Der Therapeut muss flexibel bleiben, immer auch mit Gegenbewegungen rechnen und die mögliche negative Gegenübertragung sorgsam beachten. Das jugendliche Agieren, das schon von Anna Freud als wesentlicher Abwehrmechanismus der Adoleszenz beschrieben wurde, ist Teil des Programms. Insgesamt ist die Quote der Therapieabbrüche bei Jugendlichen im Vergleich zu anderen Altersgruppen sicherlich am größten.

10.2 Voraussetzungen, Indikationen und Kontraindikationen

Voraussetzung für die Arbeit mit der KIP ist, neben der grundsätzlichen Indikation für ein psychodynamisches Verfahren, die Fähigkeit und die Bereitschaft, sich im Kontext einer therapeutischen Beziehung auf innere Bilder einlassen und diesen Bedeutung zuschreiben zu können. Auch bei eingeschränkter Symbolisierungsfähigkeit, wenn Symbole nicht »Stellvertreter für Unbewusstes« (Seiffge-Krenke, 2007, S. 224) sind, sondern als symbolische Gleichsetzungen (Segal, 1996) fungieren, kann mit der KIP gearbeitet werden. Dann geht es um eine Nachentwicklung der Symbolfunktion.

Eine wichtige Ressource von Jugendlichen ist ihr kreatives Potential. Winnicott (2012, S. 165) wertet die »Unreife« der Heranwachsenden als »eine besondere Kostbarkeit des Jugendalters. Sie bringt die aufregendsten Formen geistiger Kreativität, neue und unverbrauchte Gefühle und Lebenspläne mit sich.« Die Neigung von Jugendlichen, sich im Sinne von Abwehr und Realitätsflucht in Tagträumereien zu vertiefen oder zu verlieren (Windaus, 2007), kann aufgegriffen werden mit dem Ziel, diesen Inhalten innerhalb eines Beziehungskontextes Bedeutung zu verleihen und über das dialogische Vorgehen einer Bearbeitung zugänglich zu machen. Mit der KIP stellen wir einen Raum zur Verfügung, der das Ausprobieren von Handlungsalternativen auf der Inneren Bühne ermöglicht und so zu neuen Lösungen führen kann. Zudem werden der kreative Umgang mit Orientierungsprozessen und die Wahrnehmungskompetenz gefördert. Das kreative Potential kann sich auch im Gestalterischen entfalten, indem Erlebtem in Texten, Bildern oder anderen Schöpfungen eine Form gegeben wird.

Eine an diagnostischen Kriterien orientierte *Indikation* für die Behandlung mit der KIP besteht bei allen neurotischen und psychosomatischen Krankheitsbildern ebenso wie bei Persönlichkeitsstörungen (Sannwald, 2006). Auf die störungsbezogenen Aspekte der therapeutischen Arbeit gehen wir später ein (▶ Kap. 12). *Kontraindikationen* (Sannwald, 2006, S. 84f) bestehen immer dann, wenn die Fähigkeit zur Realitätsprüfung, d. h. der sicheren Unterscheidung zwischen Phantasie und Realität eingeschränkt oder nicht gegeben ist. Bei schwerwiegenden ich-strukturellen Störungen besteht die Gefahr der Überflutung mit unbewussten Inhalten und damit verbundener Dekompensation. Bei schweren depressiven Zuständen und bei maligner Regression ist KIP nicht indiziert. Eine Kontraindikation besteht auch dann, wenn aufgrund einer ausgeprägten Dissozialität und schwerem Agieren kein ausreichendes Arbeitsbündnis etabliert werden kann. Werden »Tagträume« primär im Dienst der Realitätsabwehr genutzt, ist die Arbeit mit der KIP nicht hilfreich und somit kontrainduziert.

10.3 Vorbereitung und Hinführung zur KIP

Zu Beginn eines therapeutischen Kontakts, in der Regel während der probatorischen Sitzungen oder auch schon während der Sprechstundentermine, schlägt der Therapeut dem Patienten eine kurze Tagtraumübung oder eine Imagination vor. Viele Jugendliche kennen Phantasiereisen aus pädagogischen Kontexten. Eine neue Erfahrung stellen in der Regel die Art und Weise der Motivvorgabe sowie die dialogische Begleitung dar. Nach der einleitenden Entspannung und der Motivvorgabe (vermutlich zunächst *eine Blume, irgendeine Blume ...*) bittet man den Jugendlichen, all das, was vor seinem inneren Auge auftaucht, genau zu beschreiben, alle Details, auch die eigenen Gefühle, zu beachten und das Vorgestellte auch weiter zu betrachten, während wir miteinander sprechen. Nach Beendigung der Imagination und nach Rücknahme der Entspannung bleibt meist ein positives Gefühl und etwas Verwunderung, wenn spontan festgestellt wird, dass diese spezifische Blume etwas mit ihnen selbst zu tun hat – entweder mit einem aktuellen Gefühl, einem Wunsch oder einem Konflikt.

Die imaginierten Blumen kommen ganz unterschiedlich daher, z. B. als zartes lilafarbenes Blümchen (Mona), als einbetonierter Kaktus, dem spontan die Blüten abgerissen werden (Bianca), als rote Blume, die schnell verschwindet, um einem Vogel Platz zu machen (Michelle) oder auch als kleine graue, nicht lebendige Blume, die sich ständig verändert und wieder neu zusammensetzt (Annika). Sie liefern uns wichtige Informationen darüber, welche Selbstaspekte der Adoleszente bei sich wahrnehmen, wie er zu sich selbst, aber auch zu den Objekten in Beziehung treten kann. Vorherrschende Konflikte zeichnen sich ebenso ab wie Hinweise auf strukturelle Einschränkungen. Wenn es im Nachgespräch und dem sich anschließenden Bilderdialog gelingt, dass der Adoleszente die Imagination und das gemalte Bild als etwas für ihn Bedeutsames erlebt, ist der Weg für die Arbeit mit der KIP gebahnt.

Das kleine zarte lilafarbene Blümchen (▶ Abb. 10.1) der 15-jährigen Mona, das allein mitten auf einer Waldlichtung steht, spiegelt sowohl ihre Einsamkeitsgefühle und das Schutzbedürfnis als auch ihre exponierte Position mit dem Wunsch nach dem Besonderen. Positiv im Sinne der Selbstfürsorge ist zu werten, dass Mona für die Blume zunächst einen geschützteren Platz am Rande der Wiese suchen kann. Es ist hier am ehesten von einer konfliktorientierten Problematik auf mittlerem Strukturniveau auszugehen.

Abb. 10.1: Lilafarbenes Blümchen (Mona)

Demgegenüber deutet der einbetonierte Kaktus (▶ Abb. 10.2), dem Bianca (18 Jahre) die Blüten, die sie stören, abreißt, auf ein kontaktabwehrendes, selbstdestruktives und sehr impulsives Verhalten hin, was als Hinweis auf eine deutlich ich-strukturell geprägte Problematik zu verstehen ist.

Teil III KIP mit Jugendlichen und Heranwachsenden

Abb. 10.2: Einbetonierter Kaktus (Bianca)

Auf dem zur Imagination gemalten Bild der 18-jährigen Annika (▶ Abb. 10.3) wird deutlich, dass es sich hier um einen Integrationsprozess handelt.

Die verschiedenen kleinen, grauen Blümchen hat sie jeweils mit der gleichen braunen, vital wirkenden Erde versorgt und spontan als zu sich gehörig empfunden. Einer ersten Deutung, dass sie vielleicht noch nicht so ein festgefügtes Bild von sich habe, kann sie zustimmen. Das Selbsterleben, der Selbstwert und die Identität scheinen hier wichtige Themen. Auf die eingangs ebenfalls erwähnte rote Blume (Michelle), die einem Vogel den Vorrang gibt, gehe ich bei den Motiven (▶ Kap. 10.6) ein.

Abb. 10.3: »*Meine Blume*« (Annika)

10.4 Grundhaltung

Die wertschätzende Konnotation der eigenen Position des Jugendlichen ist Voraussetzung für das Zustandekommen eines vertrauensvollen Arbeitsbündnisses. Gleichzeitig ist trotz *höchst möglicher Empathie* (Bürgin, 2002, S. 335) ein Anbiedern an die Jugendlichen ebenso zu vermeiden wie die Einnahme einer elterngleichen Rolle. Notwendig ist es stattdessen, eine Art *Dritte Position* (Sannwald, 2006) einzunehmen und damit ein tendenziell gutes, verständnisvolles, aber dennoch authentisches Objekt zu bleiben.

Im Rahmen einer entwicklungsfördernden Behandlungsstrategie wechselt der Therapeut fließend, flexibel und situationsangemessen zwischen stabilisierenden, ich-stärkenden und konfrontierenden Interventionen. Grundsätzlich sind der Verlauf und die aktuellen Möglichkeiten des Patienten die weichenstellenden Parameter. Es gilt, das Wachstumspotential dieser Lebensphase im Sinne einer korrektiv wirkenden Entwicklungsbegleitung zu nutzen (Sannwald, 2006, S. 46). Auch wenn der Therapeut eine deutlich aktivere Rolle als in der Behandlung Erwachsener einnimmt, so ist seine Haltung doch als *einfühlend-haltend-zugewandt* sowie *klärend-verstehend-deutend* zu charakterisieren (Bahrke & Nohr, 2013, S. 132).

10.5 Übertragung und Gegenübertragung

Bedingt durch den Prozess der Ablösung und die starke narzisstische Besetzung des Selbst ist die Entwicklung der Übertragung bei Adoleszenten beeinträchtigt. Zudem wird der Therapeut auch als reales Objekt gebraucht, sowohl als Modell als auch als emotional berührbares Gegenüber. Insbesondere bei ich-strukturell gestörten Jugendlichen inszeniert sich die Psychodynamik vorrangig in der interpersonellen Situation (Dieter, 2010).

In der KIP wird die Übertragungsbeziehung durch die Hinzunahme der imaginativen Ebene entlastet, die Imagination wird zum triangulierenden Element. Die Übertragungsbeziehung findet genauso wie andere relevante Themen einen symbolischen Ausdruck, so z. B. in der angenehm wärmenden Sonne oder in etwas positiv Atmosphärischem. Dies wird vom Therapeuten mitgelesen, jedoch nicht immer gedeutet und entschlüsselt. Die Entwicklung einer hilfreichen therapeutischen Beziehung ist ein wesentlicher Aspekt des Therapieerfolgs.

Negative Übertragungen, bei denen dem Therapeuten bedrohliche und zerstörerische Aspekte zugeschrieben werden, sollten möglichst schnell geklärt werden, um den therapeutischen Prozess insgesamt nicht zu gefährden. Für die Gegenübertragung bedeutsam ist gerade bei Jugendlichenpsychotherapeuten das Verhältnis zu ihrer eigenen Jugendzeit. »Ungelöste Identifizierungen sind in der Arbeit mit Jugendlichen besonders kontraproduktiv. Unvollständig bewältigte Ablösungsprozesse hindern daran, eine angemessene, grenzsetzende Haltung einzunehmen« *(Windaus, 2007, S. 236)*.

10.6 Motive und Motivwahl

Die Motivwahl ist ein Angebot des Therapeuten an den Patienten, das – neben der grundsätzlichen Behandlungsstrategie – von seiner Gegenübertragung mitbestimmt ist. Es gibt keine vorgeschriebene Reihenfolge der Motive im Sinne eines festen Behandlungsprotokolls. Mit der Motivvorgabe eines Selbstsymbols zu Beginn eines therapeutischen Kontakts rückt das Selbst mit seiner aktuellen Befindlichkeit in den Vordergrund, der Adoleszente bekommt eine Bühne. Motive zur emotionalen Stabilisierung, zur narzisstischen Stärkung und zur Förderung der positiven Übertragung kommen verstärkt in der Anfangsphase, aber bei Bedarf auch immer wieder im weiteren Verlauf der Therapie zum Einsatz.

In der Frühphase der Therapie könnte auch ein Motiv mit prospektivem, auf die Zukunft gerichteten Charakter zur Abschätzung des Entwicklungspotentials zum Einsatz kommen, z. B. das *Ich-Ideal*. Mitunter zeigen sich das innere Programm und das Anliegen an die Therapie in einer der ersten Imaginationen oder auch im Initialen Tagtraum.

So reagiert Michelle, eine 22-jährige junge Frau, auf die Vorgabe *Blume* überraschend: »*Es ist eine Taube ... oder eine Möwe...*«. Die Möwentaube fliegt, ohne die Flügel zu bewegen, knapp über dem Meer dahin, und sie ist ganz nah dabei. Es entsteht ein friedliches Gefühl bei der jungen Frau. Das Fliegen »*ist wie Fallen, nur weicher und ohne dass es runter geht, also schön. Fallen ist nicht schön, aber das ist schön.*« Die rote Blume, die sie anfangs gesehen hatte, sei mehr wie ein Foto gewesen, die habe sie nicht gewollt. Was war die Botschaft? Sie möchte sich fortbewegen, weiß aber nicht wie, sie braucht ein Modell, das sie in der Therapeutin vermutet, die sich mit ruhigem, kaum merklichem Flügelschlag sicher durch die Luft bewegt. Die rote Blume kann trotz der vorhandenen Vitalität nicht lebendig in Erscheinung treten. Michelles Aufmerksamkeit ist ganz beim Anderen, auch um ihr Eigenes zu schützen. Und es muss schnell gehen. In wenigen Monaten will sie sich für ein Jahr ins Ausland verabschieden, will die Verantwortung für die Mutter abgeben, sich ihren eigenen Raum eröffnen, ihren eigenen Weg gehen.

Als Motive für die Initiale Imagination und als Selbstsymbol kommen auch *Baum* und *Tier* zum Einsatz. Mit dem *Baum* kann in verschiedener Weise interagiert werden. Aktuelle Objektbeziehungen und innere Objektrepräsentanzen können sich dabei ebenso abbilden wie das Selbst. *Tiere* bieten ein breites Spektrum an Identifikationsmöglichkeiten, die gerne angenommen werden, und sie verfügen zudem über die Möglichkeit der selbständigen Bewegung.

Annika, eine 18-jährige Jugendliche mit einer Angststörung, war als Kind an einem Tumor erkrankt und damals nach einem schweren, körperverändernden Eingriff über 1 ½ Jahre psychotherapeutisch von mir begleitet worden. Bei der Imagination *Tier* durchlebt sie in der Identifikation mit einer Katze ihre Geschichte und entwirft das therapeutische Programm. (▶ Kap. 12.1).

Die von Leuner entwickelten sog. Standardmotive der Grundstufe, *Wiese, Bach, Haus, Berg und Waldrand,* finden auch in der Adoleszententherapie Anwendung. Sannwald (2006, S. 48) gibt bei Adoleszenten als Eingangsmotiv, als Modifikation des Wiesenmotivs, das Motiv *Tropischer Strand* vor. Eine Zusammenstellung von zwölf Motiven/Motivgruppen, die sich in der Behandlung von Adoleszenten als besonders geeignet erwiesen haben, bietet insbesondere für weniger erfahrene Therapeuten einen mit anschaulichen Beispielen erläuterten Orientierungsrahmen (Sannwald, 2006, S. 46ff.).

Auf der Basis einer sicheren therapeutischen Beziehung und bei guter Kenntnis des Patienten kommen bei konfliktbedingten Störungen insbesondere solche Motive zum Einsatz, die eine Symbolisierung der jeweiligen Konfliktthematik ermöglichen. In der nachfolgenden Tabelle (▶ Tab. 10.1) sind mögliche KIP-Motive den Themen der OPD-Konflikte beispielhaft zugeordnet.

Tab. 10.1: OPD-Konflikte und mögliche KIP-Motive/Imaginationsvorgaben

	OPD-Konflikt	Thema	KIP-Motive (Beispiele)
1	Nähe – Distanz	Existentielle Bedeutung von Bindung, Bindungen sind nicht sicher	Nest, Ei, junger Vogel, ein Tier und sein Junges, Tierfamilie fliegender Teppich mein eigener Raum/mein »Reich«
2	Unterwerfung – Kontrolle	Selbst- und Fremdkontrolle sind lebensbestimmend	Ich bin der Chef König/Königin Wildes Tier, Raubtier Vulkanausbruch Burg/Schloss
3	Selbstversorgen – Versorgtwerden	Versorgung ist lebensbestimmend	Familienfest Paradiesgarten Schlaraffenland
4	Selbstwert	Regulierung des Selbstwertes steht im Vordergrund	Blume, Baum Berg besteigen Prüfung Wettbewerb, Auftritt Party
5	Schuldkonflikt	Beziehung zu den Eltern sichern, selbstaufopfernd unangemessene Schuldgefühle	Tarnkappe Gerichtsverhandlung Mein Anwalt
6	Ödipaler Konflikt	Erotisch-sexuelle Wünsche und deren Abwehr Übergang von der Dyade in die Triade erschwert	Garten Eine Frucht Hochzeit Am Strand
7	Identität	Identitätsfindung und Identitätssicherung lebensbestimmend	Spiegel Mein Idol, Ich-Ideal Meine beste Freundin Mein Zwilling Lieblingstier, Märchengestalt

Das *Entwicklungsthema* mit dem Akzent auf der aktiven Gestaltung des Übergangs, aber auch der Umgang mit Widersprüchen und Brüchen im Erleben und Verhalten können z. B. durch das Motiv *Brücke* angeregt werden. Um über eine Brücke zu gehen, braucht es Vertrauen in die eigenen Fähigkeiten und in die Stabilität der Konstruktion, im übertragenen Sinne auch in die Zuverlässigkeit, Tragfähigkeit einer Beziehung. Brücken schaffen Verbindung, Unzusammenhängendes wird zusammengefügt (Bauer-Neustädter, 2018).

Kontaktaufnahme und Beziehungsklärung können in unterschiedlichen Begegnungen thematisiert werden, sei es indem die *Begegnung mit einer konkreten Person* (z. B. dem verstorbenen Großvater) direkt angeregt wird oder indem ein Wesen, Mensch, Tier oder Fabelwesen sich vor einem Waldrand oder aus dem Nebel oder Sumpfloch kommend zeigt. In diesen Fällen arbeiten wir mit dem *Induzierten Dialog* (▶ Kap. 11.4).

Grundsätzlich gibt es immer auch die Möglichkeit, neue und ganz individuelle Motivvorgaben zu kreieren. Dies kann u. a. durch das Hinzufügen von Adjektiven geschehen, mit denen man etwas spezifiziert. Beispiele wären ein *wildes Tier*, ein *geheimnisvolles Schloss*, eine *urtümliche Landschaft* (Rosenberg, 2009) sowie der aus der Behandlung von Borderline-Störungen und traumabedingten Störungen bekannte *sichere Ort* (Steiner & Krippner, 2006). Motive können sich auch aus Redewendungen und Sprachbildern ergeben (Seithe-Blümer, 1997) oder sich im Prozess aus den aufkommenden Symbolen und Metaphern entwickeln (metaphorisch-narrative Motivgestaltung, Ullmann, 2012c).

Spätadoleszente Jugendliche, die den Prozess der Exploration nicht abschließen können, befinden sich im *Land der unbegrenzten Möglichkeiten*, einen *roten Faden* können sie nur schwer finden. Welche *Schuhe* wollen sie anziehen? Geht es um einen *Parcourslauf* oder um den *Laufsteg*? Letztlich sind für entwicklungsgehemmte Jugendliche auch die Motive *Kokon*, *Puppe* und *Schmetterling* von Bedeutung.

Ausgehend von der Erfahrung, dass Jugendliche, die eine psychotherapeutische Behandlung in Anspruch nehmen, in struktureller Hinsicht (nach OPD KJ-2) häufig weder klar einem neurotischen noch einem Borderline-Niveau zugeordnet werden können, entwickelte Gersdorf (2020) unter Bezugnahme auf Rudolf (2013) und Taubner (2016) das *Modell einer strukturbezogenen KIP mit Jugendlichen*. In Phase I des gestuften, entwicklungsfördernden Ansatzes kommen Motive wie *Wohlfühlort, gute Gestalt, tropischer Strand* zum Einsatz zur »Schaffung einer sicheren inneren Basis und Entwicklung und Stärkung der inneren affektiven Welt« (Gersdorf, 2020, S. 9). In Phase II geht es mit Motiven wie z. B. *Bachlauf, Weg, Autofahrt, Bootsfahrt oder auch Spiegelbild, Zwilling, goldene Kugel, Kraftquelle usw.* um die Förderung der Exploration in den Imaginationen. In Phase III ist eine Konfrontation mit konflikthaften Bereichen und negativen Affekten mit dem Ziel der Integration negativer Affekte vorgesehen. In der den Prozess abschließenden Phase IV stehen eine zusammenfassende Betrachtung des Therapieverlaufs, eine Würdigung des Erreichten und der Abschied an.

10.7 Interventionsstrategien und -techniken

Für die Einleitung, Begleitung und Beendigung der katathymen Imaginationen stehen spezifische Interventionstechniken zur Verfügung, die von Bahrke und Nohr (2013, S. 169) in einem Überblick zusammengestellt wurden. Es wird unterschieden zwischen Instruktionen, die den Rahmen der Imagination strukturieren, und begleitenden Interventionen, die das Bilderleben unterstützen und intensivieren sollen. Dabei kommen affektdifferenzierende, klarifizierende, supportive, fokussierende und konfrontierende Interventionen und schließlich Resonanzinterventionen im Sinne des Affekt-Containing durch den Therapeuten zum Einsatz. Es steht somit ein breites Spektrum an behandlungstechnischen Möglichkeiten zur Verfügung. »Die beim KB eingesetzten Techniken sind implizite Suggestionen, die sich aber nicht auf die Veränderung der Inhalte der Imaginationen richten, sondern auf eine Erweiterung des Spielraums, mit den Inhalten umzugehen« (Kottje-Birnbacher, 2010, S. 82). So ermutigen wir den Patienten z. B. eine andere Perspektive einzunehmen, imaginativ im Sinne des Probehandelns etwas auszuprobieren, sich wenn nötig hilfreiche Gestalten hinzuzuholen, sich ängstigenden Symbolgestalten zu stellen, sie in ihrer (Aus-)Wirkung zu begrenzen und so selbst Herr oder Herrin der Lage zu werden. Wir regen auch an zu verweilen, sich auszuruhen, sich Pausen zu gönnen, gleichsam aufzutanken, sich mit den eigenen Ressourcen zu verbinden. Dies geschieht im Einzelnen durch:

- Fokussierung der Aufmerksamkeit
- Anregung zum genaueren Wahrnehmen
- Veränderung der Trancetiefe (durch strukturierendes Nachfragen oder empathisches Mitschwingen)
- Veränderung der Perspektive innerhalb von Zeit und Raum (Fokussieren von Gegenwart, Vergangenheit oder Zukunft; Sich-Entfernen, Sich-Annähern)
- Ermutigung, etwas noch nicht Gewagtes ruhig einmal zu tun
- Anregungen, etwas Neues auszuprobieren, z. B. mit Symbolgestalten auf eine bestimmte Weise umzugehen

Von besonderer Bedeutung für die Adoleszententherapie sind die folgenden spezifischen Techniken (Sannwald, 2006), auf die im nächsten Kapitel ausführlich eingegangen wird (▶ Kap. 11): assoziatives Vorgehen, Fortsetzungsmotive, Interventionstechnik des induzierten Dialogs sowie die Technik der Rollen- und Perspektivübernahme.

10.8 Begleitung im Verlauf

Die Begleitung im Therapieverlauf ist ein jeweils einzigartiger Abstimmungsprozess. Im Vergleich zur Arbeit mit erwachsenen Patienten ist der Therapeut deutlich aktiver, ermutigend und unterstützend. Wenn nach der Entspannungsinstruktion ein längeres Schweigen zu entstehen droht, macht der Therapeut sich bemerkbar, entweder mit einem »Hm« oder auch mit einer konkreten Frage (z. B. Was passiert gerade?, Was hast du vor deinem inneren Auge?). Vielleicht erfahren wir dann, dass der Jugendliche sich nicht entscheiden kann, dass sich verschiedene Bilder abwechseln oder auch, dass da gar nichts ist, alles dunkel, alles grau ... Was auch immer der Patient mitteilt, der Therapeut nimmt es erstmal so an, bietet im ersten Fall vielleicht an, die verschiedenen Bilder zu benennen (Ah, was ist da denn alles?) und regt dann u. U. an, sich dem genauer zuzuwenden, was ihn gerade am meisten anspricht. Das »Nichts« oder das »Graue/Schwarze« lassen wir uns genauer beschreiben, vielleicht fokussieren wir auch nochmals auf die Atmung und das körperliche Empfinden oder wir fragen, was sich der Jugendliche denn gerne vorstellen würde. Der Konjunktiv erleichtert häufig den Zugang zur Imagination.

Schon nach dem Initialen Tagtraum sprechen wir auch darüber, wie es dem Jugendlichen mit der Entspannung, mit dem Imaginieren und mit der Begleitung gegangen ist. Der Therapeut wird in der Folge seine Technik darauf abstimmen. Damit der Therapeut ein hilfreicher Begleiter in der Imagination ist, muss die Autonomie-Abhängigkeits-Thematik Beachtung finden und die Nähe-Distanz-Regulation stimmen. Angesichts der schnell wechselnden Bedürfnislagen kann die Umsetzung dieser Forderung eine schwierige Kunst darstellen. In der Nachbearbeitungsphase sollte dies entsprechend thematisiert werden.

Das gemalte Bild ist ein wichtiges Element, über das in der Verarbeitungsphase noch einmal Bezug zur Imagination genommen wird. Und aus der Bearbeitung der Themen, die sich in der Imagination gezeigt haben, kann idealerweise eine neue Motivvorgabe entstehen.

10.9 Vorbereitung des Abschieds

Wenn Therapien planmäßig beendet werden, kann der Abschied auch auf imaginativer Ebene vorbereitet werden, beispielsweise durch Motive des Übergangs wie *Tor* oder *Brücke*, über Prospektive Motive (*Ich in fünf oder zehn Jahren*) oder indem man eine Imagination zum Therapieverlauf vorgibt. Je nach vorrangiger Thematik wird auch ein ganz individuelles KB-Motiv entwickelt, z. B. »*Ich bin am Ende einer Expedition ange-*

kommen«, »Ich bin gerüstet« oder »Mein Ziel ist erreicht« (▶ Kap. 12.4). Mit dem *Besuch bei einem/einer alten Weisen* z. B. kann eine positive Objektrepräsentanz nochmals aktiviert und eine entwicklungsfördernde, ermutigende Botschaft eingeholt werden.

Das gemeinsame Betrachten der gemalten Bilder zu den Imaginationen veranschaulicht Entwicklungen und Veränderungen im therapeutischen Prozess, wichtige Szenen, aber auch ganze Entwicklungslinien können emotional nachvollzogen werden. Alle gemalten Bilder, gesammelt in einer jeweils eigenen Bildermappe, werden den Jugendlichen zum Abschied mitgegeben.

Zusammenfassung

Psychotherapie im Jugendalter erfordert einen Therapeuten, der trotz höchst möglicher Empathie auch immer authentisch bleibt und der im Rahmen einer entwicklungsfördernden Behandlungsstrategie flexibel und situationsangemessen zwischen stabilisierenden, ich-stärkenden und konfrontierenden Interventionen wechselt. Die Weichen für eine Behandlung mit der KIP werden in der Anfangsphase gestellt. Beispielhaft werden prototypische Initiale Imaginationen dargestellt und erläutert. In der KIP wird die Übertragungsbeziehung durch die Arbeit mit Imaginationen entlastet, die Imagination wird zum triangulierenden Element. Auswahl und Einsatz der Motive/Imaginationsvorgaben erfolgen in Abhängigkeit von der Behandlungsstrategie und der Übertragungssituation. Eine Zuordnung von Motivvorschlägen zu OPD-Konfliktthemen stellt einen Orientierungsrahmen dar. Ein Modell einer strukturbezogenen KIP mit Jugendlichen wird von Gersdorf (2020) beschrieben. Jenseits aller Systematiken ist die KIP ein jeweils einzigartiger Abstimmungsprozess zwischen Patient und Therapeut.

Literatur zur vertiefenden Lektüre

Du Bois, R. (2002). Was Therapeuten von jugendlichen Patienten lernen können – Über das Gelingen und Scheitern von Psychotherapie. In B. Metzmacher, C.

Teders-Windler & F. Wetzorke (Hrsg), *Viele Seelen wohnen doch in meiner Brust. Identitätsarbeit in der Psychotherapie mit Jugendlichen* (S. 25–41). Münster: Verlag für Psychotherapie.

Gersdorf, H. (2020). Strukturbezogene Katathym Imaginative Psychotherapie (KIP) mit Jugendlichen – eine Falldarstellung. *Forum der Kinder- und Jugendpsychiatrie, Psychosomatik und Psychotherapie*, 3, S. 2–23.

Kottje-Birnbacher, L. (2001). Einführung in die katathym-imaginative Psychotherapie. *Imagination*, 4, 5–78.

Sannwald, R. (2006). Theorie und Technik der Katathym Imaginativen Psychotherapie von Jugendlichen. In Horn, G., Sannwald, R. & Wienand, F. (2006), *Katathym Imaginative Psychotherapie mit Kindern und Jugendlichen* (S. 40–81). München: Ernst Reinhardt.

Weiterführende Fragen

- Wie kann der Therapeut sich auf die Besonderheiten der adoleszenten Beziehungsgestaltung einstellen?
- Wie verbinden sich diagnostische Einschätzung, Behandlungsplanung und Motivwahl in der KIP?

11 Einige Techniken für die KIP im Jugendalter

»… und ich bin der Drache, aber ein richtiger, so mit Schuppen und so …«
Selina (18 Jahre alt)

Im Folgenden werden Interventionstechniken beschrieben, die in besonderer Weise die szenische Gestaltung auf der inneren Bühne der Imagination betreffen, entweder durch Fokussierung auf freie Entfaltung des Imaginationsflusses oder entgegengesetzt durch den Einsatz sehr strukturierender Techniken. Beiden Vorgehensweisen kommt in der Adoleszententherapie eine besondere Bedeutung zu (Sannwald, 2006). Ausdrücklich betont sei an dieser Stelle, dass es bei der KIP nie allein um die Anwendung bestimmter Techniken geht, sondern dass diese immer im Kontext des Prozesses und der therapeutischen Beziehung gesehen und verstanden werden müssen.

11.1 Assoziatives Vorgehen

Die aus der Psychoanalyse bekannte Technik des »freien Assoziierens« wird auf die Ebene des Bildbewusstseins übertragen, d. h. der Imaginierende wird aufgefordert, zu seinen eigenen Bildern zu assoziieren. Die imaginativen Assoziationen können sich dabei in unterschiedliche Richtungen entwickeln, sie vollziehen sich in der KIP »vor allem entlang einer affektbestimmten (›katathymen‹) Schiene, die inhaltliche und zeitliche Sprünge erlaubt« (Ullmann u. a., 2017, S. 57). Der »raumgebend zurückhaltende Interventionsstil« (Sannwald, 2006) unterstützt die Eigeninitiative und das Explorationsverhalten. Als Voraussetzung für das assoziative Vorgehen beschrieb schon Leuner (1985, S. 143) »die Fähigkeit zur spontanen, d. h. selbsttätigen Entfaltung der optischen Phantasie.« Jugendliche, die gerne in Tagträumereien schwelgen und sich so ihre phantastische Zukunft ausmalen, oder auch die eigene Biographie modifizierende Vorstellungen entwickeln, nutzen diese Fähigkeit je nach Situation zur Stabilisierung oder zur Vermeidung. Meist geht es um eine Identitätsthematik, letztlich unter dem Motto »Eigentlich bin ich eine andere/ein anderer« (▶ Kap. 11.2). Das assoziative Imaginieren stellt sich bei phantasiebegabten Patienten mitunter spontan ein, indem z. B. schon während der Entspannungseinleitung und noch vor der Motivvorgabe Bilder entstehen, die mit der Thematik der Stunde oder aktuellen und damit verbundenen unbewussten Konflikten zu tun haben. Bei der Initialen Imagination (*Eine Blume, die alles hat, was sie braucht*) entsteht in der Vorstellung der 18-jährigen Xenia *eine Wiese* mit »*einer fuchsia-farbenen Blüte, so eine typische Blume, wie ein Gänseblümchen, um die eine Biene herumsaust*«. Die Wiese bettet sich schnell ein in eine »*Landschaft wie bei Heidi, mit der Hütte und dem Großvater im Schaukelstuhl.*« Ihrem Impuls folgend schmeißt Xenia sich in der Imagination auf die Wiese und rollt voller Freude mit Heidi den Berg hinunter, bevor ihr das Bild entgleitet. Die Erinnerung an zahllose Kinderfilme und die Helden ihrer Kindheit begeistern sie. Hier ist es im Erleben zu einer spontanen Altersregression gekommen. Stimme, Wortwahl und sprachlicher Ausdruck wirkten plötzlich kindlicher.

Jugendliche können in den sich entwickelnden Szenarien die Heldinnen und Helden ihrer privaten Märchen-, Helden- oder Göttergeschichte werden. Als problematisch können sich abschweifende Passagen sowie ein fragmentierter Verlauf erweisen. Mitunter kann es zu intellektualisierenden Erklärungen und theoretischen Erläuterungen kommen, die in der Regel Ausdruck eines Widerstands sind. In der Gegenübertragung machen sich dann eher Langeweile und Desinteresse breit oder die Lust zu widersprechen, zu argumentieren und mit zu diskutieren. Spätestens dann, wenn der Therapeut solche Reaktionen bei sich bemerkt, sollte er den Patienten fragen, wie er sich im Moment eigentlich fühle, oder was bei ihm denn gerade los sei. Gegebenenfalls ist bei einem sehr sprunghaften oder fragmentierten Verlauf die Indikation für die KIP nochmals zu überprüfen.

Beim assoziativen Vorgehen wird in der Begleitung wenig interveniert, am ehesten geht es um Resonanzinterventionen, mit denen der Therapeut deutlich macht, dass er dabei ist, dass er verstehend zuhört, dass er den stimmungsmäßigen Gehalt aufnimmt. Droht der Patient allerdings in Gefahr zu geraten, wenn z. B. traumatisches Material auftaucht und er sich akut bedroht fühlt, wird der Therapeut seinen Interventionsstil ändern und eher stützend-schützend eingreifen, gegebenenfalls auch auf eine moderate und angemessene Symbolkonfrontation hinarbeiten. Für den Therapeuten besteht die Herausforderung darin, mittels seiner Gegenübertragung immer wieder zu überprüfen, ob er »schützend eingreifen oder die sich anbahnende Konfrontation sich entwickeln lassen soll« (Leuner, 1985, S. 146).

Um eine assoziative Sequenz regulär abzuschließen, wird der Imaginierende entweder aufgefordert, sich nochmals die anfängliche Szene vorzustellen und zu beschreiben oder aber ein für ihn passendes Ende zu finden, um die Imagination zu beenden. Im ersten Fall könnte eine Veränderung der Ausgangsszenerie festgestellt werden, also ein sogenanntes Wandlungsphänomen, das einen Hinweis auf die therapeutische Wirkung des Assoziationsflusses liefert. Im zweiten Fall bestärkt man den Patienten in seiner Autonomie und Selbstfürsorge.

11.2 Fortsetzungsmotive

Ein spätadoleszenter Patient, Boris, damals etwa 22 Jahre alt, berichtete mir, dass er, immer wenn er aus dem Haus gehe, die Kopfhörer aufsetze und in eine Art Parallelwelt abtauche. Untermalt durch entsprechende Musik bewegt er sich in einer anderen Zeit und mit vielen positiven Eigenschaften ausgestattet. Er erlebt sich in diesem Szenario erfolgreich, attraktiv und begehrt. Wie bei einem Fortsetzungsroman oder einer »Daily Soap« entwickelt sich seine Heldengeschichte immer weiter. Ein- und

Ausstieg gelingen ihm problemlos. Diese Neigung zu Tagträumereien ist, wie schon erwähnt, ein charakteristisches Merkmal des jugendlichen Selbst- und Welterlebens. Wir können uns dies therapeutisch einerseits zu Nutze machen, andererseits könnte ein übermäßig explorierendes und sich in Details verlierendes Verhalten auch kontraproduktiv sein.

Sannwald (2006) weist darauf hin, dass es in der Psychotherapie von Jugendlichen oft nicht möglich sei, die Imagination innerhalb einer Sitzung zu einem befriedigenden und lösungsorientierten Ende zu führen, sodass man die Imagination an einer einigermaßen geeigneten Stelle beenden muss. So wird auch die imaginative Arbeit zu »*work in progress*«. Die Rückkehr zur abschließenden Szene des letzten Tagtraums gelingt in der Regel gut, sodass an der Thematik weitergearbeitet werden kann. Diese Art des Vorgehens hat sich vor allem bei komplexen Problematiken und in schwierigen Phasen der Therapie bewährt.

Die Arbeit mit Fortsetzungsmotiven eignet sich grundsätzlich dafür, Entwicklungsprozesse anzuregen, die kreative Selbstentfaltung weiter auszubauen, den Zugang zu Ressourcen zu verbessern und die Integration noch nicht gelebter Aspekte zu ermöglichen. (Malitz-Picard, 2006).

Die inzwischen 16-jährige Mona (▶ Kap. 10.3 und Kap. 12.4) hat weiterhin wenig Anschluss an Gleichaltrige, sie fühlt sich nicht zugehörig und fürchtet wie in der Vergangenheit angegriffen zu werden. Als ich ihr das Motiv *wehrhaftes Tier* vorgebe, taucht »*ein kleiner zotteliger Wolf, dunkelgrau, mit aufmerksam gespitzten Ohren*«, auf der sich in einer felsigen Landschaft mit dunklen Tannen im Hintergrund befindet. Mit der hereinbrechenden Dunkelheit wird es etwas unheimlich und der Wolf kann die aus dem Wald kommenden Geräusche nicht zuordnen (▶ Abb. 11.1). – Vielleicht könnte sich eines der Tiere zeigen, formuliere ich. – *Da ist ein roter Fuchs, den sieht man deutlich in dem dunklen Wald. Der kennt den Wald besser, weiß, wo die Wege da hingehen.* – Wolf und Fuchs marschieren gemeinsam durch den Wald bis sie eine Stelle erreichen, wo der Boden ganz weich und mit einem dichten Nadelteppich übersät ist, dort setzen sie sich hin und gucken den Mond an. Sie fühlen sich gut, spüren eine Verbindung.

Entsprechend der metaphorisch-narrativen Motivgestaltung lasse ich Mona in der nachfolgenden Imagination zu *Wolf und Fuchs auf der Waldlichtung* zurückkehren. Es ist noch Nacht, kurz vor Sonnenaufgang, der Fuchs möchte dem Wolf eine Stelle zeigen, die dann besonders schön aussehe. Neben dem Fuchs gehend fühlt der Wolf sich *neugierig, er ist gespannt, wohin es geht.* Als die Sonne langsam aufgeht, sind sie an einem See, wo ganz viele Flüsse ineinanderfließen (▶ Abb. 11.2). In der Sonne glitzernde Tautropfen auf den Grashalmen zaubern eine besondere Atmosphäre ... »*Alles spiegelt und glitzert.*« – Wozu haben die zwei jetzt wohl Lust? – Ausgelassen plantschen, spritzen und tauchen sie im Wasser bis sie sich erschöpft nebeneinander ins Gras legen und sich das Fell wärmen lassen. In der Nachschwingphase herrscht ein warmes und beglückendes Gefühl vor. Der Wolf fühlt sich selbstbewusst und mit dem Fuchs verbunden. Mona kann hier die therapeutische Beziehung für sich nutzen, sich anvertrauen und sich führen lassen, schließlich auch noch Spaß haben und ausgelassen sein, Qualitäten, die in ihrem sehr kontrollierten Leben zuletzt so nicht vorkamen.

Abb. 11.1: Wehrhaftes Tier

Abb. 11.2: Wolf und Fuchs unterwegs

Die Vorgabe desselben Motivs in verschiedenen Phasen des therapeutischen Prozesses ist eine gute Möglichkeit, Fortschritte in Bezug auf eine bestimmte Thematik abzubilden. So wandelte sich die graue, recht fragile Blume aus der Initialen Imagination der 18-jährigen Annika zu einer »*Wunderblume*«. Während sich die erste Blume sowohl in ihrer räumlichen Lage als auch in ihren Proportionen und ihrer Zusammensetzung ständig veränderte und dieses Erleben mit einem sehr unangenehmen Gefühl verbunden war, imaginiert Annika im Verlauf »*eine prächtige Blume, gerade am Aufblühen, mit vielen, ganz unterschiedlich farbigen Blütenblättern. Der Stiel hat eine merkwürdige Form, dort wo die Blüte ansetzt, ist er am dünnsten. Diese Stelle erscheint ihr nicht natürlich, vielleicht rühre sie von einer Verletzung her. Es lässt sich jedoch nichts machen*« (Bauer-Neustädter, 2003, S. 37). Auf dem gemalten Bild bekommt die ganze Blume und damit auch die betroffene Schwachstelle eine Schutzhülle (▶ Abb. 11.3). Der Beginn der Therapie war geprägt von einer allgemeinen Verunsicherung und der diffusen Angst, sich aufzulösen. Später, im Verlauf des therapeutischen Prozesses ging es darum, herauszufinden, wie viel und welche

Art von Vitalität und Lebendigkeit möglich ist, angesichts der real bestehenden Einschränkungen.

Abb. 11.3: »Wunderblume« (Annika)

11.3 Rollen- und Perspektivübernahme

Die Rollen- und Perspektivübernahme ist eine Technik aus dem von Moreno entwickelten Psychodrama, die auch auf der imaginativen Ebene gewinnbringend zum Einsatz kommen kann. Sich in andere hinein zu phantasieren, sich als Held oder Heldin zu erleben und die Lage im Griff zu haben, oder als Glückskind, dem alles gelingt, es gibt wohl kaum einen jungen Menschen, der nicht zumindest manchmal solche Gedanken hatte. Auf dem Weg zur eigenen Identität wird vieles probehandelnd und -denkend ausgelotet. Die Verbreitung von Internetspielen mit Rollenspielcharakter, bei denen man seinen eigenen Charakter erschaffen und nach Belieben ausstatten kann, macht sich diese Lust, sich selbst zu erfinden, zunutze. Role-playing ist eine neue Art Gesellschaftsspiel, man trifft sich, um eine Geschichte zu entwickeln und zu spielen und dabei einen bestimmten Charakter zu verkörpern. Eine Art Fortsetzungstheaterspiel, für das bestimmte Zeitfenster vereinbart sind. Roleplayer treffen sich mitunter auch auf speziellen Conventions, bei denen ein Live-Rollenspiel durchgeführt wird. Eine spezielle Form des Rollenspiels ist das aus Japan stammende Cosplay, wobei Manga-, Anime-, Comic- oder Video-Charaktere, angefangen vom Kostüm über Accessoires, Schminke, Gesten und Verhalten möglichst originalgetreu dargestellt und verkörpert werden.

Bei der im therapeutischen Bereich angewendeten Technik der Rollen- und Perspektivübernahme geht es darum, dass der Protagonist, in unserem Fall der Imaginierende, die Rolle einer Symbolgestalt einnimmt, d. h. sich ganz in sie hineinversetzt, einschließlich des körperlichen Empfindens, des Fühlens, Denkens, Handelns (Ladenbauer, 2000). Die Symbolgestalten können menschliche Wesen, aber auch Tiere, Fabelgestalten oder Gegenstände sein. Im kindlichen Spiel findet ein solcher Rollentausch ganz selbstverständlich mit dem Kommentar »*Ich wär jetzt mal der Tiger*« statt. Während der katathymen Imagination wird man dem Betreffenden beispielsweise an geeigneter Stelle etwa Folgendes sagen: »Kannst du mal versuchen, der Tiger zu sein?« Aufgrund der Erlebnisnähe der Imaginationen kann dieses Phänomen durchaus auch spontan auftreten. So hatte ich z. B. Selina (18) gebeten, sich ihren Drachen vorzustellen, der in der Luft sei und sich frei bewegen könne ... Sie beschreibt zunächst eine Szenerie mit Reisfeldern, die weit unter ihr sind ... »*Und ich bin der Drache, aber ein richtiger, so mit Schuppen und so*«.... Zu einem früheren Zeitpunkt in der Therapie war ein Papierdrachen in der Luft aufgetaucht, der beim gemalten Bild ohne Schnur, d. h. ohne Verbindung zu ihr war. Schon damals hatte ich sie phantasieren lassen, wohin der Drachen denn fliegen könnte, er sei ja frei. Als der Autonomie-Abhängigkeits-Konflikt sich erneut zuspitzte und die Entwicklung zu stagnieren drohte, erinnerte ich mich an den Drachen und den damit verbundenen Autonomiewunsch.

Die Rollenübernahme ist immer dann leicht, wenn es sich um eine positiv besetzte Gestalt, um eine positive Selbst- oder Objektrepräsentanz handelt. Die Konfrontation mit bedrohlichen und negativ besetzten Symbolgestalten ist deutlich schwieriger und erfordert ein sehr umsichtiges Vorgehen (Steiner, 2008; Stigler, 2018). Die Ich-Stärke des Patienten und die zur Verfügung stehenden Ressourcen müssen bedacht werden. Wann immer man eine Rollenübernahme initiiert, ist es notwendig, den Imaginierenden noch in der Imagination wieder in seine eigene Rolle zurückkehren zu lassen. Dies ist im Übrigen auch notwendig, wenn es im Verlauf der Imagination zu einer Altersregression gekommen ist. Unser Ansprechpartner in der Therapie ist der heutige Jugendliche, der einen Blick auf das Kind von damals wirft, nicht aber das Kind von damals ist.

11.4 Induzierter Dialog

Diese Technik eignet sich bei der Begegnung mit Symbolgestalten, wenn es darum geht, etwas zu klären oder auch, um sich einen Rat, eine Meinung oder eine Außensicht einzuholen. Dies kann hilfreich sein zur Stärkung und Differenzierung von Aspekten der Selbstrepräsentanz beim Motiv *Ich-Ideal* oder auch bei Motiven, die die enge Beziehung zu einer nahestehenden Person beinhalten wie z. B. *mein Zwilling, meine beste Freundin, mein Kumpel*. Bei ungelösten Konflikten oder Unsicherheiten gegenüber evtl. auch bereits verstorbenen Beziehungspersonen oder deren Stellvertretern kommt der Technik eine Klärungsfunktion zu. Ressourcen können gezielt im Kontakt mit einer *hilfreichen Gestalt* oder in der *Begegnung mit einem alten Weisen/einer alten Weisen* aktiviert werden.

Das im Psychodrama und in der Symbolarbeit (Wollschläger & Wollschläger, 1998) genutzte Rolleninterview zwischen Therapeut und Protagonist wird in der entsprechenden KB-Technik auf die innere Bühne verlagert. Der Imaginierende wird aufgefordert ein Gespräch mit der auftauchenden Symbolgestalt zu beginnen. Mit den entsprechenden Fragen werden verschiedene Themenbereiche erkundet. So zum Beispiel die Identität (z. B. Wer – oder auch was – bist du denn? Wie heißt du? Was machst du so? Wo und wie lebst du?), die Herkunft (Wo kommst du denn her? Wie bist du hierher gekommen?), spezielle Fähigkeiten und Ressourcen, die für den Protagonisten hilfreich sein könnten, und schließlich geht es auch darum, in welcher Beziehung die Symbolgestalt zum Protagonisten X steht. Letzteres erkundet man mit Fragen wie z. B. Kennst du eigentlich X?, Kannst du mir ein bisschen über X erzählen?... Was magst du denn besonders an X? ... Da du ja X doch recht gut kennst, hast du vielleicht eine Idee, was X helfen könnte? Vielleicht einen Rat?

Wenn wir diese Technik, die zusammen mit der Rollen- und Perspektivübernahme zu den regieführenden Prinzipien zählt, im Rahmen der KIP anwenden, ist der Patient gefordert, flexibel zwischen verschiedenen Rollen und Perspektiven zu wechseln. Der Therapeut kann den Patienten darin unterstützen, die richtigen und wichtigen Fragen zu finden. Seine Aufgabe ist es auch, immer wieder die sich u. U. verändernden Gefühle zu erfassen, über Resonanzinterventionen oder Wirkungsfragen für den Patienten spür- und greifbar zu machen und so im Patienten zu verankern.

11.5 Die Arbeit mit dem gemalten Bild

Das gemalte Bild, die kreative Gestaltung und Bearbeitung der katathymen Imagination, ist ein wichtiger Teil des therapeutischen Prozesses. Die inhaltliche Auseinandersetzung mit der Thematik (*Was ist wichtig? Was will ich darstellen? Was nicht?*) und praktisch-organisatorische Fragestellungen (*Wann habe ich dafür Zeit? Was für Material brauche ich? usw.*) können schnell zu Unlust- und Überforderungsgefühlen führen, wenn Leistungs- und Beschämungsängste im Vordergrund stehen und/oder die therapeutische Beziehung unklar oder belastet ist. Gerade bei Adoleszenten sind wir durchaus des Öfteren mit nicht gemalten Bildern konfrontiert. Die Verweigerung der Nachgestaltung ist nach Bahrke und Nohr (2005, S. 15) als Widerstand zu verstehen, der jedoch bei entsprechender Bearbeitung sehr zum Verständnis der Problematik des Patienten beitragen kann.

Bilder und Nachbearbeitungen, die zuhause angefertigt werden, kommen in ganz unterschiedlicher Form in die Praxis: wie ein Schatz in einer speziellen Mappe aufbewahrt und geschützt, als Skizze auf einem Schulblock oder auch als zusammengefalteter Zettel in der Hand- oder Hosentasche. Von Bedeutung ist auch, wann das Bild mitgebracht wird. Gleich zur nächsten Stunde? Oder erst nachdem nachgefragt wurde in der übernächsten oder noch später? Wird es stolz herausgeholt oder eher versteckt gehalten? All diese szenischen Informationen und Beziehungsgestaltungen helfen uns, den Patienten bzw. seine Problematik besser zu verstehen.

Besonders spannend und lohnend finde ich auch das Arbeiten mit »unfertigen« Bildern, Skizzen, spontanen Produktionen, all jenen Nachbearbeitungen, die als nicht gelungen, unwichtig oder unbedeutend deklariert werden. So kam Selina nach einer Imagination zum Motiv *Brücke* total gefrustet und verärgert und ohne gemaltes Bild zur nächsten Therapiestunde. »*Das mache ihr keinen Spaß, sie habe die Perspektive nicht hinbekommen, sei dann wütend geworden und habe alles übermalt. Sie wisse sowieso nicht, was das bringen soll*« (Ullmann et al., 2017, S. 75f.). Zur folgenden Stunde bringt sie gleich zwei Bilder mit: eine perfekt gemalte Brücke, für die sie sich ein Vorbild im Internet gesucht hat, und das »misslungene Bild.« Auf der einen Blatthälfte befindet sich ein großer schwarzer Fleck, »*das schwarze Loch*«. Es sei all das, was sie runterziehe, ihre eigenen Defizite und Unfähigkeiten, aber auch der Tod der Schwester. – Und was ist mit dem bunten Bild? – *Das ist einfach so entstanden…* – Ich lasse sie mit der Anordnung der Bilder spielen, sie zueinander in Beziehung setzen. Schließlich liegt das bunte, experimentelle Bild über der Brücke und bekommt dadurch Bedeutung: – *Es wäre schön, wenn ich auf der anderen Seite der Brücke so etwas Schönes und Lebendiges erwarten würde, das wäre schön!* – Sie bleibt zunächst skeptisch, dennoch entfaltet das Phantasiebild jenseits der Brücke seine Wirkung, wie der weitere Verlauf der Therapie zeigen sollte.

Bei einer anderen Jugendlichen brach das Brückenbild einfach ab, der letzte Bogen der Brücke fehlte. Schon in der Imagination war das im Unklaren geblieben. Auf dem Bild war das gegenüberliegende Flussufer angedeutet, die Verbindung war jedoch unterbrochen. Nach und nach war zu erarbeiten, wie das andere Ufer attraktiver und angenehmer gestaltet werden könnte und wie der Fluss z. B. mit einem Kahn zu überqueren wäre. Ergänzungen auf der Bildebene konnten durch das Hinzufügen von Bäumen, einer Bank, Beleuchtung etc. vorgenommen werden. Die ergänzende Veränderung der symbolischen Darstellung gleicht einer Operation am Symbol im Sinne von Leuner (1985) und entspricht auch einer Amplifikation und Vervollständigung im Sinne von C. G. Jung (Vogel, 2018).

Kreativität und Phantasie sind gerade beim Umgang mit dem gemalten Bild und anderen Nachbearbeitungen wichtig, der Therapeut sollte Ressourcen, aber auch alle anderen versteckten Botschaften erkennen und dem Patienten in einer angemessenen und für den Prozess förderlichen Weise widerspiegeln.

Zusammenfassung

Die in diesem Kapitel vorgestellten Techniken für die KIP mit Jugendlichen dienen unterschiedlichen Zielen. Während das assoziative Vorgehen sehr raumgebend ist, auf den freien Imaginationsfluss vertraut und häufig zu spontanen Altersregressionen führt, sind die Rollen- und Perspektivübernahme und der induzierte Dialog den regieführenden Prinzipien zuzurechnen. Hier geht es um das unmittelbare Einfühlen und Erleben in einer bestimmten Rolle sowie um Klärung und Auseinandersetzung. Die Arbeit mit Fortsetzungsmotiven dient der Lösungsorientierung bei schwierigen Verläufen, sie unterstützt dabei die kreative Selbstentfaltung, verbessert den Zugang zu den Ressourcen und fördert Integrationsprozesse.

In der Arbeit mit dem gemalten Bild setzt sich der therapeutische Prozess fort und verdichtet sich, über den Bilderdialog entstehen Themen und Motive für die weitere Therapie. Kreativität und Phantasie des Therapeuten sind im Umgang mit den Bildern und Gestaltungen besonders gefragt.

Literatur zur vertiefenden Lektüre

Bauer-Neustädter, W. (2010). Von innen nach außen – die Arbeit mit dem gemalten Bild in der Katathym Imaginativen Psychotherapie. In P. Sinapius, M. Wendlandt-Baumeister, A. Niemann & R. Bolle (Hrsg.), *Bildtheorie und Bildpraxis in der Kunsttherapie. Wissenschaftliche Grundlagen der Kunsttherapie* (S. 165–180). Berlin: Peter Lang.

Ladenbauer, W. (2000). Der andere (Anteil) im KB. Überlegungen zu den Techniken Einfühlung, Identifikation, Rollenübernahme (Rollenwechsel), Rollentausch und Doppeln in der Begleitung katathymer Bilder. *Imagination*, 2, S. 5–33.

Sannwald, R. (2006). Theorie und Technik der Katathym Imaginativen Psychotherapie von Jugendlichen. In G. Horn, R. Sannwald & F. Wienand (2006), *Katathym Imaginative Psychotherapie mit Kindern und Jugendlichen* (S. 40–81). München: Ernst Reinhardt.

Weiterführende Fragen

- Welche Wechselwirkungen zwischen katathymen Imaginationen und gemalten Bildern (Nachbearbeitungen) sind zu erwarten?
- Welche differentiellen Indikationen bestehen für gering strukturierende Techniken im Vergleich zu stark strukturierenden Techniken? Welche Auswirkungen auf die Szene sind zu erwarten?

12 Störungsbezogene Aspekte der Behandlung mit der KIP

»Überhaupt erscheint bei der Arbeit mit der KIP das richtige Timing wichtig«
(Dieter 2014, S. 58).

In diesem Kapitel wird anhand von Fallvignetten das spezifische Vorgehen bei bestimmten Krankheits- und Störungsbildern exemplarisch dargestellt. Dieter (2003; 2004; 2010; 2011; 2013; 2014) kommt das Verdienst zu, Konzepte der störungsspezifischen Behandlung mit der Katathym Imaginativen Psychotherapie bei Erwachsenen formuliert zu haben. Diese Konzepte lassen sich vom Grundsatz her auch auf die Behandlung Jugendlicher anwenden, allerdings sind die Behandlungsverläufe und Prozesse durch die entwicklungsbedingt mitunter schnell wechselnden Übertragungsbereitschaften und das Andrängen aktueller Themen weniger planbar. Bei aller Konzepttreue sind Kreativität und Flexibilität des Therapeuten stets vorrangig. Aus der jeweils individuellen Kombination von entwicklungsspezifischen, geschlechtsspezifischen, familienspezifischen, konflikt- und störungsspezifischen sowie übertragungsspezifischen Aspekten ergeben sich immer wieder individuelle Besonderheiten im Verlauf.

12.1 Angst

Angst ist ein ubiquitäres Phänomen, das z. B. in Form der Signalangst eine wichtige Schutzfunktion für den Menschen hat. Neurotische Ängste verstehen wir wie Hopf (2011, S. 23) als »Überbleibsel von Ängsten, die mit den Entwicklungsstadien und -krisen der Kindheitsentwicklung verbunden sind. Werden diese Ängste nicht bewältigt oder nur unzureichend verarbeitet, so wirken sie verdrängt im Unbewussten weiter. Dann entstehen neurotische Konflikte mit Symptombildungen.« Die für die Entwicklung von Ängsten relevanten Entwicklungsphasen sind die frühe Individuation (Verfolgungs- und Verlassenheitsängste), die Autonomieentwicklung (Verlust- und Trennungsängste) und die Bewältigung des Ödipuskomplexes (Ängste vor Liebesverlust und Straf- und Gewissensängste) (Hopf, 2011; A. Freud, 1973; Mentzos, 1988). Das bewusst erlebte neurotische Symptom wird als »entstellter« Abkömmling (Dieter, 2003) der nicht überwundenen, unbewussten Konfliktangst verstanden.

Bei den meisten Angstpatienten ist davon auszugehen, dass sie in der Kindheit *keine sichere Bindungserfahrung* (Brisch, 1999) machen konnten. Sowohl bei unsicher-ambivalenter als auch bei unsicher-vermeidender Bindungserfahrung kann es in einer auslösenden Versuchungs-Versagungs-Situation zur Ausbildung einer klinisch relevanten Angstneurose kommen. Daneben ist für die Behandlung das ich-strukturelle Niveau von Bedeutung. Nachfolgend werden beispielhaft zwei Behandlungen skizziert, die die Möglichkeiten der KIP bei der Behandlung von Angststörungen in unterschiedlichen Settings (Kurzzeittherapie bzw. Langzeittherapie) aufzeigen.

> Benno, ein groß gewachsener, adretter junger Mann mit eher weichen Gesichtszügen, ist knapp 17 Jahre alt, als er zur Therapie kommt. Etwa ein halbes Jahr später wird er den mittleren Bildungsabschluss machen, danach will er eine Fachschule in einer rund 100 km entfernten Stadt besuchen. Angesichts der Tatsache, dass er ausschließlich bei den Großeltern, bei denen er seit nunmehr sechs Jahren lebt, schlafen kann, hat er die Befürchtung, dass es nicht klappen könnte. Wenn er bei Freunden übernachte, bekomme er Herzrasen, Unruhezustände, Schweißausbrüche und könne nicht schlafen, er fühle sich unwohl, deprimiert und einfach nicht sicher. Es wird deutlich, dass ihm ein steuerndes inneres Objekt (König, 1981), das zur Selbstberuhigung und zur Erfahrung eigener Kompetenz beiträgt, fehlt, sodass er auf

die Anwesenheit ihm vertrauter Personen angewiesen ist. Gleichwohl ist ihm die angestrebte Ausbildung wichtig.

Nach der frühen Trennung seiner Eltern bei der Mutter lebend, hat er elfjährig im Traum einen Schatten gesehen, *»so eine Art Hexengestalt wie bei Hänsel und Gretel«*. Er befürchtete, nachts von der Hexe geholt zu werden, habe nicht mehr schlafen können und wechselte in den Haushalt des Vaters bzw. der Großeltern väterlicherseits. Unbewusst scheint es um Verfolgungs- und Verlassenheitsängste der frühen Kindheit zu gehen, die im Zusammenhang mit der Schwellensituation der Pubertät und den damit verbundenen Entwicklungsanforderungen (Lösung von den primären Objekten, Orientierung an Peergruppen) aktualisiert werden.

Angesichts der Dringlichkeit und der nur begrenzt zur Verfügung stehenden Zeit vereinbaren wir eine Kurzzeittherapie. Die Initiale Imagination *sicherer Ort* soll ihm einen Zugang zu dem Gefühl der Sicherheit in sich selbst eröffnen und zudem eine günstige Ausgangssituation für die therapeutische Arbeit schaffen. *Er befindet sich in einer nordischen Landschaft. Ganz allein auf einem Steg an einem großen See genießt Benno die ihn umgebende Natur und die wohltuende Wärme der Sonne auf der Haut* (▶ Abb. 12.1).

Das Alleinsein und die Offenheit der Landschaft scheinen ihn nicht zu ängstigen, eher vielleicht der Kontakt mit anderen Menschen. In der Nähe der Mutter hatte sich der präpubertäre Junge nicht mehr sicher gefühlt. Die Vorsicht im Umgang mit Anderen zeigt sich auch bei der Imagination zum Motiv *Baum*: Der große Baum mit verdeckten Wurzeln hat einen *»Baumstamm, bei dem es drei Leute bräuchte, um ihn zu umfassen.«* Wieder ist Benno wenig explorationsfreudig. Vorsichtig Abstand haltend genießt er es, in der Nähe dieses Baumes in der Wiese zu liegen. In der Nachbearbeitung beschäftigen wir uns mit den starken Anteilen seiner Vorfahren. Trotz der weiter bestehenden ängstlichen Befürchtungen will er dem Familienmotto *»Durchhalten, nicht schlapp machen«* folgend dem Vermeidungsverhalten entgegenwirken. Im Sinne der »aktiven selbstgesteuerten Angstexposition« (Dieter, 2003) will er die Nacht bei seinem besten Freund verbringen, auch wenn er kaum ein Auge zutut. Wir bereiten dies probehandelnd in der Imagination vor. Um ihn im weiteren Verlauf mit seiner vita-

Abb. 12.1: Sicherer Ort (Benno)

len Kraft und Aggression in Verbindung zu bringen, arbeiten wir mit dem Motiv *Wildes Tier*. Es kommt zu einer intensiven Begegnung mit einem großen und starken Tiger, der ihn ruhig anschaut. Benno findet es gut, dass der Tiger ihn beachtet (»*Sich gegenseitig angucken, mit Respekt, das ist gut.*«) Aggression hat in seiner Vorstellung keinen Platz. Benno geht es darum, gesehen, angeschaut und beachtet zu werden. Ich werte dies als Indiz für eine frühe narzisstische Thematik.

Als das Ende der Schulzeit unmittelbar bevorsteht, schlage ich Benno als prospektives Motiv (▶ Kap. 10.6) die Imagination *Weg mit Wegkreuzung* vor. Es fällt Benno überaus schwer, sich für einen Weg zu entscheiden (»*…es ist schwer abzuschätzen, wo der Weg hinführt, ich kann nichts erkennen…*«) und so ist er zwar unterwegs, aber am Ende nirgends angekommen. Den weiterhin bestehenden Autonomiekonflikt im Kopf, fokussiere ich mit der abschließenden Motivvorgabe auf sein *Gefühl des Freiseins*. Er fliegt in der Luft, ohne viel Bewegung, was sich für ihn befreiend, kraftvoll und gut anfühlt.

In der Gegenübertragung erlebe ich im Therapieverlauf trotz einer positiven Grundhaltung wiederholte Wechsel zwischen Zutrauen und Skepsis bis hin zu ernsthafter Sorge, wo die Reise letztlich hinführen würde. In allen Imaginationen nimmt Benno Kontakt mit der ihn umgebenden Natur auf. Vom Tiger als einzigem Lebewesen, das auftaucht, will er angeschaut werden, ein Symbol für den vermissten Blick des Vaters. Gleichzeitig nimmt er sich damit auch selbst in den Blick und ein hoffnungsträchtiger Identifikationsprozess beginnt. Eine Konfliktbearbeitung im KB erfolgt nicht, trotzdem profitiert Benno von dem Setting und den Imaginationen. Es gelingt ihm, sich im Beisein der Therapeutin zu entspannen, sich auf die inneren Bilder zu konzentrieren, diese zu genießen und sich dadurch zu stärken. Das narzisstische »Auftanken«, die »zweite Dimension« der KIP, steht hier im Vordergrund. Gleichzeitig hat Benno sich unter dem wohlwollenden, teils aber auch besorgten Blick der Therapeutin darin geübt, mit sich alleine zu sein. Der Therapie kam im Rahmen einer Schwellensituation eine entwicklungsfördernde Funktion zu. Der Übergang in die Ausbildung ist gelungen, ebenso die Ablösung von den Großeltern.

Der Verlauf einer Langzeittherapie bei einer zu Beginn 18-jährigen Patientin mit einer Angststörung, die sich aus neurotischen und traumatisch bedingten Aspekten zusammensetzte, wird an anderer Stelle ausführlich beschrieben (Bauer-Neustädter, 2003). Hier soll nur auszugsweise auf diese Behandlung eingegangen werden.

Beim Übergang in den Kindergarten entwickelte die dreijährige Annika starke Ängste, sie zog sich total zurück und wollte weder sprechen noch malen. Bei der nächsten Schwellensituation, gerade mal ein halbes Jahr nach der Einschulung, traten bei Annika unklare Schmerzen im rechten Bein auf. Die endgültige Diagnose eines bösartigen Knochentumors wurde erst nach zwei Jahren gestellt. Letztlich war eine komplizierte Operation mit Teilamputation dieses Beins notwendig. Bei allen späteren Autonomieschritten und Übergängen wurden die grundlegenden Trennungs- und Verlustängste, aber auch die Angst vor möglichen Rezidiven (letztlich die Todesangst) aktualisiert. Im Alter von 16 Jahren erleidet Annika eine erste *Panikattacke mit Schwächegefühl, Übelkeit und zitternden Knien*, als sie sich mit ihren beiden Freundinnen in einem überfüllten Lokal aufhält, in dem die Jugendlichen auf den Tischen tanzen. Als sie drei Monate vor dem Abitur zur Therapie kommt, ist ihr Bewegungsspielraum ganz eingeengt: *Sie hat kaum Selbstvertrauen, das Vertrauen in ihren Körper ist gestört, sie hat Angst nicht mehr gehen zu können oder in Ohnmacht zu fallen.*

In einer der ersten katathymen Imaginationen entwirft die Jugendliche in symbolischer Form so etwas wie eine eigene Vision für ihr therapeutisches Programm: Eine kleine Katze, die sich ganz »normal« und »ohne Auffälligkeiten« verhält, entspricht ihrem Gefühl als Kind. Nach einer Weile erstarrt die Katze, das Gesicht wird zur Maske, fratzenhaft entstellt. Hier muss sie in der Nachbearbeitung an die Tumorerkrankung und die Amputation denken. Aus dem Gefühl einer tief empfundenen Unzufriedenheit heraus wird sie in der Imagination aktiv, malt die Katze tigergestreift an und macht sie dadurch lebendig. Das Tier entwickelt sich schnell zu einem sich majestätisch bewegenden Tiger, der seine Kraft und Aggressivität zum Ausdruck bringt. Durch einen übergestülpten Käfig wird er erneut begrenzt. *»Spontan identifiziert sich Annika mit dem eingesperrten Tier, will ihn befreien, sägt die Stäbe des Käfigs durch. Der Tiger geht ruhig an ihrer Seite, sie spürt seine Kraft«* (Bauer-Neustädter, 2003, S. 31).

Auch wenn die Jugendliche hier ihre individuelle Entwicklung, einschließlich des traumatischen Erlebens, eindrucksvoll symbolisiert, und gleichzeitig ihre Ressourcen und ihre Motivation deutlich werden, war doch ein über vier Jahre dauernder Therapieprozess notwendig, um ihre Ängste zu bearbeiten und zu überwinden, um Selbstvertrauen und Vertrauen in die eigene Wirksamkeit zu entwickeln und um die erlittene Beschädigung in das Körper- und Selbstbild zu integrieren.

Die Autonomieentwicklung mit den zentralen Zielen der Eigenständigkeit und des Sich-fortbewegen-Könnens war für Annika durch ihre innerpsychische Dynamik und durch äußere Einschränkungen blockiert. Ihre Ressource waren der Überlebenswille und der leichte Zugang zur Phantasie. Ihre Imaginationen waren geprägt von zupackendem Handeln, lustvollem Ausprobieren, märchenhaften Verwandlungen, dem Einsatz heilsamer Flüssigkeiten, vielfältiger Formen des Bewegens und Bewegt-Werdens und einer zunehmenden Intensität des Spürens. Eine besondere Rolle nahm für Annika der »Wilde Kerl« ein: »*Er demonstriert im KB seine Kräfte und animiert Annika schließlich zum Laufen. Ihr im Nacken sitzend, inszeniert er das ›Zweirennen‹: sie solle mit dem Bauch laufen!*« (ebd., S. 42). Und sie erlebt in dieser wunderbaren Situation nochmal das Gefühl des schnellen und kraftvollen Laufens, das sie in der Kindheit so sehr liebte. Assoziativ verknüpft sie das Erleben mit den geschmeidigen Bewegungen einer Leopardin und der Schnelligkeit eines stolzen Geweihträgers (▶ Abb. 12.2). Verstehen wir den »Wilden Kerl« als Projektion des eigenen Ungezähmt-Seins, der eigenen Wildheit, die potentiell zerstörerisch sein kann, dann kam es zu einem Wandlungsprozess, durch den sie diese lebendige Kraft für sich nutzbar machen kann: Sie gehört jetzt ganz zu ihr, sitzt in ihrem Bauch und wird zum Motor der (Fort-)Bewegung. Durch die Integration weiblicher und männlicher Aspekte sowie unterschiedlicher Bewegungsmöglichkeiten kann Annika – ungeachtet ihrer Behinderung – ihre innere Kraft entfalten (▶ Abb. 12.3).

Dies zeigt sich auch in der abschließenden Imagination dieser Therapie mit dem Motiv *Eine Katze in einer großen Stadt, ... vielleicht in Rom...* Wir haben es jetzt mit einer ganz anderen Katze als zu Beginn der Therapie zu tun: Die Katze geht diesmal auf Entdeckungstour, hat Lust am spielerischen Ausprobieren, sorgt für Unordnung, geht Wagnisse ein, fällt in den Brunnen, befreit sich aus eigener Kraft und sucht sich schließlich ein ruhiges Plätzchen, um sich in der Abendsonne auszuruhen.

Teil III KIP mit Jugendlichen und Heranwachsenden

Abb. 12.2: Der »Wilde Kerl«

Abb. 12.3: Wilder Kerl, Linolschnitt

12.2 Depression

Bei der Therapie von Adoleszenten haben wir es mit einer großen Vielfalt depressiver Störungsbilder zu tun, wobei bei Mädchen tendenziell eher Hemmung, Passivität und Rückzug zu finden sind, während Jungen eher agitiertes, aggressives oder hypomanisches Verhalten zeigen. In jedem Fall ist von großen Auswirkungen auf die zwischenmenschlichen Beziehungen und das Selbstwertgefühl auszugehen. Auch wenn dem jeweiligen Strukturniveau entsprechend, unterschiedliche Arten der Depression zu unterscheiden sind, gibt es dennoch ein gemeinsames Thema. »Im Grunde geht es bei der tiefenpsychologischen Behandlung aller depressiven Störungen immer ganz wesentlich um eine Modifizierung pathologisch strenger Überich-Strukturen oder um die ›Konstruktion‹ eines positiv eingestellten Überichs (Ichideal)« (Dieter, 2004, S. 41). Allgemeine Ziele der therapeutischen Arbeit sind nach Heinemann und Hopf (2012) die Stärkung des Selbst, die Wendung der Aggression nach außen ohne Schuldgefühle sowie die Stärkung der aggressiven Kräfte im Sinne der Förderung der Autonomie und der Entwicklung der Individuation. Viel wichtiger als der verbale inhaltliche Austausch sind in der Therapie die *empathische Präsenz und die Verfügbarkeit des Therapeuten* (Wöller & Kruse, 2015). So empfiehlt es sich bei Patienten mit depressiver Symptomatik auf einem neurotischen Niveau zunächst nicht den zugrundliegenden Autonomie-Abhängigkeits-Konflikt zu thematisieren, »sondern, orientiert an den vorgebrachten Klagen des Patienten, ›narzisstisch auftanken‹ zu lassen (…), das Selbstwertgefühl zu stützen und so dem Patienten irgendwann dazu verhelfen zu können, seine Abhängigkeit von einem bestätigenden Objekt und einem überhöhten Ich-Ideal in Frage zu stellen« (Dieter, 2010, S. 176).

> Bei der 15-jährigen Sarah findet sich das ganze Spektrum an Symptomen depressiver Erkrankungen: Sie hat große Selbstzweifel, häufig Gefühle der Apathie (*»Keine Ahnung, weiß nicht, alles gleich«…*), Konzentrations- und Leistungsstörungen, Versagensängste, soziale Ängste, Rückzugsverhalten, bis hin zu der fixen Idee, manchmal lieber tot zu sein. Hinzu kommen vielfältige körperliche Symptome (Kopf-

schmerzen, Bauchschmerzen, Schlafstörungen). Der angestrebte mittlere Schulabschluss ist mehr als gefährdet. In der Therapie versuche ich, von Anfang an die Stärken und Ressourcen dieses kreativen Mädchens zu nutzen. Während Sarah über sich selbst nicht sprechen kann, durchleben die Protagonistinnen ihrer Geschichten die ganze Bandbreite der jugendlichen Gefühlswelt. In Gedichten drückt Sarah Stimmungen anhand von Naturbeschreibungen aus und beim Zeichnen von Mangas entwickelt sie verschiedene Avatare. Über die Identifikation mit ihren Heldinnen ist es ihr möglich, Gefühle differenziert wahrzunehmen, und zunehmend auch Bezüge zu sich selbst herzustellen. Gleichwohl ist sie sehr verunsichert, im Kontakt mit Gleichaltrigen fühlt sie sich extrem irritiert und bleibt zurückhaltend. In Drucksituationen zieht sie sich depressiv zurück und wird krank. Die Rückkehr in die Schule ist entsprechend angstbesetzt, sowohl unter Leistungsaspekten als auch hinsichtlich der sozialen Situation. Aus der Erfahrung, dass sich solche Prozesse, wie von Mentzos (1988) beschrieben, bei der Depressionsentwicklung kontinuierlich weiter verstärken, suche ich nach einer Möglichkeit, das Muster zu durchbrechen. Um Sarah eine Art von Überblick zu ermöglichen, biete ich ihr den *Berg* als Motiv an. Ihr Berg ist mit Gras und Blumen bewachsen, er ist hoch, aber auch irgendwie rund und gemütlich. Ein gelber Sandweg führt auf direktem Weg nach oben. Auf die Frage, ob sie denn Lust haben könnte, da hinaufzugehen, um sich alles von oben anzuschauen, macht sie sich auf den Weg. Sie kommt nicht wirklich voran und läuft Gefahr, die Orientierung zu verlieren. Statt weiter zu gehen, legt sie lieber eine Pause ein, um sich auszuruhen. Auch beim Malen in der folgenden Stunde hat Sarah große Entscheidungsprobleme, sie weiß nicht, wie sie das dreidimensional hinbekommen soll. Sie hasst es, Gras zu malen, bleibt dennoch dabei, quasi jeden einzelnen Grashalm zu zeichnen. Entwicklungshemmung, geringes Selbstwertgefühl und Versagensängste sind mehr als präsent.

Zwei Jahre später, Sarah ist inzwischen 17 Jahre alt, gerät sie mit dem Übergang in die gymnasiale Oberstufe zunehmend in eine depressive Krise. Sie hat das »*Gefühl, nicht mehr zu leben, nur noch zu existieren.*« Sie schafft es nur selten, in die Schule zu gehen, wird schließlich vom Schulbesuch befreit. Die Therapiestunden, die sie dennoch wahrnimmt, sind geprägt von erdrückender Schwere und gelähmter Stimmung. Als bei Sarah die Idee eines alternativen Lebensentwurfs, eines Lebens ohne Ängste auftaucht, greife ich dies mit der Imagination *Brücke* auf. Symbolisch gelingt es, die Verbindung zu einem anderen Bereich herzustellen. Auch wenn die Landschaft nach dem Überqueren der Brücke zunächst ebenso karg erscheint, gibt es dennoch Schutz bietende Bäume (symbolische Beziehungsobjekte), die zum Anlehnen, Hinsetzen und Entspannen einladen (▶ Abb. 12.4). Und Sarah denkt daran, dass im nächsten Schuljahr ihre Freunde auch in der Oberstufe sind und sie nicht mehr alleine ist.

Abb. 12.4: Brücke (Sarah)

Sarah lebt von klein auf bei ihren Großeltern. Angesichts deren Endlichkeit, die sich ganz allgemein durch das fortgeschrittene Alter, die Demenzerkrankung und schließlich den Tod des geliebten Großvaters zeigt, stagniert sie in ihrer eigenen Entwicklung. Sarah will nicht erwachsen, nicht volljährig werden. Mit dem eigenen Voranschreiten wurden offensichtlich Verlassenheitsszenarien in ihr aktiviert: die frühkindliche Situation einerseits und das fantasierte Verlassen-Werden durch die Großeltern andererseits. Die Konfrontation mit dem Brückenthema befördert Sarahs Auseinandersetzung mit ihrer Geschichte und lässt sie überraschende Erinnerungsstücke finden, mit denen sie sich symbolisch verbinden kann. Sie vermittelt ihr die Einsicht, dass Ruhe und Geborgenheit nicht in der Einsamkeit, sondern nur im Kontakt zu finden sind, und sie entlastet und belebt die therapeutische Beziehung entscheidend. Schon zu Beginn der Therapie hatte sie diese Brückenfunktion einer guten und haltgebenden Beziehung in einer Geschichte (*Stonebridge of Life*) entwickelt (Bauer-Neustädter, 2018). Ein anderes Bild für die empathische Präsenz und Verfügbarkeit entstand bei der *Begegnung mit einer alten Weisen*. Die Imagination bleibt ausschließlich im Atmosphärischen, eine konkrete Person taucht nicht auf. Das gemalte Bild besteht aus Blautönen und ist »*Unknown*« betitelt. Mit 20 Jahren steht ein weiterer Übergang an, der Schritt in die Ausbildung. Jetzt ist sie bereit und gerüstet.

Die 18-jährige Suzan, in einer Flüchtlingsunterkunft in Deutschland geboren, hat am Ende ihrer Schulzeit keine Vorstellung davon, wie es für sie weitergehen kann. Sie weiß nicht, wie sie sich für einen Beruf entscheiden soll. Zudem war ihr Vater im Jahr zuvor gestorben. Bei der Motivvorgabe, sich *eine Landschaft* vorzustellen, *die zu ihrer momentanen Stimmung* passe, imaginiert sie »*eine grüne Wiese im Sommer, einfach nur eine grüne Wiese, keine Bäume oder so ... und eine Hütte, weit weg.*« Sie will einfach nur rumlaufen. »*Ich laufe nur rum, alles drumherum ist still ... Die Hütte ist alt, braun, aus Holz, dunkelbraun ... Das war's ...*« Auf vorsichtiges Nachfragen, was das denn für eine Hütte sei und wofür sie da stehe, erhalte ich keine spezifischere Antwort (»*Einfach so eine Hütte.*«) Angesichts der Leblosigkeit der Landschaft und der Einsamkeit der Patientin, die noch bedrückender auf dem gemalten Bild zum Ausdruck kommt, bin ich tief betroffen. Die Anspruchslosigkeit und anscheinende Wunschlosigkeit sind erschütternd, wären da nicht zumindest das Grün der Wiese und die Hütte, auch wenn sie zu dieser noch keinen Zugang hat.

Die Patientin, die zeitlebens mit Enge, Begrenztheit, auch Unsicherheit aufgewachsen ist, scheint durch das offene Angebot überfordert zu sein. Angesichts der deutlich gehemmten Selbstentfaltungsmöglichkeiten braucht Suzan zunächst das Gehalten-Sein in der therapeutischen Beziehung, bevor sich ein Möglichkeits- und Spielraum eröffnen kann. Im weiteren Therapieverlauf wird Suzan darin unterstützt werden müssen, sich selbst, ihre Bedürfnisse und Wünsche besser wahrzunehmen, ihre Phantasie und Kreativität zu entwickeln und damit insgesamt die Selbstentwicklung zu fördern.

Bei Patienten mit einer depressiven Symptomatik ist es besonders wichtig, darauf zu achten, wann ein günstiger Zeitpunkt für die Einführung eines KBs gekommen ist, damit ein Entwicklungsanreiz aufgegriffen werden kann. Antriebslosigkeit und Aggressionshemmung, Kargheit der Bilder, emotionslose Beschreibungen (*ganz normal, einfach ein Baum, …da ist sonst nichts …*) und allzu kleinschrittige Veränderungen können beim Therapeuten z. B. zu Langeweile führen, mit der Tendenz, in seiner Aufmerksamkeit abzuschweifen. Umgekehrt besteht die Gefahr, eine zu aktive Haltung einzunehmen, und den Patienten mit einem immer neuen und besseren Motivangebot zu überfordern. Ohnmacht und Hilflosigkeit sowie Versagensgefühle kommen dazu.

12.3 Zwang

Zwangssymptome (Zwangsvorstellungen, Zwangsimpulse und Zwangshandlungen) sind Bestandteil verschiedener Störungen. Neben der klassischen Zwangsneurose »wird heute stärker die selbsterhaltende und selbstreparative Funktion des Zwangs gesehen, vor allem in der Funktion der Abwehr einer Psychose oder Depression« (Heinemann & Hopf, 2012, S. 122). Das behandlungstechnische Vorgehen richtet sich nach dem Strukturniveau und damit nach der Funktion des Zwangs.

Übertragung und Gegenübertragung weisen bei der therapeutischen Arbeit mit Zwangspatienten spezifische Charakteristika auf. So kommt es häufig zu einem Wechsel von einer anfangs positiven zu einer negativen Übertragung, die dennoch für den therapeutischen Prozess förderlich sein kann. Die sich wiederholenden zwanghaften Schilderungen bestimmter Abläufe und rationalisierender Begründungen sind oft schwer zu ertragen. Der Therapeut ist gefordert, seine Gegenübertragung sorgsam zu beachten. Aggressive Affekte, obwohl vom Patienten abgewehrt, sind von Anfang an Bestandteil der Therapie. Eine primäre Fokussierung auf Ressourcen verschafft dem Patienten mehr Bewegungsfreiheit. Es kann das Arbeitsbündnis stärken und vorhandene Ängste reduzieren, wenn die symbolische Bedeutung mancher KIP-Motive mit dem Patienten vorab besprochen wird.

»Erstes und wichtigstes Ziel ist die Schaffung eines therapeutischen Raumes, in dem sich die Autonomie-Thematik ebenso inszenieren kann wie die Es-Überich-Konflikthaftigkeit« (Dieter, 2014, S. 57). Bei Störungsbildern mit hoher ich-struktureller Dysfunktionalität steht das Imaginieren als solches zum Aufbau der therapeutischen Beziehung lange Zeit im Vordergrund. Patienten mit einem höhergradigen Strukturniveau sind grundsätzlich mit der sogenannten »Standardtechnik« zu behandeln. Gleichwohl ist es sinnvoll, über längere Zeit hin kaum mit verbalen Deutungen, stattdessen eher mit »›Gesten‹ in Form der Beziehungsgestaltung, des authentischen Zeigens von Interesse und einer mentalisierungsfördernden Grundeinstellung« (Dieter, 2014, S. 61) zu arbeiten.

»Zwangspatienten fühlen sich vom Objekt abhängig und möchten es gleichzeitig tyrannisch kontrollieren« (Dieter, 2014, S. 59). So ist es auch im Fall von Gina, einer 21-jährigen Kinderkrankenschwester, die zum Zeitpunkt des Therapiebeginns unter ihrer Eifersucht und dem damit verbundenen Kontrollzwang gegenüber ihrem Freund leidet. Obwohl ihr die negativen Auswirkungen dieses Verhaltens bewusst sind, kann sie sich dem ständigen Grübeln und dem drängenden Bedürfnis, immer wissen zu müssen, was er gerade mit wem macht, nicht widersetzen (»*Vielleicht hatte er ja Kontakt zu anderen Frauen, die attraktiver sind als ich?*«) Schon früher hatte sie mit Zwangssymptomen reagiert. In der Vorpubertät aufkommende Autonomiewünsche wurden durch Regression und Somatisierung abgewehrt. Als sie zu Beginn der Pubertät ein Brief mit pornografischem Inhalt von einem ihr unbekannten Absender erreicht, verängstigen sie die an sie herangetragene Sexualität und das erotische Begehren. In der Folge führt der Versuch, das Böse und Schlechte abzuwaschen, zur Entwicklung eines Waschzwangs. Abgelöst wird dieser Zwang von einer Phase restriktiven Essverhaltens und deutlich depressiver Symptomatik.

Das Unnatürliche ihres Zwangs wird in der Initialen Imagination *Blume* symbolisch dargestellt durch eine schwarze Rose mit einem einzigen roten Blütenblatt und einem starren, stockartigen Stil. Sie schwebt unbewegt über einer großen grünen Wiese mit vielen bunten Blumen (▶ Abb. 12.5). Druck und Leistungsanspruch werden durch drei spitze graue Berge im Hintergrund angedeutet. Die depressionsabwehrende Funktion der Zwanghaftigkeit wird im veränderten Blumenbild deutlich. Jetzt ist es eine auf weißem Grund schwebende gelbe Blume mit einem gebogenen Stängel, diese Blume *lässt den Kopf hängen* und *hat keinen Boden* (▶ Abb. 12.6).

Abb. 12.5: Schwarze Rose (Gina)

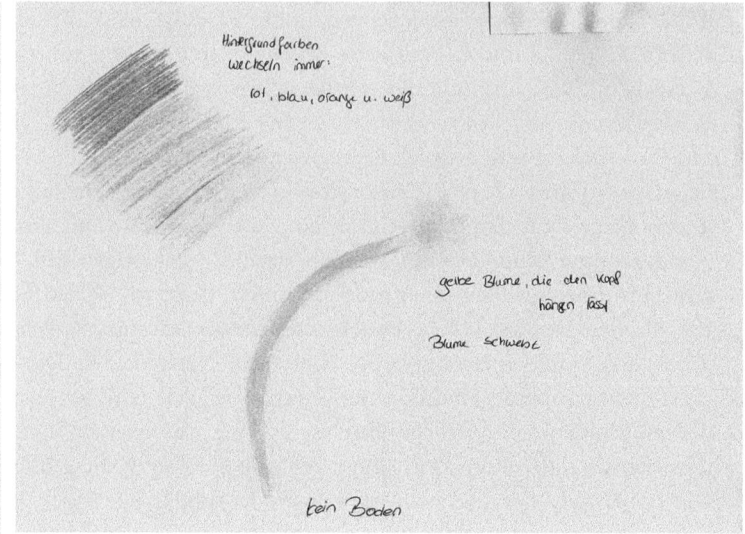

Abb. 12.6: Gelbe Blume (Gina)

Im Alter von drei Jahren erlebte Gina den Zusammenbruch der Mutter, die über Wochen im Koma lag und danach nie mehr dieselbe war. Die ohnehin schon starke Bindung an die Großmutter verstärkte sich. Die erwachsene Gina nimmt weder Wut noch Enttäuschung wahr, negative Gefühle werden geleugnet, Autonomiewünsche werden schuldgefühlhaft verarbeitet und schließlich in den Freund verlagert, um sie so im Außen kontrollieren zu können. Gina ist voller vitaler Impulse, die jedoch zwanghaft kontrolliert werden müssen. Beispielhaft sei dies an einer Imagination zum Thema *Winterlandschaft mit einem Schifahrer* verdeutlicht:

Mit der Familie des Freundes war sie schon einmal im Winterurlaub gewesen, als Anfängerin habe sie beim Schifahren große Angst gehabt, dass es zu schnell werde und sie die Kontrolle verliere. In der Imagination beobachtet sie zunächst einen Schifahrer, der das richtig gut könne: »*Ich bin so ganz dicht hinter ihm, als wäre ich so leicht oben drüber, als würde ich da so ein bisschen mitfahren ... er fährt fließend – ohne sich selbst Steine in den Weg zu legen – fließend und mit Spaß. An* dieser Stelle schlage ich eine Rollenübernahme vor. – Wie fühlt es sich jetzt für Gina an? – *Fließend und mit Spaß, Gefühl von Freiheit, auch so eine Leichtigkeit, man macht es einfach aus Spaß.* – Gina erinnert sich kurz daran, dass sie real Angst hatte, Schuss zu fahren und das Gleichgewicht zu verlieren. – *Jetzt, als erfahrene Schifahrerin, gelingt mir das ohne Probleme. Ich mache es einfach.*« – Sie spürt den Fahrtwind im Gesicht, sie passiert die kritischen Stellen der Piste und sie merkt, dass sie »*innerlich ruhig und auch relativ entspannt*« ist. Gina kann in der Imagination und durch die Rollenübernahme ihre Ängste überwinden und sich selbst als kraftvoll und wirkmächtig erleben, sie kann dem Gefühl folgen und muss nicht über mögliche Gefahren nachdenken. Auch in der Übertragungsbeziehung ist sie in dieser Phase vertrauensvoller.

Die Bedeutung narzisstischer Elemente bei der Zwangsneurose zeigt sich insbesondere an hartnäckigen Widerständen im Rahmen aufdeckender psychotherapeutischer Ansätze. »Zwangsneurotiker haben unbewusst ihr zwanghaftes Erleben narzisstisch besetzt, weil ihr Ichideal ihre zwanghaften Charakterzüge in einem moralischen Sinne als wesentlich ›besser‹ und höherwertig einschätzt als alles, was sie glauben in einer Therapie bekommen zu können. Deutungen, die eine Überich-Entlastung herbeiführen sollen, werden daher im Sinne eines Widerstands abgelehnt, oder sie führen sogar zu einer Verschlechterung der Symptomatik« (Dieter, 2011, S. 15f).

Paula ist knapp 13 Jahre alt und kontrolliert mit ihren abendlichen Zwangsritualen die Familie. Bis in die Nacht *gruschelt sie herum*, bis alles genau an seinem Platz liegt und nichts runterfallen kann. Sie klagt über die Enge der Wohnung, in der niemand richtig Platz habe und sie ist unzufrieden mit der gesamten familiären Situation, die durch schwierige Beziehungen, finanzielle Probleme und Umbrüche im Arbeitskontext der Eltern gekennzeichnet ist. Nachdem sie schon beim projektiven Test »Familie in Tieren« angedeutet hat, dass sie wegen ihrer Power auch ein Pferd sein könnte und nicht nur die Schnecke, die sich immer zurückziehe und schütze, taucht bei der Vorgabe des Motivs *Tier* spontan ein Pferd auf. »*Es galoppiert über eine endlose Wiese. Es ist wohl abgehauen«*, so ihre Vermutung. Ich registriere an dieser Stelle ihren Autonomiewunsch, denke aber auch an eine unbewusste Angst, dass ihr die Gäule durchgehen könnten. In der Imagination beobachtet Paula das Pferd sehnsüchtig. Schließlich bleibt es stehen, lässt sie aufsteigen und gemeinsam galoppieren sie über die Wiese. Am liebsten würde sie das Pferd behalten. Als sie die Richtung ändert, kommt ein weißes Pferd mit einer Frau auf sie zugeritten. Es sei ihr Pferd. Gemeinsam reiten sie zum Hof zurück. Sie könne gerne jederzeit zu Besuch kommen. Durch die Begegnung mit der Frau entwickelt Paula hier wohl gerade ein Bild für die Übertragungsbeziehung und den therapeutischen Raum: Sie will wiederkommen und ich habe den Eindruck, dass dies ein geeigneter Rahmen sein könnte, um ihre Autonomie und ihre Vitalität zu erproben.

Die sich wiederholenden Klagen darüber, dass die Wohnung einfach zu klein sei, nehme ich zum Anlass als Motiv *eine eigene Behausung* vorzugeben. Trotz der offenen Vorgabe mit Betonung des Eigenen imaginiert und beschreibt Paula im Wesentlichen die Wohnung und das Haus, in dem sie wohnt. Sie kann sich noch nicht vom vorgegebenen Rahmen, vom Elternhaus lösen, mehr noch, sie nimmt den Konflikt bis in ihr Zimmer hinein: *»Da sind Spinnen, die sind nicht zu sehen, ich weiß aber, dass sie da sind.«* Das gemalte Bild ist ein Grundrissplan mit eingezeichneten Möbeln und einer farblich unterschiedlichen Kennzeichnung von Türen und Fenstern, von Teppichen und Bodenbelägen. Ein zweites Bild zeigt die Außenfassade und erinnert an einen Bunker oder ein Gefängnis.

Verstehen wir das »Haus« als Selbstzustands-Imagination, die, ähnlich wie ein Selbstzustandstraum (Milch, 2001, S. 62f.) symbolisch den Zustand des Selbst widerspiegelt, so werden Paulas Gefühl des Eingesperrt-Seins, aber auch ihr Bedürfnis nach Abgrenzung unmittelbar spürbar. Die Imagination zum Thema *ein kleines Kind* verdeutlicht die Einsamkeit des kleinen Mädchens, das ganz allein in einem riesigen Schaukelstuhl auf einer Blumenwiese sitzt. Im gemalten Bild hat die Wiese keinen Boden, die Blumen wirken wie in den Boden gerammte Pfeile und das Kind scheint mehr über dem Schaukelstuhl zu schweben, als von ihm gehalten zu sein. Mit ihren Zwängen, dem »Gruscheln«, macht sie beständig auf sich aufmerksam und fordert damit die Eltern heraus. Die Notwendigkeit einer begleitenden therapeutischen Arbeit mit den Eltern ist ersichtlich.

In beiden Fällen konnte durch Aktivierung von Ressourcen ein Stück »Bewegungsfreiheit« wiedererlangt werden. Für die bewusstseinsnahe Bearbeitung früher Konfliktsituationen sind die Motive »›Haus‹ als Selbstzustands-Imagination, ›Berg‹ als Möglichkeit der Auseinandersetzung mit dem Ichideal und ›Szene mit den Eltern in der Kindheit‹ (i. S. einer gezielten Altersregression)« (Dieter, 2014, S. 58) wichtig. Mit ihnen kann über längere Zeit, auch im Sinne von Fortsetzungsgeschichten gearbeitet werden. In der Gegenübertragung müssen Hinweise sowohl auf komplementäre Identifikation (Gefühle von Langeweile, Ungeduld und Desinteresse) als auch auf konkordante Identifikation (Gereiztheit, Ärger, Hilflosigkeit) beachtet werden (Dieter, 2014).

Bei Zwangspatienten auf einem niedrigen Strukturniveau muss lange Zeit an der Erarbeitung einer tragfähigen therapeutischen Beziehung gearbeitet werden. Der Therapeut braucht einen langen Atem. Hilfreich sind KIP-Motive, die eine Container-Funktion bieten können, so z. B. *ein ganz sicherer Ort* oder auch ein *Rückzugsort*. »Das Ziel ist ein Spielen-Können mit der Realität (Modus des Vormachens, Modus der Mentalisierung)« (ebd., S. 73).

12.4 Essstörungen

Psychisch bedingte Essstörungen sind in der Adoleszenz ein häufiges Phänomen, das unterschiedliche Formen annehmen und eher passager oder als manifeste Erkrankung auftreten kann. Im Wesentlichen werden Anorexia nervosa, Bulimia nervosa, nicht näher bezeichnete Essstörungen, Binge-Eating-Störung und Adipositas unterschieden. Auch wenn die Rolle von Medien, bestimmten Fernsehformaten und der Einfluss der Peers für die Unzufriedenheit mit dem eigenen Körper immer wieder heftig diskutiert werden, kann diesen Faktoren im psychodynamischen Verständnis immer nur ein auslösender Charakter zukommen. Als Hauptthemen von Magersuchts-Patientinnen nennen Heinemann und Hopf (2012, S. 228f.) »eine gestörte sexuelle Entwicklung, in die frühe Kindheit zurückreichende konflikthafte Bindungs- und Beziehungsmuster, Störungen der Autonomieentwicklung und der Nähe-Distanz-Regulation sowie die ausgeprägte Selbstwertproblematik.«

Dem Essen kommen in der Entwicklung von Beginn an zwei Funktionen zu, es geht um die Nahrungsaufnahme, die neben der Atmung Voraussetzung für das Leben und die Entwicklung ist, und es geht um Affektregulation. »Wenn in den frühen intersubjektiven Prozessen die regulierende Funktion der Primärbeziehung gestört ist, so kann es in der weiteren Entwicklung nicht zu einer Affektdifferenzierung des Ich-Selbst-Systems kommen, und die Unterscheidung zwischen Selbst, Körper und äußerem Objekt gelingt nicht vollkommen. Die Regulierung der mangelnden Grenzziehung zwischen innen und außen wird über den Umgang mit Nahrung bewältigt« (Göpel et al., 2018, S. 247f.). So inszenieren sich im gestörten Umgang mit dem Essen bestimmte Themen, die sowohl die Beziehung zum Selbst als auch zu den Objekten betreffen. In der Therapie sollte der Fokus ganz allgemein auf der Autonomie- und Identitätsentwicklung liegen. Der Balanceakt jeder psychodynamischen Therapie liegt darin, Abgrenzungsfähigkeit und Identitätssicherung einerseits zu stärken oder überhaupt erst zu entwickeln und andererseits die guten Aspekte regressiven Erlebens spürbar zu machen und abzusättigen, damit eine Entwicklung aus der Regression heraus möglich wird. »Auf dem Hintergrund einer brüchigen Autonomieentwicklung ist die Anorexia nervosa der Versuch, die Raumgrenze zwischen der eigenen Person und anderen Personen aufrechtzuerhalten, ohne sich trennen zu müssen. Es besteht ein Kampf gegen die Nahrung nach außen und gegen das Dicksein, nämlich den Hunger, nach innen. So kann aufgrund der Unsicherheit des Selbst die Grenze zum Objekt aufrechterhalten werden« (ebd., S. 254).

Ambulante Behandlungen von anorektischen Patientinnen mit der KIP wurden von Klessmann und Klessmann (1990) als spezielle Kombination von ärztlicher, katathym imaginativer und familientherapeutischer Behandlung ausführlich beschrieben. Sannwald (2015) betont, dass von Anfang an klare Absprachen notwendig sind und zunächst die körperlichen Voraussetzungen für die psychodynamische Arbeit geschaffen werden müssen. Notwendig ist auf jeden Fall die enge Zusammenarbeit mit einem Arzt, der zuverlässig Gewichts- und Laborkontrollen durchführt. Unabhängig davon, um welche Art der Essstörung es sich handelt, ist der Beginn einer psychotherapeutischen Behandlung in der Regel davon geprägt, dass seitens der familiären Umgebung ein großer Druck in Richtung Veränderung ausgeübt wird, während die jugendlichen Patientinnen selbst das Ausmaß der Problematik nicht anerkennen und einer psychotherapeutischen Behandlung im besten Fall ambivalent gegenüberstehen. Die erste Aufgabe des Therapeuten besteht darin, die Patientinnen für die Behandlung zu gewinnen. Im Verlauf ist die begleitende Behandlung der Bezugspersonen unerlässlich, auch wenn im Folgenden ausschließlich auf die Arbeit mit den Patientinnen eingegangen wird.

Die 15-jährige Rosa hat einen deutlichen Ambivalenzkonflikt in Bezug auf die bevorstehende Therapie und die damit geforderten Veränderungen. Um dies für sie selbst sichtbarer und für mich greifbarer zu machen, schlage ich ihr zum Einstieg eine Arbeit mit »konkreten Symbolen« (Wollschläger & Wollschläger, 1998) vor. Sie wählt einerseits das Bild einer Bronzeskulptur, eines unbeweglich anmutenden Tieres, das sie als »Monster« empfindet und das ihr das Essen verbietet (»*Du wirst zu dick, du sollst nichts essen!*«) und andererseits das Bild eines Bergsteigers, der mit einem großen Satz eine Klippe überspringt und sie auffordert zu essen (»*Du musst essen, es ist dringend notwendig, du schaffst das!*«). Spontan legt sie das Bild eines Leuchtturms dazu, der gebe die Richtung an. Der Leuchtturm ermöglicht eine Ausrichtung und neue Perspektiven, und es kommt ihm in diesem Kontext eine triangulierende Funktion zu. Auf der Übertragungsebene ist die therapeutische Beziehung angesprochen, unbewusst geht es darüber hinaus um das väterlich-männliche Element und den Wunsch nach Orientierung. Indem Gefühle von innen nach außen gebracht und in Symbolen dargestellt werden können, entsteht bei Rosa eine erste Entlastung und die Hoffnung, dass wir gemeinsam etwas bewirken können.

Für die psychodynamische Psychotherapie bei Jugendlichen mit Essstörungen sind nach Seithe-Blümer (2014) drei Themenbereiche zentral: das Selbst (mit den Aspekten der Selbstfindung und der Abgrenzung), der Selbstwert (und die Selbstwertregulierung) sowie die Beziehung zu den Objekten. Beim Selbst geht es zentral um das Thema der Identität. Unzählige Fragen, die sich um die eigene Individualität und das unverwechselbar Eigene ranken, müssen beantwortet werden. Der Aspekt der Selbstfindung lässt sich durch Motive, die Selbstsymbolcharakter haben, unterstützen. In erster Linie ist dies die *Blume*, aber auch das *Ich-Ideal*, das *Spiegelbild* (auch in einem Bach oder Teich), das eigene *Ich in 5 Jahren* oder auch *eine alte (weise) Frau* (Seithe-Blümer, 2014).

> Rosa sieht in der Initialen Imagination eine kleine Blume mit zarten Blütenblättern und einem sehr stabilen Stängel. Sie steht auf einer Wiese, die wie ihr Garten aussieht. Sie selbst legt sich neben die Blume ins Gras. Im gemalten Bild dominieren das Haus und der Garten die Szenerie, die mit vielen Details ausgestaltet ist, sie selbst ist nicht zu sehen. Während Rosa zu Beginn der Therapie häufig am liebsten unsichtbar gewesen wäre, gelingt es ihr im späteren Therapieverlauf explizit auf sich aufmerksam zu machen. So begegnet sie in einer Imagination einer *Polizistin*, deren Ausrüstung sie sich ausleihen kann. Mit dem Hut, der kugelsicheren Weste und dem Ausweis verschafft sie sich Status und Sicherheit, auch Abgrenzung, und verändert dadurch ihr Selbsterleben.

Das Thema Abgrenzung ist auch in der therapeutischen Beziehung relevant. Die Patientinnen neigen oft dazu, den Therapeuten mit ihrer Not zu binden und ihm mit ihrem Autarkiestreben den Zugang zu ihrer inneren Welt zu versperren. Mit der Betonung des Eigenen (mit Motiven wie z. B. *mein eigenes Zimmer, mein eigenes Stück Land*) oder durch Fokussierung auf die Grenzsetzung (*wehrhafte Grenzen, Nein-Sagen, die Tür schließen zwischen sich und einem Anderen*) (Seithe-Blümer, 2014) kann die Abgrenzungsthematik angeregt werden. Körperbezogene Einstiegsübungen fördern die Körperwahrnehmung und das Körpergefühl, in den sich anschließenden Imaginationen werden die dadurch aktualisierten Gefühle und latenten Themen einer Bearbeitung auf der Bildebene zugänglich gemacht. Sannwald und Bátovská (2018) berichten über die Kombination der Arbeit mit »konkreten Symbolen« und katathymen Imaginationen in Bezug auf das Körperbild. Besonders bedeutsame Symbole, die für positiv oder für negativ besetzte Körperbereiche ausgewählt wurden, können dann über eine Imagination weiter ausdifferenziert und im Sinne der Ressourcenaktivierung genutzt werden.

Die 14 Jahre alte Mona wird von der sehr besorgten Mutter zur Therapie gebracht. Die Tochter sei so *rappelig*, habe in den letzten vier Monaten 5–6 kg an Gewicht abgenommen (BMI 15,3). Die Kinderärztin habe nach Abschluss aller medizinischen Untersuchungen eine Psychotherapie empfohlen. In der Schule gebe es viele Konflikte mit Klassenkameradinnen, früher sei sie wegen ihrer guten Leistungen regelrecht gemobbt worden.

Monas Möglichkeit der Selbstreflexion zeigt sich schon bei dem projektiven Test »10 Wünsche oder wünschenswerte Veränderungen« (Klosinski, 1988). Sie möchte u. a. »*mit sich selber zufriedener sein*« und »*sich wieder spüren können.*« Das zarte lilafarbene Blümchen ihres Initialen Tagtraums, das auf dem gemalten Bild ganz in die Szenerie eingebettet ist, wurde schon erwähnt (▶ Kap. 10.3). Ihr Selbsterleben, dargestellt durch die Auswahl konkreter Symbole, ist häufig durch das Gefühl des »Verknoddelt-Seins« und der Verwirrung (symbolisiert durch die Fotografie »*Der Wirbel*«, Hirshan 1994) bestimmt. Aber da gibt es auch das »Mumien-Gefühl« – eingezwängt und abgegrenzt. Mit selbstkritischem Blick verfolgt sie alle ihre Bewegungen und Äußerungen. Als Ressourcen stehen ihr dennoch eine gewisse Kraft und eine klare Orientierung zur Verfügung, dies symbolisiert durch eine leuchtend gelbe Blüte und einen Leuchtturm.

Knapp drei Jahre später, am Ende der Therapie, sieht sie sich bei der Motivvorgabe *Mein Ziel ist erreicht!* oben auf einem Leuchtturm stehend, während es langsam Abend wird. Der Wind weht in ihren Haaren. Unter ihr ist das Meer und hinter ihr ist das Festland mit Deichen und Weiden. Sie hat das Gefühl, etwas hinter sich gebracht zu haben, sie fühlt sich frei, alles Schwere ist von ihr abgefallen. Einem Impuls folgend schaltet sie den Leuchtturm an … und … »A*m liebsten würde ich jetzt fliegen!*« Sie steigt dazu auf eine Mauer, breitet die

Arme aus und segelt wie ein großer Vogel. Sie fühlt sich sehr gut, es ist erfrischend und gibt ihr auch einen gewissen Kick. Als in der Ferne ein knallrotes Haus, ein kleines Holzhaus auftaucht, weiß sie, dass ihre Familie dort ist (▶ Abb. 12.7). Sie kommt dort an, sie essen zusammen zu Abend und es herrscht eine gute Stimmung. Abschließend kommentiere ich: »Mit dem Wissen, dass du am Ziel bist und dass du fliegen kannst, kannst du das Zusammensein genießen.«

Abb. 12.7: »Mein Ziel ist erreicht!« (Mona)

Auf dem Weg dorthin waren viele Etappen zu bewältigen. Ihr Selbst kristallisierte sich immer deutlicher heraus, sie durfte sich von anderen unterscheiden, auf den gemalten Bildern trat sie zunehmend deutlicher in Erscheinung, hatte mehr Körper. Ein Nilpferd als innerer Begleiter half bei der Abgrenzung (*»Packt ein, ihr habt verloren!«*), verkörpert aber auch die Angst vor der körperlichen Unförmigkeit und der eigenen Gier. Möglichkeiten der narzisstischen Restitution boten viele Wald- und Wiesenlandschaften, die schaukelnde Bewegung eines Bootes auf dem See, das Eintauchen in eine urtümliche Landschaft, die Kraftquelle. Aber auch Leere und innere Einsamkeit mussten ausgehalten und mit Hilfe der therapeutischen Beziehung verdaut (»contained«) werden, bevor neue Lösungen sich entwickeln konnten. In vielen Begegnungen mit Symbolgestalten aus der Tierwelt hatte sie ihr Selbstwertgefühl gestärkt und positive Aspekte in sich aufgenommen. Beispielhaft sei hier die oben beschriebene Begegnung zwischen Wolf und Fuchs (▶ Kap. 11.2) genannt. Beim Motiv *Brücke* kehrt sie – nach einer einsamen Wegstrecke – zur Brücke zurück, um von dort eine andere Brücke zu sehen, auf der ein junger Mann steht, der fotografiert. Sie nähert sich an, spricht ihn an, zunächst wegen des Weges, dann wie er heiße und ob sie seine Bilder sehen könne. Auf dem Bild ist sie zu sehen, auf der Brücke stehend! Sie kann sich durch das Auge eines männlichen Gegenübers sehen und sich darüber freuen.

12.5 Spätadoleszente Entwicklungsprobleme: Narzissmus – Identität – Autonomie

Der letzte Abschnitt der störungsbezogenen Behandlungsstrategien ist der Therapie von Spätadoleszenten gewidmet. Allgemein wird festgestellt, dass viele Entwicklungsaufgaben, die üblicherweise im Jugendalter angesiedelt waren, sich in das junge Erwachsenenalter hinein ausdehnen (Fegert & Freyberger, 2017; Sannwald, 2014). Marcia (1966) untersuchte den Identitätsstatus von jungen Menschen und unterschied je nach dem relativen Anteil von Explorationsverhalten und Festlegung (»exploration« and »commitment«) vier verschiedene Gruppen. In unserem Kontext sind insbesondere diejenigen relevant, die zu keiner Festlegung kommen. Entweder sie befinden sich in einer Art Moratorium mit einem starken und fortgesetzten Explorationsverhalten in allen Lebensbereichen (noch) ohne Festlegung, oder es liegt eine diffuse Identität vor, dann finden weder Exploration noch Festlegung statt.

Sylvie ist 23 Jahre alt, als sie zur Therapie kommt. Die spätadoleszente Entwicklung ist noch nicht abgeschlossen, eine stabile Identität hat Sylvie bei weitem noch nicht erreicht. Durch die Wahl eines Studienortes im Ausland strebte sie auch die Trennung und einen ausreichenden Abstand von der Mutter an. Sie kann sich in der Fremde jedoch nicht entfalten und dem Leben zuwenden, muss sie doch weiter mit Sorge und schlechtem Gewissen an die Mutter denken. Zu der tiefen Verzweiflung, der Antriebslosigkeit, den Leistungsstörungen und den Selbstanklagen war eine bulimische Symptomatik hinzugekommen, mit der Sylvie -psychodynamisch betrachtet gegen das mütterliche Introjekt kämpft, das einverleibt und wieder ausgespien wird. Mit einem Suizidversuch sendet sie ein Notsignal, das sie wieder in die Nähe der Familie bringt. Gut ein Jahr später kommt sie nach zwei stationären psychiatrischen Behandlungen in die ambulante Psychotherapie. Die junge Frau wirkt müde und matt, alle Bewegungen sind bedächtig und scheinen kontrolliert, nichts ist übereilt. Ihr Blick ist offen, und zwischendurch kommt etwas bei mir an, das mich an ihre Kreativität und Lebendigkeit glauben lässt. Die Aufforderung, sich im Initialen Tagtraum *eine Blume, die alles hat, was sie braucht* vorzustellen, interpretiert Sylvie im Sinne der Mindestanforderung, und sie sieht »*eine Blume mit weißen Blütenblättern um ein gelbes Zentrum*«. Sie befindet sich im luftleeren Raum. Auf der Suche nach einer Umgebung, die ihr guttun könnte, steht sie zusammen mit anderen inmitten einer Blumenwiese. Das gemalte Bild ist durch einen dicken schwarzen Strich in der Mitte zweigeteilt. Links die einzelne Blume, weiße Blütenblätter um ein gelbes Zentrum angeordnet, ein grüner Stil und ein Blatt, all das was eine Blume ausmacht, rechts die Blumenwiese, umrahmt von einem Baum und einer wärmenden Sonne, alles mehr angedeutet, wie ein Entwurf oder eine Skizze (▶ Abb. 12.8).

Abb. 12.8: Blume, die alles hat, was sie braucht (Sylvie)

Die Wiese bleibt eine Option, sie könnte ein guter Ort für die Blume sein. In der Identifikation mit der Blume empfindet Sylvie jedoch auch Angst vor der damit verbundenen Nähe. Das depressive Verarbeitungsmuster mit Abwehr der Versorgungswünsche durch Anspruchslosigkeit und Kargheit wird unmittelbar deutlich, indem das in der Motivvorgabe enthaltene Angebot einer optimal versorgenden Umgebung nicht direkt angenommen werden kann. Weitere Landschaftsimaginationen bieten in der Folge die Möglichkeit, sich kurzzeitig zu beruhigen, sich auszuruhen und sich zu erholen. Wichtig ist hier in erster Linie eine tragende und verständnisvolle Haltung, wodurch die Therapeutin die Funktion eines »guten Objekts« einnehmen kann. Überich-Entlastung und Selbstwertstärkung sind die Folge (Adler-Corman u. a. 2018). Sylvie kann für sich allmählich erkennen, dass sie auch Gutes in sich hat. In diesen Sequenzen kann sie ganz bei sich bleiben.

Anders ist es in der Beziehung zur Mutter. Die Sorge um die psychisch kranke Frau ist Ausdruck einer umfassenden Verstrickung. Sylvie kann oft nicht differenzieren zwischen Gefühlen, die von der Mutter kommen, und solchen, die originär zu ihr selbst gehören. Immerhin verstehe niemand die depressiven Gefühle so gut wie die Mutter! Als sowohl die Mutter als auch der Psychiater, der beide Frauen behandelt, sich besorgt bei mir telefonisch melden, unterstütze ich Sylvie aktiv darin, einen Termin bei einem anderen Psychiater zu bekommen. Auch in der Psychotherapie mit dem Tagtraum geht es um Abgrenzung. *Ihren eigenen Raum, ihr eigenes Grundstück* zu imaginieren fällt ihr schwer. Sie findet schließlich *eine Schutzhütte, da könne man auch drinsitzen, wenn es regne. Die Hütte sei eigentlich nur ein Dach, aber es sei ruhig, nur das Rauschen der Blätter sei zu hören.* – Ob es ihre Hütte sei? – *Ja, im Moment sei es ihre »eigene Hütte«, aber das wäre vorbei, wenn jemand käme* –. Es ist für sie ein positiver Ort, *»weil wir da früher öfter waren, als Kinder, wo gefühlt noch alles gut war«.* In der Erinnerung taucht ein kleiner Waldweg mit riesengroßen Wasserlachen auf. In Gummistiefeln spielt sie mit der Mutter im Wasser: Als Kind sei das für sie *»großartig«* gewesen. In der Imagination selbst wird ihre (Über-)Lebensstrategie deutlich: Um für sich sein zu können, sucht sie die Stille und die Einsamkeit. Gleichzeitig ist sie wie eine für alle offene Schutzhütte. Im Kontakt mit anderen verliert sie ihre Grenzen und ihren eigenen Raum.

Der Konflikt mit der Mutter verschärft sich durch das Hinzukommen einer schnell fortschreitenden bösartigen Erkrankung. Schon knapp vier Monate nach Diagnosestellung verstirbt die Mutter. Sylvie besucht sie regelmäßig und kümmert sich, eine wirkliche Nähe entsteht nicht. Mit der Vorgabe, sich *eine Person oder ein Wesen* vorzustellen, *die/das es nur gut mit ihr meine*, strebe ich die Verankerung eines positiven Introjekts an. *Sie denke in erster Linie an ihre Familie, ihre Mutter… an die Zeit vor der Krankheit …* Zu dem damit verbundenen Gefühl lasse ich eine Szene assoziieren … *Zusammen mit der Mutter sitzt sie in einem Restaurant und sie fühlt sich unwohl und schuldig angesichts des Small Talks. Lieber würde sie der Mutter Dinge sagen, die wirk-*

lich wichtig sind, ihr danken. Sie würde es verstehen, wenn sie es sagen würde. .... In einer spontanen Altersregression taucht ein Erinnerungsbild auf als sie sechs Jahre ist und der Mutter sagt, dass sie sie liebhabe. Die Mutter habe geweint!

Im realen Leben fühlt sie sich mit den notwendigen Selbstregulationsprozessen zunehmend überfordert. Nach lang andauernder Unschlüssigkeit kann sie sich für die Inanspruchnahme einer stationären Psychotherapie entscheiden. Sie kehrt in die Therapie zurück, um dann noch ergänzend an einer DBT-Gruppe (Dialektisch-Behaviorale Therapie) teilzunehmen.

Es muss bei der Patientin von einer neurotischen Depression mit deutlichen strukturellen Einschränkungen (OPD-2) insbesondere im Bereich der Identität (Kohärenz, Selbsterleben, Selbst-Objekt-Differenzierung, Zugehörigkeit) ausgegangen werden. Um die ausgeprägte Bedürftigkeit abzuwehren und die Neigung zu abhängiger Beziehungsgestaltung zu kontrollieren, verweigerte Sylvie sich phasenweise auch gegenüber der therapeutischen Beziehung, die sie grundsätzlich als Halt gebend empfunden hatte. Die in der Übertragung aufkommende Sehnsucht nach einer guten Mutter musste abgewehrt und unter Kontrolle gehalten werden. Dies hat nicht zuletzt auch mit den zuvor beschriebenen entwicklungspsychologischen Besonderheiten der Adoleszenz und insbesondere der Spätadoleszenz zu tun. Die Autonomie will gelebt werden, den regressiven Bedürfnissen kann aus Angst, dauerhaft in einer abhängigen Position zu verharren, nicht nachgegeben werden. Dem Wunsch der Patientin, zu einem männlichen Therapeuten zu wechseln, stimmte ich in dieser Situation zu, ohne die Sehnsucht nach der Mutter weiter zu problematisieren. Nach mehreren abgebrochenen Studienversuchen konnte Sylvie eine für sie passende Ausbildung finden und sich dadurch weiter stabilisieren.

Zusammenfassung

In Anlehnung an die von Wilfried Dieter formulierten Konzepte störungsspezifischer Behandlungen mit der KIP bei Erwachsenen wurden in diesem Kapitel störungsbezogene Aspekte der Behandlung Jugendlicher anhand einiger Fallvignetten zu den Themen Angst, Depression, Zwang, Essstörungen und spätadoleszente Entwicklungsprobleme dargestellt. Im Unterschied zur Behandlung Erwachsener muss bei Adoleszenten immer auch der Entwicklungsaspekt Berücksichtigung finden. Die Fallvignetten vermitteln anschaulich, wie sich störungs- und konfliktbezogene Themen, die Psychodynamik und Aspekte der Übertragungs-Gegenübertragungs-Beziehung in den Imaginationen abbilden, und wie diese für den weiteren Therapieprozess genutzt werden können.

Literatur zur vertiefenden Lektüre

Alle Arbeiten von Wilfried Dieter zur störungsspezifischen KIP: Angstneurosen (2003), Depression (2004), narzisstische Störungen (2011; 2013), Zwangsneurosen (2014); alle veröffentlicht in der Zeitschrift *Imagination*.

Weiterführende Fragen

- Welche Aspekte störungsbezogenen Vorgehens lassen sich je nach Krankheitsbild und Strukturniveau unterscheiden?
- Wenn Sie Lust haben, versetzen Sie sich in die Rolle der Therapeutin und überlegen, wie Sie bei den einzelnen Fällen interveniert, mit welchen Motiven Sie gearbeitet hätten.

Teil IV Und der Therapeut? – Imagination in Selbsterfahrung und Supervision

»Er soll empathisch ›dabei sein‹, angemessen ›mitgehen‹, affektive Zustände in Worte fassen, ermutigen oder zur Vorsicht anhalten, hier und da gezielt intervenieren«
(Ullmann, 2017, S. 31).

13 Lernen durch Selbsterfahrung

Die Begleitung der katathymen Imaginationen, die Anwendung der spezifischen Techniken, auch im Vor- und Nachgespräch, will gelernt sein und erfordert neben Wissen auch Erfahrung. In der Weiterbildung in KIP wird diesem Aspekt durch ein spezielles didaktisches Modell Rechnung getragen: Erfahren und Üben von bestimmten Motiven in Kleingruppen findet regelhaft in den Kursen des *Kompakt-Curriculums KIP* statt. Die Selbsterfahrung sowohl in der Rolle des »Patienten« als auch in der des »Therapeuten« ist damit ein zentrales Element im Prozess des Lernens.

13.1 Spezielle Selbsterfahrung für Kinder- und Jugendlichenpsychotherapeuten

Für die Ausbildung von analytischen Kinder- und Jugendlichenpsychotherapeuten (AKJP) wird in den letzten Jahren zunehmend eine professionsspezifische, handlungs-, spiel- und medienorientierte Selbsterfahrung gefordert, welche die übliche Lehranalyse ergänzt (u. a. Stadler, 2013; Meisel & Tibud, 2018). Was ist damit gemeint? Psychotherapie mit Kindern und Jugendlichen geht weit über die verbale Kommunikation hinaus. Hier entsteht stattdessen ein Handlungsdialog, der auf Seiten des Therapeuten ein hohes Maß an »spezifischer Kenntnis, Sensibilität und an Erfahrung im Umgang mit den vielfältigen Ausdrucksmitteln und Phänomenen, die sich im hoch oder niedrig organisierten Spielgeschehen beim Kind, aber auch beim Therapeuten zeigen« (AAI, 2014, S. 1) erfordert. Die spezifische Spiel- und Handlungskompetenz, einschließlich der Möglichkeit einer primärprozesshaften Beziehungsgestaltung, sollte im Verlauf der Ausbildung entwickelt und gefördert werden. Die Selbsterfahrung in der Kinderrolle, das Erleben des eigenen Spiel- und Konkurrenzverhaltens, das Nachspüren der kindlichen Konflikte, all das sind wertvolle Erfahrungen für den angehenden Therapeuten.

Die Notwendigkeit einer speziellen Form der Selbsterfahrung des Therapeuten und insbesondere des Kinder- und Jugendlichenpsychotherapeuten wurde im Rahmen der Katathym Imaginativen Psychotherapie schon früh von Günther Horn (1997) erkannt. Er entwickelte und beschrieb die Methode der *Abgestuften Altersregression (AAR)*: Im Rahmen eines genau festgelegten Vorgehens versetzt sich der Therapeut mental und emotional in ein früheres Lebensalter und damit in eine frühere Entwicklungsstufe (▶ Kap. 13.3). Altersregressionen mit den Aspekten Sich-jünger-Fühlen, Sich-jünger-Erleben, auch Jünger-sein können in der Imagination sowohl spontan als auch assoziativ angeregt vorkommen. Dabei unterscheiden wir nach Alexander (1956) zwei Formen der Regression, die im Rahmen therapeutischer Prozesse bedeutsam sind, nämlich die Regression in den Konflikt und die Regression vor den Konflikt. Während die Regression in den Konflikt den Einsatz von Techniken der Konfliktbearbeitung erfordert, geht es bei der Regression vor den Konflikt um narzisstisches »Auftanken« und Ressourcenaktivierung.

Gerade für Kinder- und Jugendlichenpsychotherapeuten ist es unabdingbar, einen leichten Zugang zu dem Kind in sich zu haben und zu pflegen (Seiffge-Krenke, 2007). Schließlich ist es die Aufgabe jeglichen kinder- und jugendlichenpsychotherapeutischen Bemühens – so Klosinski (1988, S. 7) – »in der dialogischen Begegnung den Prozess der Selbstwerdung auf der entsprechenden Entwicklungsstufe mit geeigneten, d. h. mit kindgemäßen und altersadäquaten Therapieformen zu fördern.« Hier sind für die therapeutische Beziehungsgestaltung neben einem guten Einfühlungsvermögen und einem stimmigen Resonanzverhalten die gute Kenntnis der eigenen inneren Konflikte in den jeweiligen Entwicklungsphasen und der bewusste Umgang mit den sich daraus ableitenden Reaktionsbereitschaften erforderlich. Dies schließt auch die alterstypischen Konflikte mit den Elternfiguren ein. Weder darf der Therapeut sich zu sehr mit Kindern und Jugendlichen identifizieren, noch darf er einseitig die Position der Eltern vertreten.

13.2 Die Arbeit mit der »Abgestuften Altersregression«

13.2.1 Therapeutische Einstellung zum Kind

In den sogenannten »Regressionsseminaren« werden die Übungen zur umfassenden Altersregression durch eine Imaginationsübung vorbereitet, bei der den Gruppenteilnehmern das Motiv *Kind* vorgegeben wird. Dies könnte in etwa mit folgender Instruktion erfolgen:

> »Stellen Sie sich vor, Sie sehen ein Kind. Beobachten Sie es genau: wie es aussieht, wo es sich befindet, was es tut und wie es ihm geht. Achten Sie darauf, wie weit das Kind von Ihnen entfernt ist, wie es Ihnen selbst geht, und was Sie empfinden. Vielleicht möchten Sie mit dem Kind in irgendeiner Weise in Beziehung treten. Wenn ja, versuchen Sie dies« (Horn, 1997, S. 233).

Es geht hier u. a. um die Erarbeitung einer adäquaten Einstellung zum Kind: »Der Therapeut sollte in der Lage sein, sich mit diesem zu identifizieren, ohne dabei eigene ungelebte Bedürfnisse zu delegieren oder mitzuregredieren« (ebd., 1997, S. 232). Die unterschiedliche Regressionsneigung der Imaginierenden, von einer eher gehemmten über eine »gesunde« zu einer überwertigen Regression, bildet sich in den Imaginationsinhalten und der Gestaltung der Szene ab. Bei Vorherrschen einer gehemmten Regression und Dominanz des Über-Ichs kann der Imaginierende in der Regel keinen Kontakt zum Kind aufnehmen. Besteht demgegenüber eine überwertige Regression mit Dominanz des Es, werden infantile Wünsche und Bedürfnisse nicht nur durch das Kind, sondern auch durch den regredierten Erwachsenen ausgelebt. Haben wir es mit einer »gesunden« Regression und einer relativen Ich-Stärke zu tun, ist das Verhältnis zwischen Kind und Erwachsenem ausgewogen: »Das imaginierte Kind verhält sich kindgemäß, und der Erwachsene kann es darin unterstützen, ohne dabei seine eigene Identität als Erwachsener aufzugeben« (ebd., 1997, S. 237).

13.2.2 Selbsterfahrung im Dreiersetting

Das Rollenspiel im Dreiersetting (»Kind«/»Jugendlicher«, »Therapeut«, Beobachter) bei den »Regressionsseminaren« ist für die Ausbildung und Weiterentwicklung des Kinder- und Jugendlichenpsychotherapeuten von unschätzbarem Wert. Jede der drei Rollen beinhaltet spezifische Übungs- und Selbsterfahrungsinhalte und vermittelt damit verschiedene Erfahrungen und Perspektiven des Erlebens:

- Die gezielte Regression ins Kindes- oder Jugendalter ermöglicht die Wiederbelebung früherer Erfahrungen, das Erinnern und Durchleben von Kindheitstraumata, auch das Füllen von Leerstellen; damit sind Zeiten gemeint, von denen keine konkreten Erinnerungen zur Verfügung stehen. So stärken die Erfahrungen der Regression einerseits die Empathie und das Verständnis für die jungen Patienten und beugen andererseits einem unbedachten Mitagieren und inadäquaten Mitregredieren vor. Es ist allgemein bekannt, »dass die Therapie von Kindern viel stärker als die der Erwachsenen die Gefahr in sich birgt, selbst, und zwar auf breiter Basis, auf das Alter der noch jungen Patienten mitzuregredieren« (Horn, 1997, S. 235).
- In der Therapeutenrolle übt der Teilnehmer die Gestaltung einer ganzen Therapiesequenz, angefangen vom Vorgespräch über die Imaginationsübung bis zum Nachgespräch. Entscheidend ist es hier, über eine emotional annehmende und bejahende Haltung einen guten, der Entwicklung angemessenen Kontakt zu den jungen Patienten herzustellen und gleichzeitig die Identität als Erwachsener zu wahren. Über die Rückmeldungen des »Patienten« wie auch des Erwachsenen, welcher den »Patienten« gespielt hat, ergänzt und erwei-

tert durch die Rückmeldungen des Beobachters, erhält der Therapeut wichtige Informationen darüber, wie welche Intervention gewirkt hat und welche Passung erreicht wurde. Lernziel ist eine behutsame, alters- und entwicklungsangemessene Kontaktaufnahme zur Bedürfnis- und Konfliktwelt von Kindern und Jugendlichen und eine darauf abgestimmte Gesprächsführung, einschließlich der entsprechenden therapeutischen Haltung und des Führungsstils. Die Entwicklungs- und Regressionsdiagnostik soll mitgelesen werden, sie ist im Übungskontext aber an den Beobachter delegiert. Die Übungseinheiten im Regressionsseminar verbessern auch den Umgang mit spontan auftretender und induzierter Altersregression.
- Dem Beobachter schließlich kommt im Dreiersetting eine Rahmenfunktion zu. Auf der Übertragungsebene können »Patient« und »Therapeut« je nach Übertragungsbereitschaft und vorausgehender Gruppendynamik unterschiedliche Aspekte auf ihn projizieren: ein kontrollierender oder schutzgebender Elternteil, ein kritischer Lehrer oder eine Sicherheit gebende Gestalt. Für den Beobachter gilt es, seine Wahrnehmung des Beziehungsgeschehens und seinen diagnostischen Blick zu schulen. Wichtig ist dabei zu beachten, dass es nicht um die Diagnostik des Teilnehmers, sondern um die des damaligen Kindes, so wie es gespielt wurde, geht. Das Kind soll mit seinen Bedürfnissen und Nöten, seinen Wünschen und Ängsten an Hand des Materials erfasst und so das psychodynamische Geschehen verstanden werden.

13.2.3 Das Modell der Abgestuften Altersregression (AAR) im Überblick

Das dargestellte Modell gliedert sich in vier Abschnitte:

1. Vorbereitungsgespräch (Dauer 15–20 min)
2. »Therapiesitzung« (Dauer 20–40 min)
3. Aufarbeitungsgespräch (Dauer 15–20 min)
4. Besprechung in der Gruppe (mit dem Seminarleiter)

Das Vorbereitungsgespräch findet auf der Erwachsenenebene statt: Ausgehend von der aktuellen Befindlichkeit und der gegenwärtigen Lebenssituation blickt der »Patient« zurück auf seine Kindheit und Jugend, um jetzt einen Zeitpunkt auszuwählen, bei dem er rückblickend professionelle Hilfe und Unterstützung hätte brauchen können. Im Dialog mit dem »Therapeuten« lässt er das Kind oder den Jugendlichen von damals lebendig werden, u. a. durch Schilderung der Lebenssituation, typischer Konflikte, Vorlieben und Ressourcen.

Beim zweiten Teil, der »Therapiesitzung«, ist der »Patient« in der Rolle des Kindes oder Jugendlichen. Es hat sich bewährt, dass der Teilnehmer in der Patientenrolle am Ende des Vorbereitungsgesprächs den Raum verlässt, um sich in Ruhe auf die Rolle einzustimmen. Mit dem Begrüßen und dem Händedruck an der Tür beginnt die Sitzung, mit der Verabschiedung und dem Händedruck an der Tür endet die Sitzung (Hinweis: In Zeiten der Pandemie werden alternative Begrüßungs- und Verabschiedungsrituale vereinbart). Während dieser ganzen Sequenz ist der »Patient« in der altersregredierten Rolle. Es ist oft frappierend zu erleben, wie sich Körperhaltung, Bewegung, Mimik, Gestik, Stimme und Sprache mit dem Rollenwechsel verändern.

Im Aufarbeitungsgespräch kehrt der »Patient« wieder in seine Erwachsenenrolle zurück. Es wird dann in der Gruppe der Prozess reflektiert.

Die nachfolgende Anleitung für die Übungseinheit im Dreiersetting ist in leicht modifizierter Form der Zusammenstellung von Horn (1997, S. 240f.) entnommen. Die Zeitangaben sind so gewählt, dass die Übungseinheit und die abschließende Besprechung innerhalb einer Doppelstunde zu leisten sind.

Tab: 13.1: Ablauf der Übungseinheit (AAR)

Phasen der Übungseinheit
1. Vorbereitungsgespräch (Dauer 15–20 min) • Absprache, wer welche Rolle übernimmt: Patient, Therapeut, Beobachter • »Anwärm«-Gespräch: gegenwärtige Lebenssituation des Patienten • Themenfindung

Tab. 13.1: Ablauf der Übungseinheit (AAR) – Fortsetzung

Phasen der Übungseinheit

- Altersfestlegung (6–12 Jahre; 12–17/18)
- Welche Schwierigkeiten veranlassten die Eltern bzw. den Jugendlichen selbst einen Psychotherapeuten zu konsultieren?
- Wie war die familiäre, schulische und/oder berufliche Situation des Patientenkindes bzw. -jugendlichen?
- Damalige Hobbys und Neigungen (Ressourcen)

1. »Therapiesitzung« (Dauer 20–40 min)

Die Therapiesitzung beginnt mit dem Händedruck zur Begrüßung und endet wieder mit dem Händedruck zur Verabschiedung! Solange bleiben »Patient« und »Therapeut« in ihren Rollen. Gehen Sie davon aus, dass der »Patient« gemeinsam mit seinen Eltern eine Woche zuvor zu einem Erstgespräch gekommen war und dass in diesem Zusammenhang die Durchführung eines »Phantasiespiels« bzw. die Arbeit mit Imaginationen schon angekündigt worden ist.

- Therapievorgespräch
- KB-Phase (Dauer 7–15 min)
- Therapienachgespräch und Verabschiedung

2. Aufarbeitungsgespräch (Dauer 15–20 min)

- Bild zur Imagination malen (alle drei)
- Gespräch des Therapeuten mit dem »Patienten«, der jetzt wieder seine Erwachsenenrolle einnimmt, über den Verlauf der »Therapiesitzung«
- Gespräch unter Einbeziehung des Beobachters

3. Besprechung in der Gruppe (mit dem Seminarleiter/Dozenten)

- Bericht des Beobachters unter Fokussierung auf das psychologische/psychodynamische Geschehen (entsprechend Arbeitsblatt)
  - Welche Entwicklungsaufgabe steht an?
  - Wie schlug sich das atmosphärisch nieder?
  - Welcher Wunsch, welche Ängste finden ihren Ausdruck?
  - Welche Ressourcen waren erkennbar?
  - Kritische Betrachtung des Therapeutenverhaltens
- Bericht von »Patient« und »Therapeut« (unter Einbeziehung der gemalten Bilder)
  - Kritische Passagen?
  - Übertragungs-Gegenübertragungs-Verwicklungen?
  - Evtl. Wiedergabe wichtiger Ausschnitte der Bandaufnahme

Tab. 13.1: Ablauf der Übungseinheit (AAR) – Fortsetzung

Phasen der Übungseinheit
– Überlegungen der Gesamtgruppe mit dem Ziel der Planung des weiteren Vorgehens bei »Fortsetzung der Therapie«

Für den Bericht des Beobachters haben wir ein Arbeitsblatt entwickelt, das sich in Teilen am Modell der Bearbeitung von Kinderträumen von Hopf (2006) orientiert. Bei der Beschreibung der Atmosphäre geht es um die Frage der Gestimmtheit und der affektiven Tönung. Mit dem Blick auf die im Tagtraumgeschehen symbolisierten Wünsche und Ängste versuchen wir, die Konfliktdynamik zu erfassen. Der Fokus kann in Ich-Form »als einfühlende Hypothese in den aktuellen inneren Zustand des Kindes und seiner phantasierten Lösungsmöglichkeit« (Hopf, 2006, S. 377) formuliert werden.

Die Teilnehmer der Regressionsseminare sind in der Regel überrascht wie schnell und wie tief ein Kontakt mit dem Kind oder dem Jugendlichen von damals möglich ist, wie stimmig und überwältigend die Gefühle sind.

13.2.4 Selbsterfahrung im Familienmodell

Klessmann (1997) hat ein Modell der Selbsterfahrung im Vierersetting entwickelt. Hier geht es – vergleichbar mit einer Gruppenimagination – darum, einen gemeinsamen Tagtraum als »Familie« zu entwickeln. Sowohl intrapersonelle als auch interpersonelle Prozesse können hier transparent werden. Die komplexen Übertragungsprozesse und systemischen Vorgänge befördern bei den Teilnehmern vielfältige Selbsterfahrungs- und Supervisionserkenntnisse.

Zusammenfassung

Erfahren und Üben von bestimmten Motiven findet regelhaft in der KIP-Weiterbildung statt. Die Forderung nach einer speziellen Selbsterfahrung für Kinder- und Jugendlichenpsychotherapeuten wird in der KIP durch die Selbsterfahrung in der Altersregression umgesetzt. Das Modell der Abgestuften Altersregression (AAR) beinhaltet spezifische Übungs- und Selbsterfahrungsinhalte und vermittelt verschiedene Erfahrungen: durch die gezielte Regression in das Kindes- und Jugendalter in der Patientenrolle, durch das Gestalten einer ganzen Therapiesequenz in der Therapeutenrolle und durch Erfassen des Beziehungsgeschehens und die diagnostische Einschätzung in der Beobachterrolle.

Literatur zur vertiefenden Lektüre

Horn, G. (1997). Selbsterfahrung des Therapeuten durch die abgestufte Altersregression in das Kindes- und Jugendalter. In H. Leuner, G. Horn & E. Klessmann, *Katathymes Bilderleben mit Kindern und Jugendlichen* (S. 229–252; 4., aktual. Aufl.).München: Ernst Reinhardt.

Weiterführende Fragen

- Warum braucht es eine professionsspezifische Selbsterfahrung?
- Welche Möglichkeiten eröffnet die Arbeit in der Altersregression?

14 Supervision in und mit der KIP

Supervision hat ganz allgemein zur Aufgabe, die Beziehungen zwischen einer beraterisch oder therapeutisch tätigen Person und einem Patienten oder Klienten systematisch zu reflektieren (Maxeiner, 2012, S. 427f.). Sie ist regelhafter Bestandteil der Aus- und Weiterbildung in Katathym Imaginativer Psychotherapie. Aufgrund der Spezifika der Behandlung von Kindern und Jugendlichen hält Horn (2006b) Supervisions- und Fallbesprechungsseminare gerade für Kinder- und Jugendlichenpsychotherapeuten für besonders wichtig. Die Behandlungen sind häufig mehr patientenzentriert und weniger methodenzentriert ausgerichtet, sodass sich immer wieder die Frage stellt, ob und wann eine katathyme Imagination angebracht ist. Der grundlegende Unterschied zur Therapie von Erwachsenen besteht darin, dass der junge Patient immer als Teil seines familiären Systems gesehen werden und dieses auch immer mitgedacht werden muss. »Ob und wie ein Therapeut seinen Kindpatienten und dessen Familie annehmen kann, ist unter anderem auch wesentlich davon abhängig, wie er sich selbst bei einer Fallvorstellung in der Supervisionsgruppe angenommen, verstanden und ermutigt fühlt« (Horn, 2006b, 144f.). Der Autor beschreibt dieses Phänomen als *Übertragungskette*, die im ungünstigen Fall dazu führen kann, dass es bei der Vorstellung eines in der Familie abgelehnten Patienten »sogar zu einem Ausstoßungsprozess des Therapeuten durch die Fallbesprechungsgruppe kommen und ihm die Befähigung zur Therapie abgesprochen werden [kann]« (ebd. S. 144). Aufgrund der komplexen familiären Strukturen, einschließlich transgenerationaler Prozesse, und der Einwirkung von Umwelt und Hilfssystemen sind bei der Behandlung und Supervision von Kindern und Jugendlichen immer auch familiendynamische, systemische und gruppendynamische Aspekte zu beachten.

14.1 Die dialogische Begleitung und ihre Folgen

Geht es um die Supervision katathymer Imaginationen, so ist aufgrund des Prinzips der dialogischen Begleitung unschwer erkennbar, dass es sich bei jedem Tagtraum um eine Coproduktion von Patient und Therapeut handelt: Arbeitsbündnis, Übertragung/Gegenübertragung und Widerstand bilden sich unmittelbar ab und müssen im Rahmen der Supervision untersucht und verstanden werden. Pahl (1982) beschreibt sehr eindrücklich, welche Übertragungs-Gegenübertragungs-Verwicklungen sich in der KIP »*im Verlaufe der Prozesse des Einfühlens, Verstehens, Mitlesens und Nachinszenierens*« ergeben können. Missverständnisse, beschreibbar als »Bruchstellen in der Sinngebung«, können wir auch bei katathymen Imaginationen von Kindern und Jugendlichen beobachten. Dies insbesondere dann, »wenn die infantilen, gefühlsgetragenen und körpernahen Erfahrungen reaktiviert werden und die Kommunikations-Szene (Argelander 1979) mitbestimmen« (Pahl, 1982, S. 90). Missverständnisse entstehen z. B. dann, wenn verschiedene Entwicklungen und unterschiedliche Handlungslinien verfolgt werden, wenn die Formen der Auseinandersetzung bei Konflikten sowie die Möglichkeiten der Angstbewältigung sich unterscheiden bzw. nicht korrekt eingeschätzt wurden. Angesichts der vielfältigen Übertragungsphänomene ist ein fortlaufender Supervisionsprozess sinnvoll und auch fortgeschrittenen Therapeuten anzuraten.

14.2 Anwendungen katathymer Imaginationen in der Supervision

Mit den Techniken der KIP können wir auch in der Supervision gewinnbringend arbeiten. »Das Besondere an der Arbeit mit katathymen Imaginationen in der Supervision sind die kreativen Möglichkeiten, die mit der Erweiterung des individuellen Wahrnehmungs-, Erlebens- und

Erfahrungsraumes um die vor- und unbewusste Dimension verbunden sind« (Maxeiner, 2012, S. 434). Direkt im Anschluss an eine Fallvorstellung in der Gruppe oder aber im Prozess der Supervision, wenn eine gewisse Ratlosigkeit oder eine schwer greifbare Stimmungslage vorherrschen, kann eine Imagination zur Klärung des emotionalen Prozesses angeregt werden. Als Motive für ein sogenanntes »stilles KB«, bei dem die Gruppenmitglieder in der Runde sitzend nach einer Entspannungseinleitung Bilder vor ihrem inneren Auge entstehen lassen, eignen sich u. a. *eine Stimmung, der vorgestellte Patient in der Gegenwart* oder *zu einem früheren Zeitpunkt, der Therapeut in seiner Rolle, die therapeutische Beziehung, die Familie des Patienten* oder auch ein offenes Motiv. Bei diesem Vorgehen nutzt man das gesamte Potential der Gruppe, um die unbewusste Dynamik des Falles und des Beziehungsgeschehens zu klären. Je nach Problematik und insbesondere bei strukturellen Störungen ergibt dies eine große Palette von Rückmeldungen, die das Bild des Therapeuten vom Patienten komplettieren.

Beim *Protagonisten-KB* versetzt der fallvorstellende Therapeut sich in die Rolle des Kindes oder des jugendlichen Patienten. In Begleitung des Supervisors imaginiert er zu einem vorgegebenen Thema. Aus der Innensicht ist in der Regel ein vertieftes Verständnis des Patienten sowie der therapeutischen Beziehung möglich. Insbesondere bei negativen Gegenübertragungen und Störungen der Empathie empfiehlt Horn ein therapeutisches Rollenspiel, bei dem der Supervisand sich in der Rolle eines Patienten einen »Therapeuten« aus der Gruppe sucht, der mit ihm einen therapeutischen Dialog mit Imagination anregt.

Letztlich besteht noch die Möglichkeit ein sogenanntes *Gegenübertragungs-KB* anzuregen. »Der Supervisand imaginiert dabei als Protagonist in der Gruppe unter der Begleitung des Leiters zu einer bestimmten interaktionellen Problematik während der Therapie oder zu seinem Patienten oder Klienten« (Maxeiner, 2012, S. 435).

Die kreativen Möglichkeiten der Methode sind immer wieder faszinierend. Neben den allgemeinen supervisorischen Zielsetzungen (wie z. B. Psychohygiene, Prozesskontrolle, Orientierungshilfe und Möglichkeiten der Problemlösung) erweitert die Arbeit mit katathym imaginativen Ansätzen in der Supervision auch das methodenspezifische Handlungsrepertoire und stärkt die Identität als KIP-Therapeut.

> **Zusammenfassung**
>
> Die Supervision ergänzt die im Lernprozess notwendige Selbsterfahrung. Es bestehen verschiedene Möglichkeiten, katathyme Imaginationen in der Supervision einzusetzen. Durch die Hinzunahme der vor- und unbewussten Dimension wird der individuelle Wahrnehmungs- und Erlebensraum erweitert. Ein vertieftes Verständnis des Patienten wird ermöglicht, Übertragungs-Gegenübertragungs-Verwicklungen können erfasst und durch die Einbeziehung der Gruppe kann das Bild des Patienten komplettiert werden. Ein fortlaufender Supervisionsprozess ist sinnvoll und auch dem fortgeschrittenen Therapeuten zu empfehlen.

Literatur zur vertiefenden Lektüre

Horn, G. (2006b). Überlegungen zur Durchführung von Supervisions- und Fallseminaren. In G. Horn, R. Sannwald & F. Wienand, *Katathym Imaginative Psychotherapie mit Kindern und Jugendlichen* (S. 135–150). München: Ernst Reinhardt.

Maxeiner, V. (2012). Katathym imaginative Ansätze in der Supervision. In H. Ullmann & E. Wilke (Hrsg.), *Handbuch Katathym Imaginative Psychotherapie* (S. 427–436). Bern: Hans Huber.

Weiterführende Fragen:

- Welche Möglichkeiten bieten katathym imaginative Ansätze in der Supervision und welchen Vorteil haben sie für das Fallverständnis?

15 Fort- und Weiterbildung in KIP

15.1 Kompakt-Curriculum KIP

Mit dem *Kompakt-Curriculum KIP* können approbierte Psychotherapeuten oder Ärzte in Weiterbildung die Zusatzqualifikation »KIP-Therapeut DGKIP« erwerben. Neben einem Grund- und einem Aufbaukurs, jeweils bestehend aus vier Seminaren à 16 UE (Unterrichtseinheiten von 45 Minuten), sind eine methodenspezifische Selbsterfahrung und supervidierte Behandlungsfälle gefordert.

Die Seminare vermitteln in einer bewährten Kombination aus Theorie, Üben und Erfahren von Motiven und Techniken die Grundlagen der KIP. Die oben (▶ Kap. 13.2.2) beschriebene Kleingruppenarbeit im Dreiersetting (Patient/Therapeut/Beobachter) ist ein fester Bestandteil des didaktischen Konzepts und kommt auch hier regelhaft zum Einsatz.

In den aufeinander aufbauenden *Seminaren des Grundkurses* werden jeweils schwerpunktmäßig die nachfolgenden Themen behandelt: Ressourcenaktivierung und Stabilisierung, Beziehung und Konflikt, Regression sowie KIP als Prozess. Der *Aufbaukurs* sieht ein jeweils eigenes Curriculum für Erwachsenentherapeuten und Kinder- und Jugendlichentherapeuten vor.

15.2 Aufbaukurs KIP-KJ

Der Aufbaukurs KIP-KJ vermittelt Kinder- und Jugendlichenpsychotherapeuten und Kinder- und Jugendpsychiatern mit psychotherapeutischer Weiterbildung spezifische Kenntnisse in der Anwendung der Katathym Imaginativen Psychotherapie bei Kindern und Jugendlichen. Im Fokus stehen die Entwicklungsaufgaben von Kindern bzw. Jugendlichen sowie die jeweils auf die Entwicklungsthematik angepasste KIP-Behandlungstechnik. In den Seminaren arbeiten wir grundsätzlich mit dem Modell der Abgestuften Altersregression (AAR; ▶ Kap. 13.2.3). Die Förderung des emotionalen Zugangs zur eigenen Kindheit und Adoleszenz ist dabei ein ebenso wichtiges Ziel wie die Erweiterung der diagnostischen und therapeutischen Handlungskompetenz in der KIP.

Aktuelle Informationen zu den Curricula finden Sie auf der Homepage der DGKIP: www.dgkip.de.

Literatur

Adler-Corman, P., Bossert, R., Hendrikoff, K., Hüller, Th., Lüdemann, G., Röpke, C. (2018). Depression im Kindes- und Jugendalter. In Adler-Corman, P., Röpke, H., Timmermann, H. (Hrsg.). *Psychoanalytische Leitlinien der Kinder- und Jugendlichen-Psychotherapie* (S.131–189). Frankfurt: Brandes & Apsel.

Alfred-Adler-Institut Aachen-Köln (2014). Professionsspezifische Selbsterfahrung für die Ausbildung zum aKJP. »Lehrjahre sind Spieljahre«. Köln. Unveröff. Manuskript

AGKB (Hrsg.) (2019). »Menschen sind meine größte Erfahrungsquelle.« Festschrift zum 100. Geburtstag von Hanscarl Leuner. Verl: Territory CTR.

Alexander, F. (1956). Zwei Formen der Regression und ihre Bedeutung für die Therapie. *Psyche*, 11, 668–683.

Arbeitskreis OPD-2 (Hrsg.) (2014). *Operationalisierte Psychodynamische Diagnostik OPD-2* (3., überarb. Aufl.). Bern: Hans Huber.

Arbeitskreis OPD-KJ-2 (Hrsg.) (2016). OPD-KJ-2 – Operationalisierte psychodynamische Diagnostik im Kindes- und Jugendalter (2., überarb. Aufl.). Bern: Hans Huber.

Arnett, J. J. (2004). Emerging adulthood: The winding road from the late teens through the twenties. Oxford: Oxford University Press.

Bahrke, U. & Nohr, K. (2005). Katathym Imaginative Psychotherapie: eine Positionsbestimmung. *Imagination*, 2, 5–23.

Bahrke, U. & Nohr, K. (2013). Katathym Imaginative Psychotherapie. Lehrbuch der Arbeit mit Imaginationen in psychodynamischen Psychotherapien. Berlin/Heidelberg: Springer.

Bakker-van Zeil, T. (2005). Katathym-imaginative Psychotherapie mit Adoptivkindern. In L. Kottje-Birnbacher, U. Sachsse & E. Wilke (Hrsg.), *Imagination in der Psychotherapie* (S. 141–147). Bern: Hans Huber.

Balint, M. (1970). Therapeutische Aspekte der Regression. Die Theorie der Grundstörung. Stuttgart: Klett-Cotta.

Balzer W. (2006). Symbolisierung als Re-Präsentation von Getrenntheit – ein Auslaufmodell? *Psychoanalyse im Widerspruch*, 35, S. 27–38.

Bauer, J. (2002). Das Gedächtnis des Körpers. Wie Beziehungen und Lebensstile unsere Gene steuern. Frankfurt a. M.: Eichborn.

Bauer-Neustädter, W. (2003). Der Weg zum Gefühl der Bewegung – Annikas Unendliche Geschichte. *Imagination*, 2, 24–48.

Bauer-Neustädter, W. (2010). Von innen nach außen – die Arbeit mit dem gemalten Bild in der Katathym Imaginativen Psychotherapie. In P. Sinapius, M. Wendlandt-Baumeister, A. Niemann & R. Bolle (Hrsg.), *Bildtheorie und Bildpraxis in der Kunsttherapie. Wissenschaftliche Grundlagen der Kunsttherapie* (S. 165–180). Berlin: Peter Lang.

Bauer-Neustädter, W. (2018). Brückenbauen schafft Verbindung – Entwicklungsfördernde Prozesse in der Behandlung Adoleszenter. *Imagination*, 3–4, 186–192.

Biel, G. (2018). Von der Notwendigkeit umfassender Diagnostik zur Therapieplanung in der Katathym Imaginativen Psychotherapie (KIP). *Imagination*, 3–4, 46–57.

Blakeslee, S., Lewis, J. M. & Wallerstein, J. S. (2002). Scheidungsfolgen – Die Kinder tragen die Last. Eine Langzeitstudie über 25 Jahre. Münster: Votum Verlag.

Blos, P. (1992). *Adoleszenz. Eine psychoanalytische Interpretation* (5. Aufl.) Stuttgart: Klett-Cotta. (Original 1962; dt. 1973)

Bovensiepen, G. (2007). Theoretische Grundlagen der psychoanalytischen Therapie mit Kindern und Jugendlichen. In H. Hopf & E. Windaus, *Psychoanalytische und tiefenpsychologisch fundierte Kinder- und Jugendlichenpsychotherapie. Lehrbuch der Psychotherapie für die Ausbildung zum Kinder- und Jugendlichenpsychotherapeuten und für die ärztliche Weiterbildung* (S. 195–211). Bd. 5. München: CIP-Medien.

Brisch, K. H. (1999). Bindungsstörungen. Von der Bindungstheorie zur Therapie. Stuttgart: Klett-Cotta.

Bürgin, D. (2002). Psychoanalytische Psychotherapie in der Adoleszenz. *Psychotherapie im Dialog*, 4, 331–337.

Burian-Langegger, B. (1999). Adoleszenz. *Imagination*, 2, 5–18.

Diamond, M. J. (2020). *Söhne und Väter: Eine Beziehung im lebenslangen Wandel* (2. Aufl.). Frankfurt: Brandes & Apsel.

Dieckmann, A., Dahm, A., Neher, M. (Hrsg.) (2018). *Faber/Haarstrick. Kommentar Psychotherapie-Richtlinien* (11., aktual. und erg. Aufl.). München: Elsevier.

Dieter, W. (2000). Imagination und Symbolisierung bei neurotisch und ich-strukturell gestörten Patienten. In H. Salvisberg, M. Stigler & V. Maxeiner (Hrsg.), *Erfahrung träumend zur Sprache bringen* (S. 147–168). Bern: Hans Huber.

Dieter, W. (2003). Katathym-imaginative Psychotherapie bei Angstneurosen. *Imagination*, 3, 5–40.

Dieter, W. (2004). Störungsspezifische KIP-Therapie der Depression. *Imagination*, 2, 5–50.

Dieter, W. (2010). Der unterschiedliche therapeutische Umgang mit Imaginationen bei neurotischen und strukturell gestörten Patienten. In L. Kottje-Birnbacher, U. Sachsse & E. Wilke (Hrsg.), *Psychotherapie mit Imaginationen* (S. 171–190). Bern: Hans Huber.

Dieter, W. (2011). Katathym Imaginative Psychotherapie bei narzisstischen Störungen. Teil 1: Grundlagen. *Imagination*, 4, 5–31.

Dieter, W. (2013). KIP bei narzisstischen Störungen. Teil 2: Anwendungen. *Imagination*, 1, 49–75.

Dieter, W. (2014). Katathym Imaginative Psychotherapie bei Zwangsneurosen. *Imagination*, 1, 49–78.

Dieter, W. (2015). Phantasie und Imagination. Ein Beitrag zu einer Theorie der Imagination. *Imagination*, 1, 50–72.

Dornes, M. (2002). *Die emotionale Welt des Kindes*. Frankfurt: Fischer.

Du Bois, R. (2002). Was Therapeuten von jugendlichen Patienten lernen können – Über das Gelingen und Scheitern von Psychotherapie. In B. Metzmacher, C. Teders-Windler & Wetzorke, F. (Hrsg.), *Viele Seelen wohnen doch in meiner Brust. Identitätsarbeit in der Psychotherapie mit Jugendlichen* (S. 25–41). Münster: Verlag für Psychotherapie.

Erikson, E. H. (1971). *Kindheit und Gesellschaft* (4. Aufl.). Stuttgart: Klett-Cotta. (Originalarbeit erschienen 1950).

Esser, G., Ihle, W., Schmidt, M. H. & Blanz, B. (2000). Die Kurpfalzerhebung – Ziele, Methoden und bisherige Ergebnisse. *Zeitschrift für klinische Psychologie und Psychotherapie*, 4, 233–245.

Fegert, J. M. & Freyberger, H. J. (2017). Adoleszenz – eine Lebensphase weitet sich aus. Herausforderungen an eine Psychologie und Psychopathologie des Transitionsalters. *Psychotherapie im Dialog*, 2,16–22.

Fiala-Baumann, B. & Bänninger-Huber, E. (2016). Wirksamkeit und Nachhaltigkeit von Katathym Imaginativer Psychotherapie (KIP) bei Jugendlichen. Teil 1 der Studienergebnisse – Daten zum Zeitpunkt des Studienbeginns. *Imagination*, 4, 40–64.

Fiala-Baumann, B. & Bänninger-Huber, E. (2018). Wirksamkeit und Nachhaltigkeit von Katathym Imaginativer Psychotherapie (KIP) bei Jugendlichen. Teil 2 der Studienergebnisse – Veränderungen. *Imagination*, 1, 23–39.

Flammer, A. & Alsaker, F. D. (2002). Entwicklungspsychologie der Adoleszenz. Die Erschließung innerer und äußerer Welten im Jugendalter. Bern: Hans Huber.

Fonagy, P. & Target, M. (2006). *Psychoanalyse und die Psychopathologie der Entwicklung*. Stuttgart: Klett-Cotta.

Fonagy, P, Gergely, G., Jurist, E. L. & Target, M (2017): *Affektregulation, Mentalisierung und die Entwicklung des Selbst*. Stuttgart: Klett Cotta.

Frederking, W. (1948). Über die Tiefenentspannung und das Bildern. *Psyche*, 2, 211–228.

Freud, A. (1973). Wege und Irrwege in der Kinderentwicklung. Stuttgart: Klett-Cotta

Freud, S. (1914). Erinnern, Wiederholen und Durcharbeiten. GW X, 126–136.

Fürstenau, P. (1990). *Entwicklungsförderung durch Therapie*. Grundlagen psychoanalytisch-systemischer Therapie. München: J. Pfeiffer

Fürstenau, P. (2001). Psychoanalytisch verstehen – Systemisch Denken – Suggestiv intervenieren. Stuttgart: Klett-Cotta.
Gerber, G. (1994). Die Bedeutung des ontogenetischen Entwicklungsmodells »Spüren – Fühlen – Denken« für die Kinder- und Jugendlichen-Therapeutenausbildung. In Gerber & Sedlak (Hrsg.) (1994), *Katathymes Bilderleben innovativ. Motive und Methoden* (S. 82–91). München: Ernst Reinhardt.
Gersdorf, H. (2020). Strukturbezogene Katathym Imaginative Psychotherapie (KIP) mit Jugendlichen – eine Falldarstellung. *Forum der Kinder- und Jugendpsychiatrie, Psychosomatik und Psychotherapie*, 3, 2–23.
Göpel, K., Munz, D., Simon, M. & Zepf, M. (2018). Essstörungen. Zur Diagnostik und Therapie in der analytischen Kinder- und Jugendlichen-Psychotherapie. In P. Adler-Corman, C. Röpke & H. Timmermann (Hrsg.), *Psychoanalytische Leitlinien der Kinder- und Jugendlichen-Psychotherapie* (S. 239–294). Frankfurt: Brandes & Apsel.
Grossmann, K. & Grossmann, K. E. (2012). *Bindungen – das Gefüge psychischer Sicherheit*. Stuttgart: Klett-Cotta.
Hagenah, U. & Herpertz-Dahlmann, B. (2005). Somatisierungsstörungen bei Kindern und Jugendlichen. *Deutsches Ärzteblatt*, 27, A 1953–1959.
Heinemann, E. & Hopf, H. (2012). *Psychische Störungen in Kindheit und Jugend* (4., aktual. und erw. Aufl.). Stuttgart: Kohlhammer.
Hirshan (1994). »Der Wirbel« (Foto). Hopf, H. (2006). Träume von Adoleszenten mit unterschiedlicher Struktur in Diagnose und Therapie. *Analytische Kinder- und Jugendlichenpsychotherapie*, 3, 365– 384.
Hopf, H. (2011). *Angststörungen bei Kindern und Jugendlichen* (2. Aufl.). Frankfurt: Brandes & Apsel.
Hopf, H. (2014). *Die Psychoanalyse des Jungen*. Stuttgart: Klett-Cotta.
Horn, G. (1997). Selbsterfahrung des Therapeuten durch die abgestufte Altersregression in das Kindes- und Jugendalter. In H. Leuner, G. Horn & E. Klessmann, *Katathymes Bilderleben mit Kindern und Jugendlichen* (4., aktual. Aufl., S. 229–252). München: Ernst Reinhardt.
Horn, G. (2006a). Theorie und Technik der Katathym Imaginativen Psychotherapie im Kindesalter. In G. Horn, R. Sannwald & F. Wienand, *Katathym Imaginative Psychotherapie mit Kindern und Jugendlichen* (S. 17–39). München: Ernst Reinhardt.
Horn, G. (2006b). Überlegungen zur Durchführung von Supervisions- und Fallseminaren. In G. Horn, R. Sannwald & F. Wienand, *Katathym Imaginative Psychotherapie mit Kindern und Jugendlichen* (S. 135–150). München: Ernst Reinhardt.
Horn, G. (2009). Ich träum, ich wär in einem Schloss eine Königin: Hören, was Kinder in der Katathym-Imaginativen Psychotherapie (KIP) erleben. Mit 2 CDs. Köln: KIKT-Verlag.
Horn, G., Sannwald, R. & Wienand, F. (2006). *Katathym Imaginative Psychotherapie mit Kindern und Jugendlichen*. München: Ernst Reinhardt.

Hüther, G. (2015). Die Macht der inneren Bilder. Wie Visionen das Gehirn, den Menschen und die Welt verändern (9. Aufl.). Göttingen: Vandenhoeck & Ruprecht.

Jung, C. G. (1949). Vom Wesen der Träume. Olten: Walter.

Klein, L. B. (2020). Den Tagtraum zeichnen – und dann? Kleine Hilfe zur Nachbesprechung von Zeichnungen. *Imagination*, 1, 32–41.

Klessmann, E. (1997). Das »Familienmodell« im KB-Vierer-Setting als Möglichkeit, analytische und systemische Entwicklungen wahrzunehmen. In H. Leuner, G. Horn & Klessmann, E., *Katathymes Bilderleben mit Kindern und Jugendlichen* (4., aktual. Aufl., S. 253–266). München: Ernst Reinhardt.

Klessmann, E. & Klessmann, H.A. (1990). *Heiliges Fasten – Heilloses Fasten. Die Angst der Magersüchtigen vor dem Mittelmaß* (2., korr. und erg. Aufl.). Bern: Hans Huber.

Klosinski, G. (1988). Wünsche und Wunschräume: Wegweiser zu Wirklichkeiten. In G. Klosinski (Hrsg.), *Psychotherapeutische Zugänge zum Kind und zum Jugendlichen* (S. 117–131). Bern: Hans Huber.

Koch, E., Resch, F., Schlüter-Müller, S. & Schmeck, K. (2013). *Identitätsstörung und Identitätskrise in der Adoleszenz. Eine Begriffsklärung.* Zugriff am 06.10.2014 unter www.ptt-online.info

König, K. (1981). Angst und Persönlichkeit. Das Konzept vom steuernden Objekt und seine Anwendungen. Göttingen: Vandenhoeck & Ruprecht.

Kottje-Birnbacher, L. (1989). Tiefenpsychologische und systemische Gesichtspunkte bei der Behandlung psychosomatischer Patienten. *Prax Psychother Psychosom*, 3, 143–154.

Kottje-Birnbacher, L. (1998). Die Katathym-imaginative Psychotherapie als tiefenpsychologisch-systemische Therapie. *Imagination*, 4, 53–69.

Kottje-Birnbacher, L. (2001). Einführung in die katathym-imaginative Psychotherapie. *Imagination*, 4, 5–78.

Kottje-Birnbacher, L. (2010). Strukturierende und entwicklungsfördernde Faktoren der Katathym-Imaginativen Psychotherapie. In L. Kottje-Birnbacher & E. Wilke (Hrsg.), *Psychotherapie mit Imaginationen* (S. 61–88). Bern: Hans Huber.

Kretschmer, E. (1922). *Medizinische Psychologie*. Stuttgart: Thieme.

Krüger, A. & Reddemann, L. (2016). Psychodynamisch Imaginative Traumatherapie für Kinder und Jugendliche (4. Aufl.). Stuttgart: Klett-Cotta.

Kulessa, C. & Jung, F.G. (1980). Effizienz einer 20-stündigen Kurzpsychotherapie mit dem Katathymen Bilderleben im testpsychologischen prae/-post-Vergleich. In Leuner, H. (Hrsg.), *Katathymes Bilderleben. Ergebnisse in Theorie und Praxis* (S. 148–171). Bern: Hans Huber.

Ladenbauer, W. (2000). Der andere (Anteil) im KB. Überlegungen zu den Techniken Einfühlung, Identifikation, Rollenübernahme (Rollenwechsel), Rollentausch und Doppeln n der Begleitung katathymer Bilder. *Imagination*, 2, 5–33.

Ladenbauer, W. (2010). Systematik der Techniken in der Begleitung katathymer Bilder. In L. Kottje-Birnbacher, U. Sachsse & E. Wilke (Hrsg.), *Psychotherapie mit Imaginationen* (S. 191–212). Bern: Hans Huber.

Laufer, M. & Eglé-Laufer, M. (1989). *Adoleszenz und Entwicklungskrise*. Stuttgart: Klett-Cotta.
Leuner, H. (1954). Kontrolle der Symbolinterpretation im experimentellen Verfahren. *Z. Psychoth. Med. Psychol.*, 4, 201–204.
Leuner, H. (1955). Experimentelles katathymes Bilderleben als ein klinisches Verfahren der Psychotherapie. *Z. Psychoth. Med. Psychol.*, 5, 185–203 und 6, 235–260.
Leuner, H. (1980). Grundlinien des Katathymen Bilderlebens (KB) aus neuerer Sicht. In H. Leuner (Hrsg.), *Katathymes Bilderleben. Ergebnisse in Theorie und Praxis* (S. 10–55). Bern: Hans Huber.
Leuner, H. (1985). Lehrbuch des Katathymen Bilderlebens. Grundstufe – Mittelstufe – Oberstufe. Bern: Hans Huber.
Leuner, H. (1978). Das Katathyme Bilderleben in der Psychotherapie von Kindern und Jugendlichen: Methodische Grundlagen. In H. Leuner, G. Horn, & E. Klessmann, *Katathymes Bilderleben mit Kindern und Jugendlichen*. (2., korrigierte Aufl., S. 13–38). München: Ernst Reinhardt.
Leuner, H., Horn, G. & Klessmann, E. (1997). *Katathymes Bilderleben mit Kindern und Jugendlichen* (4., aktual. Aufl.). München: Ernst Reinhardt (Original von 1978).
Leuner, H., Kottje-Birnbacher, L., Sachsse, U. & Wächter, M. (1986). *Gruppenimagination. Gruppentherapie mit dem katathymen Bilderleben*. Bern: Hans Huber.
Leuner, H. & Lang, O. (Hrsg.) (1982). *Psychotherapie mit dem Tagtraum. Ergebnisse II*. Bern: Hans Huber
Liddell, H.G., Scott R. & Jones H. S. (1940). *A greek-english lexicon* (9., erg. und erw. Aufl.). Oxford: Clarendon Press.
Linke-Stillger, U. (2012). Gruppentherapie mit KIP. In H. Ullmann & E. Wilke (Hrsg.), *Handbuch Katathym Imaginative Psychotherapie* (S. 394–424). Bern: Hans Huber.
Linke-Stillger, U. (2018). *Hinweise für die Arbeit mit dem gemalten/gezeichneten Bild*. Unveröffentlichtes Manuskript.
Malitz-Picard, C. (2006). Fortsetzungsgeschichten in der KIP. *Imagination*, 3, 74–101.
Marcia, J. E. (1966). Development and validation of ego identity status. *Journal of personality and Social Psychology*, 551–558.
Mattejat F. (2008). Familienbezogene Interventionen. In H. Remschmidt, F. Mattejat & A. Warnke (Hrsg.), *Therapie psychischer Störungen bei Kindern und Jugendlichen* (S. 65–80). Stuttgart: Thieme.
Maxeiner, V. (2012). Katathym imaginative Ansätze in der Supervision. In H. Ullmann & E. Wilke (Hrsg.), *Handbuch Katathym Imaginative Psychotherapie* (S. 427–436). Bern: Hans Huber.
Meisel, B. & Tibud, S. (2018). Lehrjahre sind Spieljahre – Überlegungen zur Notwendigkeit einer professionsspezifischen Spielselbsterfahrung für Kinder- und Jugendlichen-Psychotherapeuten. In B. Traxl (Hrsg.), *Psychodynamik im Spiel*.

Psychoanalytische Überlegungen und klinische Erfahrungen zur Bedeutung des Spiels (S. 159–184). Frankfurt: Brandes & Apsel.

Mentzos, S. (1988). *Angstneurose. Psychodynamische und psychotherapeutische Aspekte*. Frankfurt/M.: Fischer.

Mergenthaler, E. & Bucci, W. (1999). Linking verbal and non-verbal representations: Computer analysis of referential activity. *British J of Medical Psychology*, 3, 339–354.

Milch, W. (2001). *Lehrbuch der Selbstpsychologie*. Stuttgart: Kohlhammer.

Moreno, J. L. (2008). *Gruppenpsychotherapie und Psychodrama* (6., unveränd. Aufl.). Stuttgart: Thieme. (Original von 1959)

Pahl, J. (1982). Über einige abgrenzbare Formen der Übertragungs- und Gegenübertragungsprozesse während der Arbeit mit dem Katathymen Bilderleben. In H. Leuner & O. Lang (Hrsg.), *Psychotherapie mit dem Tagtraum* (S. 73–91). Bern: Hans Huber.

Piaget, J. (1978). *Das Weltbild des Kindes*. Stuttgart: Klett-Cotta.

Preuss, W.F. (2016). Geschlechtsdysphorie, Transidentität und Transsexualität im Kindes- und Jugendalter. Diagnostik, Psychotherapie und Indikationsstellungen für die hormonelle Behandlung. München: Ernst Reinhardt.

Rauchfleisch, U. (2017). Trans*Menschen, Psychoanalyse und Psychotherapie. Transsexualität, Transidentität, Gender-Dysphorie – und wie weiter? *Forum Psychoanal*, 4, 431–445.

Reister, G. (1995). *Schutz vor psychogener Erkrankung*. Göttingen: Vandenhoeck & Ruprecht.

Resch, F., Parzer, P. Brunner, R. et al. (1999). *Entwicklungspsychopathologie des Kindes- und Jugendalters: Ein Lehrbuch*. Weinheim: Beltz.

Richter, H. E. (1963). *Eltern, Kind und Neurose. Die Rolle des Kindes in der Familie. Psychoanalyse der kindlichen Rolle*. Gießen: Psychosozial Verlag.

Roosen-Runge, G. (2005). *Geistig Behinderte in der kinder- und jugendpsychiatrischen Praxis*. Vortrag auf der Jahrestagung des Berufsverbandes für Kinder und Jugendpsychiatrie, Psychosomatik und Psychotherapie, 17.11.2005, Würzburg.

Rosenberg, L. (2009). *Wege zu den Quellen der Lebendigkeit. Therapie als kreativer Prozess*. Bremen: Luberg-Verlag.

Rudolf, G. (2013). *Strukturbezogene Psychotherapie. Leitfaden zur psychodynamischen Psychotherapie struktureller Störungen* (3. Aufl.). New York: Schattauer.

Sachsse, U., Imruck, B. H. & Bahrke, U. (2016). Evaluation ambulanter Behandlungen mit Katathym Imaginativer Psychotherapie KIP. *Ärztliche Psychotherapie*, 2, 87–92.

Salge, H. (2013). *Analytische Psychotherapie zwischen 18 und 25. Besonderheiten in der Behandlung von Spätadoleszenten*. Berlin/Heidelberg: Springer.

Salvisberg, H. (2012). Symbolbildung, Symbolverwendung und Strukturbildung in der Therapie. In H. Ullmann & E. Wilke (Hrsg.), *Handbuch Katathym Imaginative Psychotherapie* (S. 38–65). Bern: Hans Huber.

Salvisberg, H., Stigler M. & Maxeiner, V. (Hrsg.) (2000). *Erfahrung träumend zur Sprache bringen.* Bern: Hans Huber.

Sannwald, R. (2006). Theorie und Technik der Katathym Imaginativen Psychotherapie von Jugendlichen. In G. Horn, R. Sannwald & F. Wienand (2006), *Katathym Imaginative Psychotherapie mit Kindern und Jugendlichen* (S. 40–81). München: Ernst Reinhardt.

Sannwald, R. (2010). Imaginative Psychotherapie bei Angsterkrankungen in der Adoleszenz. *Forum für Kinder- und Jugendpsychiatrie, Psychosomatik und Psychotherapie,* 1, 65–82.

Sannwald, R. (2011). Aufmerksamkeitsdefizitstörungen und Katathym Imaginative Psychotherapie. *Imagination,* 2, 60–75.

Sannwald, R. (2011). Imaginative Psychotherapie bei Angststörungen in der Adoleszenz am Beispiel der Schulphobie. *Imagination,* 4, 64–77.

Sannwald, R. (2014). Erwachsen? Noch lange nicht! Überlegungen zur psychodynamischen Psychotherapie der Emerging Adulthood. *Forum der Kinder- und Jugendpsychiatrie, Psychosomatik und Psychotherapie,* 3, 24–39.

Sannwald, R. (2015). Die psychodynamische Psychotherapie von Patientinnen mit Anorexia nervosa und Bulimia nervosa. *Imagination,* 2–3, 33–43.

Sannwald, R. (2020). Familienimaginationen in der kinder- und jugendpsychiatrischen Praxis. Die Familienimagination mit leiblichen Kindern. *Forum für Kinder- und Jugendpsychiatrie, Psychosomatik und Psychotherapie,* 2, 42–54.

Sannwald, R. & Bátovská, L. (2018). Die Katathym Imaginative Psychotherapie von PatientInnen mit Anorexia nervosa und Bulimia nervosa. *Imagination,* 3–4, 177–185.

Schneider, S. (2004). Angststörungen bei Kindern und Jugendlichen. Grundlagen und Behandlung. Berlin/Heidelberg: Springer.

Segal, H. (1996). *Traum, Phantasie und Kunst.* Stuttgart: Klett-Cotta.

Seiffge-Krenke, I. (2007). Psychoanalytische und tiefenpsychologisch fundierte Therapie mit Jugendlichen. Stuttgart: Klett-Cotta.

Seiffge-Krenke, I. (2012). Therapieziel Identität: Veränderte Beziehungen, Krankheitsbilder und Theorie. Stuttgart: Klett-Cotta.

Seiffge-Krenke, I. (2017). *Die Psychoanalyse des Mädchens.* Stuttgart: Klett-Cotta.

Seithe-Blümer, A. (1997). Die Verwendung von Sprachbildern in der Katathym Imaginativen Psychotherapie. In L. Kottje-Birnbacher, U. Sachsse & E. Wilke (Hrsg.), *Imagination in der Psychotherapie* (S. 96–103). Bern: Hans Huber.

Seithe-Blümer, A. (2014). Die Themenschwerpunkte der Essgestörten und ihre Bearbeitung mit Hilfe der Imagination. *Imagination,* 4, 28–42.

Sell, C., Möller, H. & Taubner, S. (2017). Katathym Imaginative Psychotherapie und Hypnosepsychotherapie: Symptomreduktion und Prädiktoren des Behandlungserfolgs. *Psychotherapeut,* 6, 547–559.

Stadler, T. (2013). Spielen im Spannungsverhältnis von Deutung und Co-Narration. Beispiele aus der Praxis und Überlegungen zu ergänzenden Selbsterfahrungsangeboten in der Ausbildung. *Analytische Kinder- und Jugendlichen-Psychotherapie (AKJP),* 1, 103–122.

Stein, C. (2012). Krisen bewältigen – KIP in der Krisenintervention. In H. Ullmann & E. Wilke (Hrsg.), *Handbuch Katathym Imaginative Psychotherapie* (S. 352–377). Bern: Hans Huber.

Steiner, B. (2008). Zum Umgang mit feindseligen Symbolgestalten. *Imagination,* 4, 54–73.

Steiner, B. & Krippner, K. (2006). *Psychotraumatherapie: Tiefenpsychologisch-imaginative Behandlung von traumatisierten Patienten.* Stuttgart: Schattauer.

Stern, D. N. (1998). *Die Mutterschaftskonstellation. Eine vergleichende Darstellung verschiedener Formen der Mutter-Kind-Psychotherapie.* Stuttgart: Klett-Cotta.

Stigler, M. (2018). Hass, Rache, Vergeltung und Versöhnung. Bearbeitung mit KIP in zwei Phasen. *Imagination,* 3–4, 199–206.

Stigler M. & Pokorny D. (2008). Auf der Suche nach den frühen Spuren. Die Aktivierung des Primärprozesses als Wirkfaktor der Imagination. In M. Bürgi-Kraus, L. Kottje-Birnbacher, I. Reichmann & E. Wilke (Hrsg.), *Entwicklung in der Imagination – Imaginative Entwicklung* (S. 293–305). Lengerich: Pabst.

Stigler, M. & Pokorny, D. (2000). Vom inneren Erleben über das Bild zum Wort. In H. Salvisberg, M. Stigler & V. Maxeiner (Hrsg.): *Erfahrung träumend zur Sprache bringen* (S. 85–99). Bern: Hans Huber.

Stigler, M. & Pokorny, D. (2012). Eine Dekade der KIP-Prozessforschung im Überblick. In H. Ullmann & E. Wilke (Hrsg.), *Handbuch der Katathym Imaginativen Psychotherapie* (S. 122–144). Bern: Hans Huber.

Streeck-Fischer, A., Düwell, H., Bauers, W. & Siebert, S. (2018). Persönlichkeitsentwicklungsstörung. Narzisstische, Borderline, antisoziale Persönlichkeitsentwicklungsstörung. In P. Adler-Corman, C. Röpke & H. Timmermann (Hrsg.), *Psychoanalytische Leitlinien der Kinder- und Jugendlichen-Psychotherapie* (S. 295–362). Frankfurt: Brandes & Apsel.

Szagun, G. (2013). *Sprachentwicklung beim Kind,* Weinheim: Beltz.

Taubner, S. (2016). *Konzept Mentalisieren. Eine Einführung in Forschung und Praxis* (2. Aufl.). Gießen: Psychosozial-Verlag.

Tschuschke, V. (2019). Psychische Störungsbilder bei Kindern und Jugendlichen. Eine kritische Bestandsaufnahme evidenzbasierter Diagnostik und Behandlung. Stuttgart: Kohlhammer.

Tuczek, K. (1928). Über die optischen Phänomene in der Katharsis. *Nervenarzt,* x, 151ff.

Tyson, P. & Tyson, R. L. (2001). *Lehrbuch der psychoanalytischen Entwicklungspsychologie.* Stuttgart: Kohlhammer.

Uhrová, D. (2015). Ist Kreativität das »Salz« der Psychotherapie? *Imagination,* 2–3, 267–277.

Ullmann, H. (2012a). Imagination und Psychotherapie – eine Bestandsaufnahme. In H. Ullmann & E. Wilke (Hrsg.), *Handbuch Katathym Imaginative Psychotherapie* (S. 18–37). Bern: Hans Huber.

Ullmann, H. (2012b). Mnestische Systeme und ihre Veränderung. Ein Beitrag zur entwicklungspsychologischen und neurobiologischen Fundierung der KIP. In

H. Ullmann & E. Wilke (Hrsg.): *Handbuch Katathym Imaginative Psychotherapie* (S. 66–121). Bern: Hans Huber.
Ullmann, H. (2012c). Zur Gestaltung des therapeutischen Prozesses in der KIP. In H. Ullmann & E. Wilke (Hrsg.), *Handbuch Katathym Imaginative Psychotherapie* (S. 146–199). Bern: Hans Huber.
Ullmann, H. (2017). *Einführung in die Katathym Imaginative Psychotherapie (KIP)*. Heidelberg: Carl-Auer.
Ullmann, H., Friedrichs-Dachale, A., Bauer-Neustädter, W. & Linke-Stillger, U. (2017). *Katathym Imaginative Psychotherapie (KIP)*. Stuttgart: Kohlhammer.
Ullmann, H. & Wilke, E. (Hrsg.) (2012). *Handbuch Katathym Imaginative Psychotherapie*. Bern: Hans Huber
Vogel, R. T. (2018). *Analytische Psychologie nach C.G. Jung*. Stuttgart: Kohlhammer
von Wietersheim, J., Wilke, E., Röser, M. (2003). Die Effektivität der Katathym-Imaginativen Psychotherapie in einer ambulanten Längsschnittstudie. *Psychotherapeut*, 3, 173–178.
Wächter, H. M. (1982). Kurztherapie einer neurotischen Depression mit narzisstischen Persönlichkeitsanteilen. In H. Leuner & O. Lang (Hrsg.), *Psychotherapie mit dem Tagtraum. Ergebnisse II* (S. 112–132). Bern: Hans Huber.
Wächter, H.-M. & Pudel, V. (1980). Kurztherapie von 15 Sitzungen mit dem Katathymen Bilderleben. In H. Leuner (Hrsg.), *Katathymes Bilderleben. Ergebnisse in Theorie und Praxis* (S. 126–147). Bern: Hans Huber.
Walter, A (2010). Entwicklungslinien psychoanalytischer Entwicklungspsychologie und Entwicklungstheorie – Von der Entwicklungsstörung zur Entwicklungstherapie. In S. Sulz & S. Höfling (Hrsg.), *...und er entwickelt sich doch! Entwicklung durch Psychotherapie* (S. 71–116). München: CIP-Medien.
Wienand, F. (2012). KIP bei Störungen im Kindes- und Jugendalter. In H. Ullmann & E. Wilke (Hrsg.), *Handbuch Katathym Imaginative Psychotherapie* (S. 278–315). Bern: Hans Huber.
Wienand, F. (2016). *Projektive Diagnostik bei Kindern, Jugendlichen und Familien. Grundlagen und Praxis. Ein Handbuch*. Stuttgart: Kohlhammer.
Wienand, F. (2018). Imagination und Entwicklung. Katathym Imaginative Psychotherapie mit Kindern. *Imagination*, 3-4, 72–84.
Windaus, E. (2007). Behandlungskonzepte der tiefenpsychologisch fundierten und analytischen Therapie von Kindern und Jugendlichen. In H. Hopf & E. Windaus (Hrsg.), *Lehrbuch der Psychotherapie. Band 5: Psychoanalytische und tiefenpsychologisch fundierte Kinder- und Jugendlichenpsychotherapie* (S. 231–251). München: CIP-Medien.
Winnicott, D. W. (2012). *Vom Spiel zur Kreativität* (13. Aufl.). Stuttgart: Klett-Cotta. (Original erschienen 1971; dt. 1974).
Wittenberger, A. (2016). *Psychoanalytische und tiefenpsychologisch fundierte Psychotherapie bei Kindern*. Stuttgart: Kohlhammer.
Wöller, W. & Kruse, J. (2015). *Tiefenpsychologisch fundierte Psychotherapie. Basisbuch und Praxisleitfaden* (4., aktual. Aufl.). Stuttgart: Schattauer.

Wollschläger, M. E. (1989). Wenn Gegenstände sprechen können – Die Arbeit mit Symbolen in Diagnostik und Therapie. In G. Bartl & F. Pesendorfer (Hrsg.), *Strukturbildung im therapeutischen Prozess.* Wien: Literas.

Wollschläger, M. E. & Wollschläger, G. (1998). *Der Schwan und die Spinne. Das konkrete Symbol in Diagnostik und Therapie.* Bern: Hans Huber.

Stichwortverzeichnis

A

Abgestufte Altersregression (AAR) 198
Abgrenzung 186
Abschiedsphase 79
Abwehr 77
Adoleszenz 127
– Fünfphasenmodell der Adoleszenz 128, 133
Affektive Labilität 135
Agieren 136
Als-ob-Modus 48
Altersregression 160
Angst 165
– Angststörung 105, 144
Anpassungsreaktion 112
Anregungsgehalt 81
Arbeiten mit \unfertigen« Bildern
– Bilderdialog 162
Arbeitsbündnis 141
Audioaufnahmen 83
Aufbaukurs KIP-KJ 211
Autonomieentwicklung 170

B

Bearbeitung auf der Bildebene 25
Befriedigung archaischer Bedürfnisse 25
Besetzung körperlich-sexuellen Erlebens 135
Beziehungsklärung 146

Bildbesprechung 22, 88
Bilderdialog 22
Bindungsrepräsentationen 93

D

Depressive Störungsbilder 173
Diagnostische Trias 18
Dialogische Begleitung 207
Dialogisches Prinzip
– Dialogische Begleitung 15
Die Anfangsphase 76
Die mittlere Therapiephase 76
Durcharbeiten 40, 78

E

Elterngespräche 91
Emerging Adulthood 131
Entfaltung der Kreativität 25
Entspannung 84
Entspannungsintervention 21
Entwicklung der Übertragung 142
Entwicklungsaufgaben 50, 128
Entwicklungsfördernde Behandlungsstrategie 141
Entwicklungsfördernde Funktion 169
Entwicklungsprozesse 155
Entwicklungsthema 146
Episodenaktivierung 29, 39
Erlebnisraum 40
Essstörungen 183

Stichwortverzeichnis

Experimentelles Katathymes Bilderleben (EKB) 16

F

Familienimaginationen 101
Fixierte Bilder 16 f.
Fortsetzungsmotive 79, 154

G

Gedächtnis
– explizites oder deklaratives 29
– implizites 40
Gedächtnissysteme 29
Gegenübertragung 142, 178
Gegenübertragungs-KB 208
Gegenwartsbezogenheit 135
Gemaltes Bild
– Bildbesprechung 149
Geschlechtsunterschiede 51
Geschwisterrivalität 116
Größenphantasien 135
Grundhaltung 59, 141

H

Hilfreiche therapeutische Beziehung 142

I

Ich-Stärkung 25
Identität
– Identitätsdiffusion 133
– Identitätsentwicklung 129
– Identitätskonflikten 133
– Identitätskrise 133
Identitätsstatus 189
Imagination 33
Imaginationsübung 199
Implizite Behandlungstechnik 27
Indikation 57
Induzierter Dialog 146, 160

Initiale Imagination 84, 179, 186
Inkubation 36
Innere Bühne 137
Integration 155
– negativer Affekte 147
Interaktionsdiagnostik 99
Interventionen 61
– ich-stärkende 141
– konfrontierende 141
– stabilisierende 141
Interventionstechniken 81, 147, 152

K

Katathym 16
Katathymes Bilderleben 15
Kompakt-Curriculum KIP 197, 210
Kontraindikation 57, 137
Kreative Selbstentfaltung 155
Kreatives Potential 137
Kreativität 35
Krisenintervention 109

L

Lieblingstier 110

M

Malen 87
Markierung 47
Mentalisierung 47, 49
Metaphorisch-narrativen Motivgestaltung 155
Motive 62
– Grundstufenmotive 63
– mit prospektivem Charakter 143
– Standardmotive 18
Motivvorgabe 22
Motivwahl 80

N

Nachentwicklung der Symbolfunktion 137
Nachschwingphase 22
Narzisstische Restitution 25
Negative Übertragung 142
Neurotische Konflikte 73
- Konfliktbearbeitung 79
- Konfliktdarstellung 25

O

OPD-Konflikte 145
Operation am Symbol 17

P

Perspektivenübernahme 118
Phantasie 34
Phantasiespiel 21, 31
Primärprozess 35
Primärprozesshafte Beziehungsgestaltung 198
Prinzip der Nachträglichkeit 26
professionsspezifische Selbsterfahrung 197
Projektionsfläche 23
Protagonisten-KB 208
Psychische Äquivalenz 48
Pubertät 127

R

Rahmen 70
Regieprinzipien 61
Regression 60
Regressionsseminare 199
Resonanzinterventionen 154
Ressourcenaktivierung 25
Rollen- und Perspektivübernahme 158
Rollenspiel im Dreiersetting 200
Rollenübernahme 160

Rollenumkehr 97

S

Schrittmacher 62
Schutzfaktoren 53
Sekundärverarbeitung 36
Selbsterfahrung des Therapeuten 198
Selbsterfahrung im Vierersetting 204
Selbsterleben 187
Selbstsymbol 143 f.
Selbstzustands-Imagination 182
Setting 82
Stilles KB 208
Störungen
- konfliktbedingte 18, 24
- psychosomatische 75
- strukturbezogene 18, 24, 71
- traumatisch bedingte 24
Strukturbezogene KIP mit Jugendlichen 146
Supervision 206
Symbol 37 f.
Symbolbildung 39
Symbolinterpretation 15
Symbolische Qualitäten 23
Symbolisierung 144
- Entwicklung der Symbolisierung 45
Symbolisierungsfähigkeit 136
Symbolkonfrontation 77, 110

T

Tagtraum 21
Tagträumereien 137
Therapeutische Arbeitsbeziehung 135
Therapieabbrüche 136
Therapieplanung 70
Transmodale Wahrnehmung 39
Trauerreaktion 119
Trauma 71

U

Übertragung 60, 75
Übertragungskette 206

V

Verarbeitungsraum 40
Verhinderungsmotive 77
Verifikation 36
Vorgehen
– assoziatives 18, 152
– übendes 18
Vorstellungskraft 34

W

Wandlungsphänomene 17
Wirkfaktoren der KIP 24
Wirksamkeit der KIP 18

Z

Zwillingsverlust 119